논쟁하는
정치 교과서

2

논쟁하는 정치 교과서 ❷

ⓒ 옹진환 외 5인, 2016

2016년 5월 15일 1쇄 찍음
2016년 5월 20일 1쇄 펴냄

지 은 이 ㅣ 옹진환 김유란 이상인 임정인 정원규 황정숙
펴 낸 이 ㅣ 김성배
주   간 ㅣ 홍석봉
편집책임 ㅣ 정은희
표지디자인 ㅣ 구수연
본문디자인 ㅣ 임채영
일러스트 ㅣ 남동윤 함정선
관   리 ㅣ 유현미
제작책임 ㅣ 이헌상

펴 낸 곳 ㅣ 신인문사
출판등록 ㅣ 제301-2009-125호(2009년 6월 25일)

주   소 ㅣ 서울특별시 중구 필동로 8길 43
전   화 ㅣ 02-2275-8603(대표)
팩   스 ㅣ 02-2275-8604
전자우편 ㅣ humantao@naver.com

ISBN 978-89-94070-19-3 04340
      978-89-94070-17-9 04340 (세트)
값 18,000원

일방적인 주장만 주입하는 교과서는 **동작 그만**

"논쟁하는"
정치 ② 교과서

옹진환 김유란 이상인 임정인 정원규 황정숙

신인문사

우리는 새 정치 교과서가
필요해요.

이 책은 2013년에 출판된 『논쟁하는 경제교과서』에 이어 두 번째로 기획된 『정치대안교과서(개념편)』이다. 처음 「논쟁하는 ~」 시리즈를 기획했을 때 필진 및 함께 공부 모임을 진행했던 사람들이 희망한 것은 대략 다음 세 가지 정도로 간추릴 수 있다.

1. 논쟁적인 것을 논쟁적으로 다루는 교과서 | 학교에서 다루는 교육내용들, 특히 사회과의 교육내용들은 본질적으로 논쟁적인 성격을 띠고 있는 경우가 많다. 예를 들어 '자유'의 경우만 하더라도 정작 자유가 왜 중요한가, 어떤 것이 진정한 자유인가, 자유가 다른 가치(가령 평등)에 우선하는가 등의 질문에 마주치게 되면 사람들의 생각이 엇갈리기 마련이다. 하지만 한국의 기존 교과서는 이처럼 논쟁적인 주제를 제대로 다루지 못하고 있다. 입시 위주의 교육 시스템 하에서 시험에서 논란이 발생할 소지가 있는 내용을 교과서에 포함시키는 것이 여러모로 부담스럽기 때문이다. 그래서 논쟁적인 주제를 다룰 때조차도 다양한 입장들을 단편적으로 소개하고, 이들 입장들 간의 무조건적 타협과 조화만을 강조하는 식으로 기계적 중립성을 유지하는 경우가 대부분이다. 이런 상황에서 저자 및 동참자들은 교육 내용의 적절성이나 풍부함 이전에 사회 현실을 있는 그대로, 즉 논쟁적인 것을 논쟁적인 것으로 드러내는 것이 가장 시급한 문제라고 판단했다. 그 첫 번째 결과물이 전술한 『논쟁하는 경제교과서』이고, 이번에 두 권으로 발행되는 『논쟁하는 정치교과서』가 두 번째 결

과물이며, 이어서 『논쟁하는 환경교과서』를 준비하고 있다.

2. 충분히 이해되고 깊이 있는 교과서 | 우리나라의 교과서는 다른 OECD 국가들의 교과서에 비해 상대적으로 분량이 적은 편이다. 이는 학생들의 학습 부담을 줄이려는 의도에서 비롯된 것이지만, 정작 내용 요소를 줄이지 않은 채 교과서의 분량만을 제한하면서 여러 가지 문제가 발생하였다. 특히 교과서의 좁은 지면에 방대한 학습 내용을 담아내다 보니 학생들이 이해하기 어려운 추상적인 표현이나 진술이 증가하였다. 이렇게 되면 학생들의 실제 학습량은 오히려 늘어난다. 학생들은 원래의 학습량 외에 축약된 표현을 풀어서 이해하는 부담까지 떠맡게 되기 때문이다. 이런 상황에서 많은 학생들은 주요 어휘나 개념의 의미를 심도 있게 이해하기보다는 피상적으로 암기하는 방식을 선택할 가능성이 크다. 또한 깊이 있는 이해를 원하는 학생이라고 해도 다른 참고자료에 의존하거나 사교육의 도움을 받는 등으로 다시 많은 시간을 투자해야 한다. 저자 및 동참자들은 이런 문제의식에 근거하여 이 책에서는 주제의 목록을 확장하기보다는 각 주제를 충실하게 다루는 데 주안점을 두었다. 그래서 해당 개념과 주제의 등장 배경에서부터, 그에 대한 다양한 입장, 그리고 이를 둘러싼 논쟁점들을 세밀히 짚어가는 방식으로 각 단원을 구성하였다. 그 외에도 풍부한 사례와 읽을거리, 탐구활동 등을 포함하여 독자들의 실제적 이해를 돕고자 하였다.

3. 스스로 생각하고 판단하는 능력을 길러주는 교과서 | 세월호 참사 이후, 우리 사회에서는 교육과 학교 시스템의 중요성이 더욱 부각되고 있는 듯하다.

그러나 역사교과서나 무상급식을 둘러싼 논쟁을 통해 알 수 있는 것처럼 무엇을 어떻게 가르쳐야 하는지에 대한 이견은 여전하다. 이러한 상황에서 우리에게 주어진 선택지는 몇 개 되지 않는다. 이견을 무시하고 일방의 입장만 가르치거나, 이견이 존재하는 주제는 아예 가르치지 않는 것, 그리고 이견의 존재를 인정하고 관련된 사항을 모두 가르치는 것이 그것들이다. 일방의 입장만 가르치는 것은 편파적일 뿐 아니라 다른 의견을 지닌 사람들의 저항을 불러오기 때문에 일관성 있는 교육을 하기 어려울 수 있다. 또, 전술한 것처럼 이견이 존재하는 주제를 아예 가르치지 않으면 우리 사회와 개인적 삶에 매우 중요한 문제들을 교육내용에서 배제할 가능성이 크다. 따라서 일방적 교육을 자제하면서도 풍부한 교육내용을 제공하기 위해서는, 논쟁의 여지가 있는 내용을 모두 가르치고 학생들로 하여금 스스로 생각하고 판단하여 실천에 이르게 하는 방법이 유일하다. 이는 교육과 관련되어 현재 진행되고 있는 정치이념이나 가치관의 차이에서 비롯되는 소모적 논쟁을 실천적으로 종식시킬 수 있는 실효성 있는 방법이기도 하다는 것이 우리의 생각이다.

이러한 저자들의 바람이 이 책을 통해, 이 시리즈를 통해 충실히 이루어질 것인가에 대해서는 저자들로서도 확신할 수 없다. 그것은 일차적으로 저자들의 역량과 관련된 문제이기 때문이기도 하지만, 실제로 열린 결론을 예비하는 저작의 완성은 독자들의 몫이기 때문이다. 그런 면에서 이 책과 이 시리즈의 저자들은 독자들의 비평과 보충을 언제나 환영하며, 가능하다면 이 책 자체가 논쟁거리가 되기를 기대한다.

저자 일동

Contents

차 례

머리말 • 5

1장 평화 • 11

우리나라에서 전쟁이 일어날 수도 있을까? • 12   전쟁 : 평화가 없는 가장 극단적인 모습 • 15
평화에는 소극적 평화와 적극적 평화가 있다 • 31 갈등이 생기는 이유는 무엇일까? • 34 갈등을
평화적으로 해결하기 위한 방법은 무엇일까? • 37 평화를 위해 폭력을 사용해야만 하는 경우도
있지 않을까요? • 42 어떤 경우에도 폭력을 행사해서는 안 된다 • 45 폭력이 불가피하게 필요한
순간이 있다 • 49 비폭력 저항이 상징적 폭력은 아닐까? • 53 남북한 간에 평화를 구축하기 위
해서는 어떻게 해야 할까? • 59 남북한 분쟁의 사회 구조적 배후에는 어떤 문제가 있을까? • 61
지속적인 교류와 협력을 통해 상호 이해를 증진시켜야 한다 • 63

2장 분배적 정의 • 73

수익을 어떻게 나누는 게 좋을까? • 73 CEO와 노동자의 임금 격차 • 75 정규직과 비정규직, 똑
같이 일하고 다른 대우를 받는다? • 77 분배 정의 문제가 발생하는 배경 : 정의의 여건 • 80 분
배 정의의 문제는 오늘날에도 여전히 중요하다 • 82 정의란 '각자에게 각자의 몫을 주는 것' • 85
정의란 마땅히 받아야 할 몫을 받는 것 • 88 우연적 요소에 따라 분배해서는 안 된다 • 91 '정의
의 두 원칙'에 따른 분배 • 92 정의란 개인의 소유권을 보호하는 것이다 • 97 정의로운 분배란
각자가 응당 받아야 할 몫을 주는 것이다! • 100 응분은 도덕적으로 임의적이다 • 103 정의로운
분배의 상태는 역사적으로 변할 수 있다 • 105 개인의 소유권 vs 사회적 협동 • 107 소유권은 절
대적일까? • 109 우리 일상생활 속에서 분배 정의 실천하기 • 112

3장 처벌적 정의 • 123

나쁜 행동을 한 사람, 어떻게 해야 하죠? • 123 정의롭게 처벌해 주세요! • 125 자의적인 처벌은
안 돼요 • 127 처벌은 적법한 절차에 의해 이루어져야 해요 • 130 처벌은 무조건 강하게 해야
할까? • 131 처벌이 너무 약해도 안 돼요 • 133 어떤 처벌이 정의로운가는 계속 고민할 필요가
있다 • 135 응보주의 : 처벌의 목적은 응보에 있다 • 137 공리주의 : 처벌은 사회적 이익을 달성
하기 위해서다 • 141 교화주의 : 처벌은 범죄자들을 바로 잡아 주는 역할을 해야 한다 • 145 보
상 이론 : 피해자를 생각하는 처벌이 중요하다 • 149 처벌은 얼마나 강해야 하는가? • 154 인간
을 존중하는 처벌이란? • 159 범죄를 예방하는 최선의 방법은? • 162 처벌이라는 것, 많은 고민
이 필요하다 • 168 일상에서 처벌적 정의를 만들어 가기 • 169

4장   관용 • 175

맘에 안 드는 친구가 있어요 • 175   다른 게 잘못일까? • 176   자유로운 생각과 표현을 가로막아
서는 안 된다 • 180   종교가 다르다는 이유로 수많은 사람이 희생되기도 했다 • 183   다른 민족
을 인정하지 않는 태도가 불러온 참사, 아직도 끝난 일이 아니다 • 185   사회에는 서로 다른 사
람들이 함께 살아가고 있다 • 188   관용이란 무엇일까? • 191   관용은 어떻게 등장하게 되었는
가? • 193   왜 관용해야 할까? • 197   소극적인 의미의 관용과 적극적인 의미의 관용이 있을 수
있다 • 202   자신을 반대하던 사람들까지 받아들였던 카이사르 • 205   붕당으로 분열된 조선 사
회에서 관용을 실천한 영조 • 208   불관용도 관용해야 할까? • 211   관용이 정말 바람직한 가치
인가? • 214   관용이 가능하기는 한가? • 216   우리 사회에는 더 많은 관용이 필요하다 • 218   우
리 주변에서 관용을 실천하자 • 221

5장   공감 • 227

머리로 읽는 시 vs 마음으로 읽는 시 • 227   내 말에 동의하지 않는 이유는 무엇일까? • 230   다
른 사람들의 입장에서 생각해 볼 필요가 있다 • 232   다른 사람의 어려움을 공감하지 못한다
면? • 234   다른 사람의 입장에 민감할 필요가 있다 • 236   타인의 고통에 공감할 수 없는 사람은
비극을 불러올 수 있다 • 237   공감이 없다면 근원적인 문제는 해결하기 어렵다 • 241   공감이란
무엇인가? • 244   공감은 인간의 기본적 본성이다 • 246   오늘날 더 많은 공감이 필요하다 • 247
공감은 이해와 다르다 • 249   공감은 연민과도 다르다 • 251   공감은 동감(sympathy)과도 차이
가 있다 • 252   공감했기에 수많은 사람들을 구해 내기도 했다 • 255   민족과 국가 간의 갈등을
뛰어넘는 공감 • 257   총탄이 오가는 전장까지 가로지르는 공감 • 261   연민 vs 공감 • 264   동감
vs 공감 • 268   공감은 진정한 민주주의로 나아가게 한다 • 270   '공감'을 정리하며 • 274   우리 사
회에서의 공감 • 274   공감은 내 가까운 곳부터 • 276

6장   연대 • 283

모둠 활동은 어려워 • 283   무관심과 적대가 낳은 분노 • 286   나는 아닐 거라는 생각에 다른 사
람들의 고통을 외면하다 • 291   우리나라의 사회적 결속력은 어떨까? • 294   연대는 동정이나 일
방적인 희생이 아니다 • 298   연대는 서로 돕는 상호 부조 행위이다 • 300   '연대'는 어떻게 생겨
나고 발전해 왔을까? • 303   좁은 의미의 연대와 넓은 의미의 연대 • 307   연대는 어떤 방식으로
이루어질까? • 311   경제적 연대는 어떻게 이루어질까? • 313   문화적 연대란 무엇일까? • 317
정치적 연대는 어떤 식으로 이뤄질까? • 321   시장에서의 공정 경쟁과 복지가 공존할 수 있을
까? • 324   소수 집단을 보호하기 위해 문화적 연대가 필요하다 • 329   정치적 연대가 현실적으
로 가능한 것일까? • 334   연대로 나아가기 • 336

01 프롤로그

평화

때   2010년대의 어느 날

장소   중학교 교실. 이 학교는 존 듀이와 셀레스탱 프레네의 정신에 입각한 혁신
학교를 지향하고 있다. 수업은 일방적인 시간표가 아니라 매주 학생들의
신청에 따라 강좌가 개설되고 폐지되는 형식이다. 오늘은 2학기 정치학
강좌를 신청한 학생들의 첫 번째 수업이 있는 날이다. 교실에는 전자 칠
판이 설치되어 있다. 또 심령학의 도움을 받아 이미 세상을 떠났거나 멀리
떨어진 나라에 있는 정치학자들을 30분 동안 소환할 수 있는 마법 장치(소
환기)도 비치하고 있다.

나오는 사람들

반갑습니다.

사회샘(사회 선생님)
사회를 담당하고 있는 교사

제가 좀 똑똑해요.

장공부
공부를 잘하는 학생이지만 교과서를
너무 믿는 경향이 있다.

제 생각이
날카롭죠.

모의심
교과서에 나오는 내용을 포함해 모든 것을
의심하는 경향이 있다.

정치학을 배우면 대통령이
될 수 있나요?

진단순
매사를 단순하게 생각하며 편하고 노는 것이
마냥 좋은 학생이다.

우리나라에서 전쟁이 일어날 수도 있을까?

모의심 어, 장공부. 오랜만이네. 잘 다녀왔어?

진단순 공부가 어디 다녀왔어?

모의심 응, 단순이는 몰랐구나. 공부가 영어 시험 잘 봐서, 미국에 어학연수 다녀
왔잖아. 어학연수 가니까 어때? 뭐, 재미있는 일 없었어?

진단순 와, 암튼 좋았겠다. 그런데 뭐 가져 온 건 없어? 머나먼 외국까지 갔다 왔
는데 초콜릿이라도 줘야 하는 거 아니야?

장공부 초콜릿은 나중에 너하고 의심이만 줄게. 제발 조용히 좀 해. 그런데 나 미
국 가서 깜짝 놀랐는데,

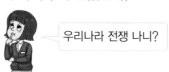

우리나라 전쟁 나니?

모의심, 진단순 그게 무슨 소리야? 전쟁?

장공부 미국에서 현지 학생들과 외국 학생들 사이에 서로 궁금한 걸 물어 보는 시
간이 있었는데, 내가 코리아에서 왔다고 하니까, "South, North?" 이렇게
물어 보더라고. 그래서 "South" 그랬지.

진단순 그랬더니?

장공부 바로 'North'에서 쳐들어오지 않느냐고, 전쟁 날까 불안하지 않느냐고 물어보
더라니까.

진단순 그 녀석들 너무 세상 물정 모르는 거 아니야? 그게 언제 적 이야긴데…….

장공부 그래서 내가 그건 60년 전 일이고, 이젠 전쟁 나지 않는다고 그랬더니, 질
문한 아이가 얼마 전에 북한이 무슨 섬에다가 포격을 했고, 핵 실험도 했
으며, 서울을 불바다를 만들겠다고 한 적도 있다는 이야기를 들었다고 하
더라고.

모의심 그런 기사가 나긴 했지. 우린 별로 심각하게 생각 안 했는데, 오히려 외국
에서 더 심각하게 바라보나 보네.

장공부 내가 그건 사실이긴 한데 그래도 전쟁이 날 거라고는 생각하지는 않는다

고 했더니, 다들 놀라면서 어떻게 그런 상황에서 전쟁 위험이 없다고 할 수 있냐고 하더라고. 그렇게 물어보니까 나도 할 말이 없어서, 아무튼 나는 그렇게 위험한 상황이라고 할 수 없다고만 했지. 그런데 내가 돌아오면서 곰곰이 생각하니까, 우리가 신경을 안 쓰고 살아서 그런 거지, 정말 우리나라에서 전쟁이 일어날 수도 있는 것 아닐까? 은근히 불안하더라고. 너희는 어떻게 생각하니?

진단순 에이 설마, 전쟁이 나겠어? 그리고 남북 간에 충돌이 있는 것은 사실이지만 서로 말로만 그러는 거 아닌가?

장공부 나도 그렇게 생각했었는데, 질문을 받고 다시 생각해 보니까 분쟁 사례가 적지 않더라니까.

모의심 이렇게 말로만 하지 말고 확인해 보자. 진단순, 스마트폰 뒀다가 어디 쓰니? 검색해 봐, 검색.

진단순 오, 그렇지. 스마트폰을 학습 목적으로 사용하는 몇 번 안 되는 기회인데……, 짠!

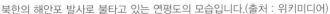

북한의 해안포 발사로 불타고 있는 연평도의 모습입니다.(출처 : 위키미디어)

남북의 역대 주요 분쟁 사례

1967년 4월 12일	정전 협정 이후 최초 침입	• 강원도에 위치한 7사단은 북한군 1개 중대가 관할 비무장지대를 침투하자 야포 사격으로 북측 병력을 거의 섬멸
1968년 1월 21일	김신조 청와대 침투사건	• 북한군 124군 부대원 31명이 휴전선을 넘어 청와대 뒤쪽인 서울 효자동까지 침투 • 군과 경찰은 교전 끝에 28명을 사살하고 김신조를 생포
1976년 8월 18일	판문점 도끼 만행 사건	• 1976년 8월 18일 북한군은 판문점 공동 경비 구역 안에서 미루나무 가지를 치던 미군 장교 2명을 도끼로 살해, 한·미군 9명에게 중경상을 입힘 • 북한의 '도끼 만행 사건'으로 무력 충돌 직전까지 갔지만 8월 21일 북한 인민군 최고사령관이 유엔 사령관에게 '유감'을 표명함으로써 일단락
1999년 6월 15일	제1차 연평해전	• 북한 경비정 4척이 꽃게잡이 어선 20척과 함께 연평도 해상 NLL을 넘어오자 우리 해군의 고속정과 초계함 10여 척이 밀어내기식 공격을 시도 • 양측 대립 끝에 북한 경비정 1척과 어뢰정 1척이 침몰, 우리 고속정과 초계함도 선체가 일부 파손되고 해군 7명 부상
2002년 6월 29일	제2차 연평해전	• 연평도 해상 NLL을 침범한 북한 고속정이 선제 기습 포격을 가해 참수리 357호가 침몰 • 우리 해군은 6명 전사, 18명 부상
2009년 11월 10일	대청해전	• 북한의 상해급 경비정 등산곶 383호가 NLL을 침범하자 해군 고속정이 경고 사격 • 등산곶 383호가 조준 사격을 하자 남한 해군이 대응 사격해 함포와 기관포를 파괴
2010년 11월 23일	연평도 포격	• 북한이 자신들의 영해에 포사격을 했다는 이유로 연평도에 포격을 가한 사건으로 남한의 군인 2명, 민간인 2명이 사망하고, 그 외 19명의 군인과 민간인이 중경상을 입음

모의심 어, 이거 봐. 정말 남북 간 군사 충돌이 적지 않네. 진짜 전쟁 나는 건 아닐까? 게다가 최근에는 북한이 핵미사일을 개발한다고 발사 실험도 했고, 남북이 함께 하던 금강산 관광 사업은 중단되었고, 개성 공단도 위태위태하잖아.

진단순 그래도 우리나라 무기가 훨씬 우수하고, 미군도 있잖아. 전쟁 나면 그냥 쓸어버리면 되지. 너무 걱정하지 마.

장공부 북한에는 핵이 있잖아.

전쟁 : 평화가 없는 가장 극단적인 모습

사회샘 얘들아, 무슨 이야기를 그렇게 심각하게 하고 있니? 평소 너희들답지 않게. 그리고 공부, 오랜만이네. 어학연수는 잘 다녀왔니?

장공부 안녕하세요. 선생님 오시는 줄도 몰랐네요. 죄송해요. 미국에서도 전쟁 얘기만 들었고, 지금도 전쟁 이야기를 하고 있었어요. 정말 우리나라에서 다시 전쟁이 날 수도 있나요? 인터넷에서 자료를 찾아보니까, 남북 간 무력 충돌이 적지 않게 일어났던데요. 하나씩 들을 때에는 그런가보다 하고 말았는데, 자료를 이렇게 모아 보니까 은근히 겁도 나고, 걱정도 되네요.

사회샘 전쟁이 나면 안 되겠지만, 남북한이 휴전 상태에 있는 것은 사실이니까 전쟁이 날 수도 있다고 봐야지. 하지만 6·25 전쟁 이후 거의 60여 년간 큰일이 벌어지지는 않았고, 남북한 모두 사회가 어느 정도 안정되었는데 또 전쟁이 날 것 같지는 않아. 하지만 가능성이 작다고 해서 전쟁을 방지하기 위한 노력을 기울이지 않아도 되는 것은 아니겠지.

장공부 크게 걱정할 필요는 없다는 말씀이시죠?

진단순 거 봐. 내가 걱정할 필요가 없다고 그랬잖아.

모의심 네가 걱정 안 해도 된다고 한 것은 전쟁 나면 우리가 쉽게 이긴다며 한 말이잖아.

진단순 그것도 사실은 사실이지.

사회샘 음. 단순아, 그건 좀 위험한 생각인데.

진단순 왜요, 우리가 북한을 실제로는 못 당하나요?

사회샘 그게 아니고 전쟁이 나면 이기고 지는 것을 떠나서 피해가 막심하거든.

내 이야기는 우리가 이길 가능성이 있다고 해서 전쟁을 해도 된다고 생각해서는 안 된다는 거야. 오늘 수업 주제가 '평화'인데, 이왕 전쟁 이야기가 나왔으니까, 먼저 반평화의 사례 중에서 가장 극단적인 경우인 전쟁의 폐해부터 살펴보는 것이 좋겠다. 너희들도 괜찮지?

 예.

 수업은 선생님 마음이시죠.

 우리에게 선택권이 있나요?

사회샘 우리나라에서 가장 최근에 벌어진 전쟁이 6·25 전쟁인데, 당시 피해자가 얼마나 되는지 아는 사람 있니?

진단순 많이 죽고 다쳤겠지요.

장공부 당시 인구가 남북한 합쳐서 3,000만 명이라고 들은 것 같아요. 5% 잡으면 150만 명 정도 아닐까요?

모의심 당시 피해자 수를 정확히 알 수가 있을까요?

사회샘 의심이 말처럼 피해자 수를 정확히 알 수는 없어. 기존에 나와 있는 자료

6·25 전쟁으로 파괴된 서울의 모습입니다.

는 모두 추정치거든. 어쨌든 우리나라 공식 통계라고 할 수 있는 국가기록원의 자료를 보면 전쟁으로 인해 당시 우리 전체 인구의 1/10 이상이 사망하거나 부상당한 것으로 기록되어 있어. 전쟁으로 인한 이산가족의 발생, 피난, 물적 손실 등까지 합치면 그 피해 정도란 정말 어마어마하지.

6 · 25 전쟁 피해 통계

근거	• 민간인 피해 통계 : 대한민국 통계국에서 1953년과 1955년 등 몇 차례 집계한 「대한민국 통계연감」 • 군 피해 통계 : 각 군에서 집계한 「각 군 부감감실 통계자료」

군인 인명 피해 상황 (단위 : 명)

• 군인 피해 (단위 : 명)

국군	경찰	학도의용군	유엔군	북한군	중공군
608,033	19,034	7,000	545,908	801,000	1,234,000

• 한국군 및 유엔군 피해 (단위 : 명)

구분	계	전사	부상	실종/포로
계	776,360	178,559	555,022	41,769
한국군	621,479	137,889	450,742	32,838
유엔군	154,881	40,670	104,280	9,931

민간인 피해 (단위 : 명) (단위 : 명)

구분	계	사망	피학살	부상	납치	행방 불명
남한	990,968	244,663	128,936	229,625	84,532	393,212
북한	약150만	·	·	·	·	·

* 남한 피난민 : 2,611,328명, 북한 피난민 : 618,721명

물적 피해	• 개인의 가옥과 재산 등에 많은 피해 발생 • 군사 작전에 이용될 수 있는 도로, 철도, 교량, 항만 및 산업 시설의 대량 파괴 • 군사 시설로 전용된 학교 및 공공시설 파괴

장공부 많은 사람이 피해를 입은 것은 알고 있었지만 정말 많은 사람이 죽거나 다쳤네요. 다른 나라 전쟁에 참여했다가 피해를 입은 UN군도 너무 안됐어요.

모의심 중공군, 아니 중국군도 그런 점에서 안 된 것은 마찬가지지.

진단순 중공군은 인해 전술을 펴다가 많이 죽었다고 들었는데, 게다가 외국 전쟁에 뒤늦게 참전해서 공산화하려다가 죽었는데, 그 사람들까지 우리가 동

정할 필요는 없지 않을까?

모의심 그렇게 보면 UN군도 외국 전쟁에 참여한 거 아닌가? 누구든 전쟁에서 피해를 본 사람은 모두 안 된 거지 뭐.

사회샘 평화 공부하다가 싸움 나겠다. 그만하고, 여기서 핵심은 전쟁이 나면 많은 사람들이 피해를 본다는 것이니까, 일단 그 얘기만 명심하도록 하자. 여러분이 전쟁을 안 겪어 봐서 그 피해를 실감하기 어려울 것 같은데, 제2차 세계 대전은 피해가 어땠는지 사례를 하나 더 살펴보도록 하자.

진단순 그건 정확한 자료가 있나요?

사회샘 물론 여기에도 정확한 통계는 없는데, 대략 유럽에서 군인 희생자만 1,800만 명, 민간인 희생자는 2,900만 명이 넘는다고 하고, 아시아에서도 중국인 1,000~2,000만 명, 일본인 300만 명 정도가 희생됐다고 해.

모의심 그런데 여기에서 '희생자'는 사망자와 부상자를 합친 것인가요, 아니면 사망자만 이야기하신 건가요?

사회샘 의심이가 역시 꼼꼼하네. 부상자까지 합치면 통계가 더 어려워서 그런지, 여기에선 사망자만 이야기하는 거야.

장공부 제2차 세계 대전 이야기 하면 항상 히틀러가 생각나요. 히틀러 때문에 많은 유대인들이 희생되었잖아요.

사회샘 연구자에 따라 차이가 있지만 제2차 세계 대전 당시 유대인 희생자는 대략 500~600만 명 정도로 알려져 있어. 구소련에서도 전사자는 1,200만 명, 민간인 희생자는 1,700만 명에 이르는 것으로 알려져 있지. 물론 전쟁을 일으킨 주범인 독일 사람들도 많이 희생되었지. 군인과 민간인을 합쳐서 대략 570만 명 정도가 희생되었다고 해.

진단순 유럽 사람들이 다 죽은 건 아닌가요?

사회샘 그렇지는 않지만, 두 번의 세계 대전을 계기로 전쟁이 다시 일어나서는 안 된다는 생각이 세계적으로 확산되기는 했지.

모의심 하지만 제2차 세계 대전 후에도 전쟁은 계속 일어나지 않았나요? 6 · 25 전
쟁도 제2차 세계 대전 후에 발생한 것이고, 또 최근만 하더라도 이라크 전
쟁에서 16만 명 정도가 사망했다는 보도를 본 적이 있어요.

장공부 의심이 얘기처럼 제2차 세계 대전 후에도 전쟁은 계속되고, 심지어 우리나
라에서도 무력 충돌이 끊이지 않고 있잖아요. 이런 것을 생각하면 정말 무
섭다는 생각이 들어요. 하지만 그렇다고 해서 우리가 전쟁을 막기 위해 무
슨 일을 할 수 있는 것도 아니잖아요? 어떻게 해야 하죠?

사회샘 평화에 대해서 공부를 해야지.

진단순

선생님, 아무리 선생님이시지만 모든 결론이 공부로 끝나는 건
좀 그렇지 않나요? 특히 평화롭게 살자는 데 반대할 사람이 있
는 것도 아닐 텐데 별도로 공부할 것이 있을까요?

모의심

아니, 단순이가 저렇게 논리적인
표현을……. 아무튼, 동의!

사회 구조적 모순은 평화를 위태롭게 한다

사회샘 단순이 이야기도 일리가 없는 것은 아닌데, 그래도 세상에는 항상 전쟁이
있었잖아. 사람들이 평화가 좋다는 것을 모르는 것도 아닌데 말이야. 그렇
다면 단순히 평화가 좋다는 차원을 넘어서서 우리가 알아야 할 것이 무언
가 더 있는 것이 아닐까? 예를 들어서 고대 중국의 역사책들을 보면 흉노
족의 침입 때문에 고민하는 상황이 많이 나오지.

장공부 알아요. 그래서 진시황이 만리장성을 쌓았죠.

사회샘 그런데 흉노족이 중국을 왜 자꾸 침략했을까?

진단순 그야 약탈을 위해서가 아니었을까요?

사회샘 약탈을 당하면 상대는 가만있을까?

과거 중국의 왕조들이 북방 기마 민족의 침입에 대비하기 위해 쌓은 만리장성입니다.

모의심 보복을 했을 것 같아요.

사회샘 그러면 흉노족도 피해가 있었겠지?

학생들 예.

사회샘 그래서 기록을 보면 흉노족이 아무 때나 침략을 한 것은 아니고, 자연재해로 인해 목축이 어려워졌을 때에 한 번씩 밀고 내려왔다고 해. 결국 먹을 것이 없어서 침략을 한 것이지.

장공부 지금은 먹을 게 없어서 전쟁을 하는 경우는 별로 없지 않나요? 다 석유 같은 자원이나 더 넓은 영토를 갖기 위해서 싸우는 거지.

사회샘 물론 그때와 지금은 상황이 많이 달라졌지만, 피해가 극심하다는 것을 모든 사람들이 아는데 전쟁이 발생하는 것은 전쟁도 불사하게 만드는 다른 원인들이 있는 경우가 많아. 식량 문제만 해도 완전히 해결됐다고 볼 수 없는 것이, 유엔 식량 농업 기구의 2006년 통계에 따르면, 2005년을 기준으로 매일 10만 명의 사람들이 굶어죽고 있으며, 전 세계 인구의 1/7에 해당하는 8억 5천만 명이 만성적인 영양실조 상태에 놓여 있다고 해.

장공부 하루에 10만 명이요? 1년이 365일이니 여기에 10만을 곱하면 3천 6백 5십만인데……. 그러면 매년 제2차 세계 대전 희생자 정도의 사람들이 굶어 죽는다는 것인가요? 에이, 혹시 통계가 잘못된 것은 아닐까요?

굶주림에 허덕이는 아프리카의 아이들입니다. 2005년 기준으로 매일 10만 명의 사람들이 굶주림으로 죽었다고 합니다.

사회샘 통계가 아주 정확하지는 않겠지. 특히 굶어 죽는 사람이 많은 후진국일수록 통계내기가 더 어려울 테니까. 하지만 우리가 생각하는 것보다 훨씬 많은 사람들이 굶어 죽고 있는 것은 분명하단다.

모의심 통계가 잘못되지 않았다 하더라도 식량이 부족해서 그런 거라면 어쩔 수 없는 거잖아요.

사회샘 식량이 부족해서 생기는 문제라고 보기는 어려워. 지금도 그렇지만 당시에도 생산된 식량의 양이 같은 시기 세계 모든 사람의 두 배도 먹여 살릴 수 있는 수준이었다고 하니까 말이야.

진단순 그럼 도대체 왜 굶어죽는 사람들이 생기는 건가요?

사회샘 알고 싶으면, 공부를 해야지.

진단순 선생님은 어떤 질문에도 대답이 공부로 귀결되는 것 같아요.

장공부 저는 공부 좋아해요. 너희들도 괜찮지?

모의심, 진단순 공부, 하세요.

사회샘 나중에 더 자세히 설명하겠지만, 전쟁이 벌어지는 것은 반드시 그 원인이 있기 마련이고, 그러한 원인에는 직접적이지는 않더라도 사람들을 전쟁도 무릅쓰게 만드는 사회 구조적 문제들이 관련되어 있단다. 앞에서는 식량 문제를 살펴보았는데, 평화에 대해 본격적으로 설명하기 전에 다른 구조

적 문제들도 간략하게 살펴보고 넘어갔으면 해. 너희들 '5 · 18 광주 민주
화 운동'에 대해 배운 적이 있니?

장공부, 모의심 예.

진단순 아니요.

사회샘 아마 배웠을 텐데, 잘 모르면 아래 설명을 봐. 아무튼 5 · 18 광주 민주화
운동 때에 군경과 민간인 시위대의 충돌로 수백 명이 사망하는 일이 벌어
졌어. 전쟁도 아닌데 말이야. 그리고 유사한 사건으로 4 · 19 혁명 때에는
4 · 19 당일에만 183명이 사망했고, 그 외에도 민주화 투쟁 과정에서 많은
사람들이 사망한 것은 알고 있지?

학생들 예.

5 · 18 광주 민주화 운동의 역사적 의의와 피해 상황

역사적 의의	• 1980년 5월 18일부터 27일 새벽까지 10일간 • 전두환을 정점으로 한 신군부 세력과 미군의 지휘를 받은 계엄군의 진압에 맞서 광주 시민과 전남도민이 '비상계엄 철폐', '유신 세력 척결' 등을 외치며 죽음을 무릅쓰고 민주주의 쟁취를 위해 항거한 역사적 사건 • 계엄군에 의해 진압당한 이후 5 · 18 광주 민주화 운동은 한때 '북한의 사주에 의한 폭동'으로 매도당하기도 했으나 진상 규명을 위한 끈질긴 투쟁으로 1996년에는 국가가 기념하는 민주화 운동으로 인정받음 • 한국 민주주의의 분수령이 되는 1987년 6월 항쟁의 원동력이 됨
피해 상황	• 5 · 18 광주 민주화 운동 유공자 등록 현황(2003년 1월 31일 기준)

구분	계	서울	대전	대구	부산	광주
사망자	207	23	2	–	3	179
부상자	2,392	453	44	38	62	1,795
기타 희생	987	316	26	30	33	582
소계	3,586	792	72	68	98	2,556

사회샘 이러한 사람들이 정치적 문제로 사망한 것이라면, 경제적 문제로 사망한
사람도 적지 않아. 최근에도 한진중공업, 쌍용자동차 사태와 관련하여 수
십 명의 사람들이 사망했단다.

진단순 선생님, 4 · 19 혁명이나 5 · 18 광주 민주화 운동 때에는 군인들이 발포
를 해서 사람들이 죽었다고 알고 있는데, 노사 분규가 있다고 해서 왜 사

람들이 죽나요? 노사 분규에도 총을 쏘나요?

모의심 총을 쏘거나 하지는 않겠지. 하지만 회사에서 사람들을 고용하여 노동자들과 대립하게 하는 경우 물리적 충돌이 발생하고, 그러다 보면 다치거나 사망하는 사람이 나오지 않을까?

장공부 그렇더라도 그런 사람이 수십 명에 이르지는 않을 것 같은데요.

사회샘 의심이가 이야기한 것처럼 노사 분규가 일어나면 사측에서 농성 노동자를 해산시키기 위해 이른바 '구사대'라는 용역 업체 사람들을 투입시키기도 하는데, 농성 현장을 지키려는 노동자들과 충돌이 일어나서 많은 사람들이 다치는 경우가 있어. 하지만 그로 인해 수십 명씩 사망하지는 않지.

진단순 좀 전에 선생님께서 한진중공업이나 쌍용자동차 사태로 수십 명이 사망했다고 하셨잖아요?

사회샘 앞에서 예로 든 쌍용자동차의 경우는 2009년 구조 조정으로 2,646명의 해직자가 발생했는데, 파업 끝에 무급 휴직자는 1년 내에 회사에 복귀하기로 노사 합의가 이루어졌어. 그런데 이 합의가 지켜지지 않고 많은 사람들이 복귀하지 못하게 되면서 이에 절망한 해고 노동자들이 자살하거나 스트레스성 질병으로 인해 사망하게 되었지. 2014년 기준으로 사망자가 무려 26명이나 된다고 하는구나.

장공부

해고 노동자들이 너무 안 된 것 같긴 한데요, 그렇다고 자살까지 할 필요가 있는지 모르겠네요. 억울하겠지만 그냥 다른 회사에 취직하면 되지 않나요?

모의심 다른 회사에 취직이 쉽게 되겠니?

사회샘 현재처럼 일자리가 넉넉하지 않은 상황에서는 현실적으로 재취업이 쉽지 않은 것도 사실이고, 거기에다 특히 노동조합 활동을 했던 사람들의 경우에는 회사에서 이른바 블랙리스트를 작성해서 유사 업종의 경영자들끼리 돌려보는 등의 방식으로 해고자들의 재취업을 은밀하게 방해하기도 해. 많은 해고 노동자들이 실제로 재취업을 할 수가 없는 거지.

모의심 저희 아버지도 해고되신 적이 있는데,

이익이 발생하면 경영자들이 다 챙기면서,
손해가 발생하면 직원들부터 자르는 것은
문제가 있다고 봐요.

더구나 현재 우리나라처럼 실업급여나 최소한의 생계가 제대로 보장되지
않는 상황에서 직원을 해고하고, 재취업도 못하게 하는 것은 전쟁과 다름
없는 폭력이라는 생각이 드네요.

장공부 네 입장은 이해가 되지만 그렇다고 정치적 분쟁이나 노사 갈등을 전쟁과
동격으로 취급하는 것은 좀 그렇지 않을까?

사회샘 두 사람 말이 다 일리가 있는데, 전쟁에서 발생하는 폭력과 정치적 분쟁
및 노사 갈등에서 발생하는 폭력은 성격이 조금 달라. 전쟁은 목적 달성을
위해서는 살상도 마다하지 않는 것이지만, 정치적 분쟁 및 노사 갈등은 원
칙적으로 그것이 살상에 이르러서는 안 된다는 전제하에서 이루어지는 것
이니까. 하지만 후자의 경우에도 그것이 사람들을 죽음에 이르게 할 정도
로 심각하게 전개된다면 전쟁 못지않은 폭력이라고 할 수 있겠지. 이건 좀
설명이 더 필요한데, 조금 뒤에 다시 설명할게.

상대의 정체성을 부정하는 것도 평화를 해치는 큰 원인이다

사회샘 그리고 하나만 더 이야기한다면, 역시 직접적인 폭력은 아니더라도 어떤
개인이나 집단의 정체성을 공격하는 경우가 있어. 예를 들면, 일제 강점기
에는 학교에서 우리말을 쓰지 못하게 했는데, 너희들이 그때 만약 학교에
다녔다면 어땠을 것 같니?

진단순

하루 종일 말을 안 했을 것
같아요.

장공부 기분은 나쁘지만 다른 방법이 없으니까 일본어 공부라도 열심히 했을 것
같아요.

모의심 독립운동을 하려고 했을 거예요.

진단순 에이, 정말, 어떻게?

사회샘 당시에 독립운동을 하려면 목숨을 내걸어야 했으니 확실히 쉽지는 않았을 거야. 하지만 우리말을 못 쓰게 하면 독립운동을 해야겠다는 생각이 들고, 또 실제로 그렇게 한 사람들이 적지 않았지. 그 이유는 우리가 갖고 있는 몇몇 특성들은 우리들이 누구인지를 결정해 주는 것들이어서, 그러한 특성들이 부정당하면 우리는 심각한 정체성 위기를 겪게 된다는 거야. 예를 들어서 선생님이 너희들이 떠들었다고 손바닥을 때리면 너희는 어떻게 할 거니?

진단순 당연히, 고발…….

장공부 그러면 안 되는데 그러실 때에는 무슨 깊은 뜻이 있으시겠죠. 하지만 안 그러셨으면 좋겠어요.

모의심 한 번은 봐드릴 생각이 있어요. 농담이시니까요.

사회샘 아, 그래. 그래도 모두 바로 고발한다고 하지 않아서 고맙다고 해야 하나? 그러면 강도를 높여서, 만약 내가 너희들에게 강제로 남장, 또는 여장을 시켜서 춤을 추게 한다면 어떨까?

진단순 재미있을 것 같아요.

장공부 자발적으로는 모르지만 강제로 그러시면 기분이 좋을 것 같지는 않아요. 이런 말씀드리기는 그렇지만 교장 선생님이나 부모님, 어쩌면 언론사나 경찰에 정말로 고발할 것 같아요.

모의심 저도, 그래요.

사회샘 단순이는 맥락을 놓친 것 같은데, 아무튼 내가 하고 싶었던 이야기는

어떤 행위나 제도는 직접적인 폭력보다 더 심각한 정신적 충격을 줄 수 있다는 거야.

그리고 그런 면에서 평화가 폭력의 부재를 의미한다면, 실제로 우리가 생

각하는 것보다 평화는 더 복잡하고 더 달성하기 어려운 과제일 수 있지. 어때, 이제 평화에 대한 공부가 왜 필요한지 감이 좀 잡히니?

진단순 그냥 선생님 좋으실 대로 하세요.

평화의 개념을 명확히 해야 평화를 달성할 수 있다

사회샘 자, 그럼 먼저 앞에서 한 이야기를 정리하면서 평화에 대한 논의가 왜 필요한지부터 이야기해 보자. 앞에서 평화롭지 못한 상황, 즉 전쟁이나 기아, 각종 갈등이 폭력적 대립에 이르게 되는 상황은 바람직하지 않은 것으로 얘기했었는데, 실제로는 사람들이 누구나, 언제나 평화가 중요하다고 생각하는 것은 아니야. 지난번에 단순이가 칭기즈 칸 전기를 읽고 독서 감상문을 제출했던데, 단순아 전기를 읽어 보니까 어땠니? 칭기즈 칸이 훌륭한 사람이라고 생각되었니?

오, 정말 대단하던데요. 칭기즈 칸과 그 후예들이 유럽까지 진출해서 러시아와 헝가리도 점령했던데요. 우리나라에는 왜 그런 군주가 없었는지 모르겠어요.

왜, 있었잖아. 광개토 대왕.

너희들 선생님에게 낚였다.

사회샘 가끔 칭기즈 칸의 후예들이 우리나라를 침공했었다는 사실도 잊어버리고 칭기즈 칸을 위대한 왕이었다고 생각하는 경우가 많았어. 마찬가지로 과거에는 평화의 중요성에 대해 진지하게 생각하지 않았던 것이 사실이야. 가장 좋은 것은 힘을 갖추어서 이웃 나라를 정복하는 것이고, 그것이 안 될 때에는 외적의 침공은 막아 낼 수 있는 정도의 군비를 갖추어서 평화를 유지하는 것이 군주나 통치자의 미덕이라고 생각했지.

장공부 정말 그러네요. 과거에는 영토를 넓히는 게 왕의 중요한 공적이었던 것 같아요. 국사 시간에도 삼국 시대 무슨 왕 때는 어디까지 점령하고, 어떤 방식으로 영토를 확장했다. 뭐, 그런 것 위주로 배우는 것 같아요.

모의심 그럼 평화가 중요한 가치로 자리 잡게 된 계기가 있었나요?

사회샘 평화가 그 무엇보다 중요하다는 생각이 인류 전반에 퍼져 나간 것은 아무래도 양차 대전 후라고 볼 수 있어.

유럽의 여러 나라, 나중에는 아시아 몇몇 국가들까지 전쟁에 휘말리면서 너무 많은 사람들이 죽거나 다쳤어. 재산상의 손실도 이루 헤아릴 수 없었지.

진단순 서로 싸우고 엄청난 피해를 입고 나서야 깨달은 거네요.

사회샘 그렇지. 더구나 전쟁 과정에서 살상 무기가 비약적인 수준으로 발달하면서 과거에는 정말 생각할 수 없었던 끔찍한 일들이 벌어졌어. 너희들도 잘 알고 있는 것처럼 제2차 세계 대전 말에 미국은 일본의 히로시마와 나가사키에 원폭을 투하하기도 했지.

진단순 피해가 굉장히 컸다는 이야기만 들었는데, 어느 정도였나요?

사회샘 그 자리에서 즉사한 사람만 11~15만 명, 방사능 및 여타 후유증으로 사망한 사람은 수십만 명에 이르렀다고 해. 폭탄 한 발로 100만 명에 가까운 사람을 살상할 수 있게 된 거지.

모의심 친구가 추천해 줘서 〈맨발의 겐〉이라는 만화를 본 적이 있는데, 그 만화의 배경이 원폭이 투하되던 때의 히로시마더라고요. 만화를 쓴 작가가 실제로 원폭 피해자였다는데, 머리카락도 다 빠지고, 피부도 흘러내리고 그냥 만화로만 봐도 너무 참혹하고 끔찍했어요.

사회샘 맞아. 원자 폭탄을 만드는 맨해튼 프로젝트를 이끌었던 오펜하이머라는 과학자도 일본에 원폭이 투하된 결과를 보고서야 후회를 했어. 나중에는 자신을 죽임의 신이라고 칭하며 참회했다고 들었어. 결국 인류는 이런 끔찍한 경험을 하고서야 평화가 그 무엇보다 우선시되어야 할 가치라는 것을 알게 된 것이지.

원자 폭탄이 폭발한 직후 거대한 화염이 휩쓸고 있는 1945년 8월 6일, 일본의 히로시마 모습입니다.(출처 : 위키피디아)

장공부 그런데 지금도 세계 곳곳에서 싸우고 있는 나라들이 있잖아요? 아직 평화에 대한 신념이 모든 나라에 뿌리 내린 건 아닌가 봐요?

사회샘 물론 현실적으로는 아직도 평화의 가치를 자각하지 못하고 전쟁이나 테러를 일삼는 사람, 집단, 나라들이 있기는 해.

 하지만 평화가 가장 중요하다는 생각 자체를 드러내 놓고 반대할 수는 없는 정도의 **'이념적 평화'**는 달성되었다고 보아야 할 것 같아.

모의심 평화가 중요하다는 건 모두 알고 있지만, 자기 이익을 위해 싸울 수밖에 없다? 뭐 그런 건가요?

사회샘 자기 이익을 위해 싸우는 면도 있지만, 평화를 제대로 이해하지 못하는 것도 하나의 원인이야. 많은 사람들이 인류가 평화를 지켜야 한다는 대원칙에 대체로 합의하면서도, 무엇이 평화이며, 어떻게 평화를 지켜낼 수 있는지를 정확히 알지 못하는 것이지.

진단순 평화가 뭔지를 모르니까 평화를 실현하기도 어렵겠다는 말씀인가요? 그냥 전쟁 안 하면 되는 것 아닌가 싶은데.

장공부 아까 전쟁은 물리적 폭력이고, 그 외 다른 폭력도 있다고 하셨잖아.

사회샘 앞에서 매일 굶어 죽는 사람이 10만 명에 달한다는 이야기를 했는데, 그 정도까지는 아니지만 다른 이유로 죽는 사람의 수도 많아. 교통사고를 예로 들어 볼게.

모의심

교통사고요? 그런 것도 폭력이라고 할 수 있나요?

진단순 그건 그냥 우연히, 말 그대로 사고로 죽은 거잖아요. 일부러 그런 것도 아닐 텐데…….

사회샘 음, 우리가 폭력과 평화의 문제를 직접적이고 가시적인 것으로만 한정하면 교통사고 같은 건 제외되겠지. 그리고 전쟁이나 커다란 물리적 폭력만 없으면 평화롭다고 생각할 거야. 하지만 평화는 그리 간단한 문제가 아니거든.

장공부 그럼 선생님은 교통사고도 폭력으로 보는 건가요?

사회샘 다음 표를 한 번 보렴.

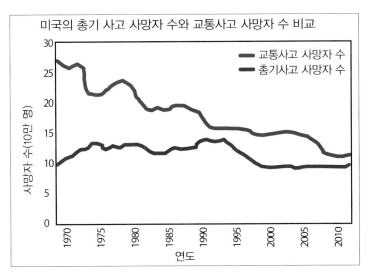

모의심 교통사고로 사망하는 사람들의 숫자가 이렇게나 많나요? 최근에는 많이 줄었어도 여전히 총기 사고로 죽는 사람들의 숫자나 교통사고로 죽는 사람들의 숫자가 비슷하네요.

사회샘 그래 맞아. 우리나라만 하더라도 2014년 기준으로 교통사고 사망자가 4,762명, 부상자는 337,497명에 달하고 있어. 이런 점에서 본다면 교통사고로 인한 사망이 총기 사고로 인한 사망보다 가벼운 문제라고 할 수 없지. 즉, 이런 문제를 폭력이다 아니다 단정 짓기보다 단순하게 넘기지 말고 좀 더 면밀하게 생각해 볼 필요가 있는 거란다.

진단순 아, 갑자기 헷갈린다. 그냥 안 싸우면 되는 줄 알았더니…….

사회샘 그래. 평화의 의미뿐 아니라, 평화로운 상태를 구축하는 방법과 관련해서도 복잡한 문제가 있어. 흔히 평화를 지키기 위해서는 상대보다 더 강력한 무장을 해야 한다는 식으로 생각하는 사람들이 많지.

장공부 그렇죠. 약하면 상대가 폭력을 행사했을 때 당할 수밖에 없지만, 더 강하면 상대가 처음부터 덤비지도 않았을 거고 설령 덤빈다고 해도 금방 물러날 테니까요.

사회샘 하지만 모든 사람들이 그렇게 생각한다면 결국 평화를 위해 모든 나라가 서로 군비 경쟁을 하는 역설적 상황이 빚어지게 되지. 하지만 과연 그렇게 군비 경쟁을 하는 상황에서 평화가 달성될 수 있을까?

진단순 그럼, 군대나 무기도 없이 그냥 무조건 당하란 말씀이세요?

사회샘 물론 현실적으로 폭력 집단이나 무장 조직이 존재하는 상황에서 순전히 평화로운 방법(가령 비무장)에 의한 평화만을 추구하는 것은 실효성이 없을 거야. 상대의 전쟁 위협이나 테러에 무방비로 대응할 수는 없으니, 최소한 정당방위 수준에서라도 무장을 해야 하겠지. 하지만 이 경우에도 또 어느 정도가 정당방위라고 할 수 있을지가 분명하지 않아.

진단순 선생님, 너무 복잡해요. 그러니까 평화가 뭔지, 어떻게 평화를 달성해야 할지 선생님도 모르시겠다는 것이죠? 그런데 그러면서 저희에게 왜 공부를 하자고 하세요. 선생님이 연구해서 간단하게 설명해 주시면 좋잖아요.

모의심 선생님이라고 해서 모든 걸 아실 수는 없지.

장공부 너야말로 스스로 이해하려고 좀 노력해 봐라. 언제까지 선생님이 옆에 계실 것 같니? 선생님, 평화에 대해 저희가 막연하게 생각했던 것보다 상황이 복잡한 것 같아요. 교통사고 사망자를 평화와 관련된 논의에 포함시켜야 할지를 결정하려면, 먼저 평화의 개념을 분명히 해야 하지 않을까요?

사회샘 그래, 그럼 먼저 개념부터 살펴보자꾸나.

평화에는 소극적 평화와 적극적 평화가 있다

사회샘 앞에서 이야기했던 것처럼 평화에 대한 논의가 어려운 것은 평화와 관련된 논의의 범위가 어디까지인지가 불분명하기 때문이야. 이러한 문제는 평화의 개념 규정과 밀접한 관련이 있어. 이에 대해 현대 평화학의 창시자로 불리고, 우리나라의 남북 대치 상황에도 깊은 관심을 갖고 있는 노르웨이 사회학자 갈퉁(Johan Galtung) 님을 초대해 평화에 대해 좀 더 자세히 알아보는 게 좋겠구나. 갈퉁 님! (소환기를 작동하자 갈퉁이 형상화된다.)

진단순 오, 갈퉁. 왠지 모르게 이름에서 포스가 느껴지네요.

갈 퉁 네, 이렇게 초대해 주셔서 감사합니다. 한국은 평소 관심이 많던 나라이고 제가 직접 방문하기도 했었지요. 하지만 이렇게 청소년을 위한 자리에 초대받은 것은 처음인 것 같네요.

사회샘 저희는 '평화'라는 단어를 막연히 좋은 뜻으로만 사용하고 있는데, '평화'가 정확히 어떤 의미를 지니는지 좀 더 자세한 설명을 듣고 싶은데요.

요한 갈퉁(Johan Galtung)

갈 퉁 네, 그러시군요.

저는 평화를 소극적 평화와 적극적 평화로 구분해서 이야기할까 합니다.

장공부 소극적 평화와 적극적 평화요?

갈 퉁 네. **소극적 평화**는 직접적이고 물리적인 폭력 상태가 없는 상태를 말합니다. 전쟁이 나지 않고 총기 사고로 죽는 사람이 없다면 소극적 평화가 달성된 것이지요. 이와 달리 **적극적 평화**는 단순히 직접적이고 물리적인 폭력뿐만 아니라 구조적, 문화적 폭력까지 존재하지 않는 상태를 말합니다.

진단순 그런 구분이 무슨 의미가 있나요? 평화가 좋은 것인 줄은 다 알고 있는데, 괜히 복잡하게 외울 것만 많아지는 거 아닌가요?

사회샘 흔히 평화를 전쟁과 같은 직접적인 폭력이 존재하지 않는 상태로만 보는, 즉 소극적 평화로만 생각하는 경향이 있지. 하지만 갈퉁 님 말씀처럼 평화를 구분하고 적극적 평화 얘기까지 하게 되면 구조적이고 문화적인 폭력을 통해 고통을 받는 문제까지 평화 논의에 포함시켜 설명할 수 있단다.

모의심 그런데 갈퉁 님, 소극적 평화는 무엇을 의미하는지 금방 이해가 되는데, 적극적 평화 개념을 잘 모르겠어요.

구조적, 문화적 폭력이 뭐죠?

갈 퉁 좋은 질문입니다. 상대에게 물리적으로 상해를 입히거나 위협을 가하는 것이 직접적 폭력이라는 것은 쉽게 감이 오는데, 구조적, 문화적 폭력은 무엇을 의미하는지 얼른 이해되지 않지요? 직접적 폭력은 그것을 의도한 행위자, 즉 가해자가 분명히 드러나는 데 반해, 구조적 폭력에서는 의도와 행위자가 분명히 드러나지 않습니다. 그래서 구조적 폭력을 간접적 폭력이라고도 불러요.

장공부 눈에 보이지 않는 폭력이라, 어쩐지 더 무서운 느낌이 드네요.

갈 퉁 그럴 수도 있지요. 이러한 **간접적, 구조적 폭력**이 가장 잘 드러나는 두 가지 형태가 바로 억압과 착취입니다. 억압과 착취는 희생자들에게 직접적인 폭력 이상의 피해를 주지만, 가해자가 분명히 드러나지 않습니다.

사회샘 갈퉁 님, 아이들에게 좀 어려운 개념이니 예를 좀 들어주시면 좋겠어요.

갈 퉁 좋습니다. 예를 들면 어떤 노동자가 과중한 노동시간과 저임금으로 인해 고통을 겪고 있다고 가정해 봅시다. 만약 사장이나 경영자가 그 사회에서 일반적으로 요구하는 수준 이상의 과중한 노동시간이나 저임금을 강제한다면 그들을 가해자로 볼 수도 있겠죠. 하지만 사회의 일반적인 노동 시간이나 임금 기준 자체가 문제가 있다면 어떨까요? 즉, 어떤 사회에서 통용되는 노동시간이 지나치게 길고, 임금 수준 자체가 매우 낮은 경우 말이지요. 이 경우 노동자는 큰 고통을 겪겠지만 그렇다고 해도 특정한 회사의 사장이나 경영자를 가해자라고 말할 수는 없겠지요.

진단순

> 고통받는 사람은 있는데, 고통을 주는 사람은 없는 거네요?

갈 퉁 노동자의 고통이 사라지는 건 아니니까, 즉 희생자가 존재하니까 사회 어딘가에 폭력이 존재한다고 보아야 하고, 저의 개념 구분에 따르면 이런 것이 구조적 폭력인 것이죠.

모의심 그럼 **문화적 폭력**은요?

갈 퉁 문화적 폭력은 모든 상징작용, 즉 종교, 사상, 언어, 예술, 과학, 법, 대중매체, 교육 등에 내재하는 것으로, 사람들에게 무엇이 옳고 그른지를 설득함으로써 직접적 폭력과 구조적 폭력을 정당화하는 역할을 하는 것입니다. 예를 들어, 일반적으로 살인은 옳지 않다고 생각되지만 특정한 이념이나 종교를 위한 살인은 정당한 것으로 생각되기도 하는데, 그것은 그러한 이념이나 종교가 살인을 정당화하는 맥락을 제공했기 때문이에요.

사회샘 갈퉁 님은 폭력을 그런 방식으로 정당화하는 것을 문화적 폭력이라는 또 다른 폭력으로 보시는 거군요.

갈퉁 예. 이러한 문화적 폭력은 그 자체가 직접적인 폭력의 형태로 나타나지는 않지만 정치적·경제적 폭력, 즉 구조적 폭력을 경유하여 궁극적으로 군사적 폭력에 이르게 하는 원인이 된다는 점에서 역시 우리가 특별히 관심을 가져야 할 폭력입니다.

장공부 갈퉁 님 말씀은 평화는 소극적 평화와 적극적 평화로 나누어 볼 수 있고, 궁극적으로 평화를 달성하기 위해서는 현재 직접적 폭력이 존재하지 않는 소극적 평화에 만족할 것이 아니라, 직접적 폭력의 원인이 되는 구조적, 문화적 폭력까지 제거하는 적극적 평화를 달성하기 위해 노력해야 한다는 말씀이시죠? 그러면 다음 이야기는 어떻게 해야 이러한 평화를 달성할 수 있을지 하는 것이겠네요.

갈퉁 아주 잘 이해했어요. 저는 시간이 다 돼서 이젠 돌아가야 합니다. 안녕히.
(소환 시간이 다 되어 갈퉁이 사라진다.)

갈등이 생기는 이유는 무엇일까?

모의심 선생님, 그래서 평화를 달성하려면 어떻게 해야 하는 건가요?

사회샘 갈퉁 님의 설명에 따르면 직접적으로 평화를 방해하는 것은 폭력이라고 할 수 있어. 그럼, 폭력의 원인은 뭘까?

진단순 다툼!

사회샘 조금 더 교과서적인 용어로는?

장공부 갈등 아닌가요?

사회샘 그렇지. 그런데 갈등은 어디에서 비롯된다고 생각하니?

진단순 인성이 나빠서 그래요.

장공부 서로의 차이 때문이 아닐까요?

사회샘 그래. 보통 차이에서 갈등이 비롯되고, 갈등에서 폭력이 발생한다고 이야기되고 있지.

모의심 하지만 선생님,

> 차이가 있다고 반드시 갈등이 발생하는 것은 아니잖아요. 또 갈등이 발생한다고 반드시 폭력이 발생하는 것도 아니고요.

사회샘 그래. 의심이가 중요한 지적을 했어. 그래서 평화를 달성하기 위해서는 차이가 갈등으로 발전하지 않도록 하고, 갈등이 발생했더라도 그것이 폭력 사태로 번지지 않게 하면 평화를 달성할 수 있겠지.

진단순 선생님도 참……, 어떻게 그렇게 할 수 있냐는 걸 알려 주셔야죠.

사회샘 예를 들어 설명해 볼까? 공부와 단순이는 같니, 다르니?

장공부, 진단순 달라요.

모의심 같은 점도 있고, 다른 점도 있어요.

사회샘 의심이 말처럼 같은 점도 있고, 다른 점도 있어. 가령 공부와 단순이는 모두 학생이라는 점에서는 같지만, 공부는 여자고, 단순이는 남자라는 점에서 서로 다르지. 그런데 이 때 두 사람이 여자와 남자라는 차이 때문에 발생하는 문제가 있을까? 혹시 이 차이로 인해 갈등이 생길까?

모의심 현재로서는 아무런 문제가 없는데, 상황에 따라서는 갈등이 생길 수도 있을 것 같아요.

사회샘 일반적으로 사람들 사이에 차이가 있다는 것만으로 어떤 문제나 갈등이 발생하지는 않아.

> 그러나 어떤 이유에서든 차이가 이해관계와 관련되면 갈등의 원인이 될 수 있지.

예를 들어 우리나라에서는 군대 다녀온 남자들에게 취업 시 가산점을 주는 제도가 있었는데, 그럴 경우에는 남자와 여자라는 차이가 서로 다른 이해관계를 만들어 내고 그러다 보면 남자와 여자 사이에 갈등이 발생할 수도 있는 거지.

장공부 그 문제 때문에 인터넷에서 한때 굉장히 시끄러웠다고 들었어요. 서로 욕설이나 비방도 많이 하고요.

사회샘 선생님도 당시에 언론에서 이 문제를 다소 심각하게 다루었던 기억이 나는구나. 남녀의 차이가 남녀의 갈등으로 번져간 전형적인 사례라고 할 수 있지. 그런데 이처럼 서로의 차이가 이해관계와 연결되어 갈등이 발생하는 경우는 관리하기가 상대적으로 어렵지 않아.

모의심 어렵지 않다고요? 대부분 이해관계가 조정되지 않아서 싸움이 발생하는 거잖아요.

진단순 맞아, 다들 자기 이익이 중요한데 누가 양보하겠어.

사회샘 물론 이해관계의 조정이 쉬운 문제라는 것은 아니야. 하지만 이해관계의 경우에는 양측이 원하는 게 분명하니까 제도나 합의를 통해서 조정할 수 있다는 점에서 갈등을 해결하는 게 상대적으로 어렵지 않다는 거야. 군가산점 사례의 경우에도 군대에 갔다 왔다는 이유로 취업에 특혜를 주지는 않지만, 군에 다녀온 만큼 경력을 더 인정해 주는 방식으로 갈등의 원인을 최소화하자는 이야기가 힘을 얻고 있는 상황이지.

모의심 선생님, 그러면 상대적으로 해결하기 더 어려운 것은 무엇인가요? 말씀해 주세요.

사회샘

선생님이 생각하기에는 사회적 편견이나 힘의 불균형에서 비롯되는 갈등이 더 해결하기 어려워 보이는구나.

장공부 편견에 의한 갈등이 더 해결하기 어렵단 말씀이시죠? 예를 들어주시면 더 좋을 것 같아요.

사회샘 대표적인 것이 백인 사회에서 유색 인종에 대한 편견이야. 미국만 하더라도 특히 과거에는 흑인들에 대한 편견으로 인해 차별과 갈등이 심했고 많은 사회 문제를 일으켰지.

진단순 그건 옛날이야기 아닌가요? 오바마 대통령이 흑인인데, 편견이 있었으면 대통령으로 안 뽑았겠죠!

대통령 취임식에서 선서하는 버락 오바마(Barack Obama)의 모습입니다.(출처 : 위키피디아)

사회샘 그래. 단순이 말대로 오바마 대통령이 취임하면서 많은 부분이 개선된 것은 사실이야. 하지만 그렇다고 해서 흑인에 대한 편견이 모두 사라졌다고 보기는 어려워. 이것은 인종 차별과 관련된 사건이 계속 발생하는 것만 봐도 알 수 있지. 이처럼 편견이나 독단, 힘의 차이에서 비롯되는 갈등은 관련자 다수의 생각을 바꾸지 않으면 해소되지 않는 문제란다. 이해관계를 조정하는 것보다 생각을 바꾸는 것이 더 어려운 일이지.

장공부 편견은 쉽게 사라지지 않는다는 거네요.

사회샘 맞아. 물론 이러한 문제를 해결하기 위해 많은 사람들이 노력하고 있고, 그동안 많은 성과가 있었다는 점은 기억해야겠지.

갈등을 평화적으로 해결하기 위한 방법은 무엇일까?

모의심 선생님, 어쨌든 갈등이 생기면 해결해야 하잖아요? 갈등이 생겼을 때 폭력이 아니라면 어떻게 해결하면 되죠?

사회샘 다시 한 번 갈퉁 님의 이야기를 인용하면, 갈퉁 님은 정치, 군사, 경제, 문화라는 네 가지 측면에서 소극적 평화와 적극적 평화를 달성하기 위한 방법을 제시하고 있어. 다음 표를 볼까?

21세기를 위한 평화 정책

	소극적 평화	적극적 평화
정치적	〈국가의 민주화〉 범세계적 인권 실현, 그러나 탈 서구화, 국민 발의, 국민 투표, 직접 민주주의, 탈 중앙 집권 또는 지방화	〈유엔의 민주화〉 1국가 1투표, 강대국 거부권 불인정, 제2의 유엔 회의, 직접 선거(100만 명당 1석), 국가 연합
군사적	방어적 방위, 무기 제한, 비군사적 방위	평화 유지군, 비군사적 [평화 유지] 기술, 국제 평화단
경제적	〈국가 내적 신뢰 확립〉 외부 효과의 내부화, 자신의 요소 이용, 또한 지역적 이용	〈국제적 신뢰 확립〉 외부 효과의 공유, 수평적 교환, 남—남 협력
문화적	〈도전의 대상들〉 단일주의·보편주의·선민 의식, 폭력, 전쟁 〈대화 필요〉 강경파와 온건파 사이	〈범세계적 문명화〉 모든 곳이 중앙, 느긋하게 시간 쓰기, 자연과의 전체론적, 범세계적 파트너십, 평등, 정의, 생활 향상

진단순 너무 복잡해요.

장공부 잘 보면 국가 내적 차원과 국가 외적 차원 모두에서 정의로운 사회를 만들어 신뢰를 확보하자는 얘기네요. 특히 정치적 측면에서 보면 민주주의를 실현하는 게 평화를 유지하기 위한 방법이라는 것 같아요.

사회샘 그래, 공부가 정확하게 보았어. 민주주의는 갈등으로 인해 폭력이 발생하지 않도록 하는 가장 효과적인 장치란다.

모의심 하지만 오늘날 대부분의 국가들이 민주주의를 지향하는 데도 갈등과 폭력이 존재하잖아요.

사회샘 하나씩 차분하게 생각해 보자. 먼저 국가 내적 측면에서 살펴볼까? 우선 민주주의는 모든 결정을 일정한 민주적 절차를 통해, 즉 가급적 많은 사람이 참여하는 토론이나 투표를 통해 결정하지. 그리고 이처럼 다수가 참여하는 토론이나 투표를 통해 결정한다는 것 자체가 사회 문제나 갈등을 해결하는 비폭력적인, 즉 평화적인 방법인 거지.

진단순 에이, 선생님. 그건 너무 뻔한 이야기잖아요. 그 정도는 저도 알겠네요.

사회샘 글쎄……, 윗세대와 달리 너희들은 민주주의가 어느 정도 정착된 이후에 태어났기 때문에 민주주의가 없을 때 해결 방식을 상상하기 어려울 수 있어. 그런 점에서 민주주의가 정착되지 않았을 때 갈등을 어떻게 해결할 수 있을지 생각해 보면 어떨까?

장공부 민주주의가 정착되지 않았을 때라면 아마 그냥 몸으로 싸웠겠죠.

모의심 음……, 결투가 떠오르는데요.

진단순 서부 영화 장면 생각난다.

사회샘 그래. 너희들 말처럼 아마 힘으로 해결하는 방식이 가장 일반적일 거야. 단순이 말처럼 영화에 나오는 결투 장면을 생각하면 좋겠구나. 총을 사용하든, 칼을 사용하든, 아니면 맨손으로 때려눕히든 간에 아무튼 상대를 힘으로 제압하고 영화가 끝나지. 힘으로 갈등이 해소된 거야. 이게 보기에는 재밌을지 몰라도 실제로 모든 갈등을 그런 식으로 해결해야 한다면, 아마 거의 모든 사람이 제명에 죽지 못할 거야. 무서운 일이 아닐 수 없지.

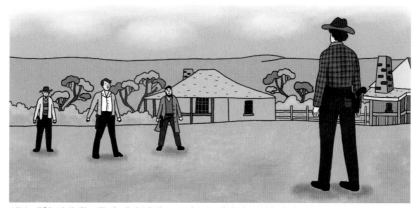

서부 개척 시대에는 문제 해결 방식으로 결투를 택하기도 했습니다.

진단순

> 맞아요. 서부 영화에서도 언제 누가 나를 죽이러 올까 늘 긴장하고 있어야 하더라고요.

모의심　요즘엔 그렇게 힘으로 갈등을 해결하는 경우는 별로 없는 것 같은데요. 적어도 형식적으로나마 토론이나 투표를 통해 해결하지 않나요?

사회샘　그렇지. 하지만 토론이나 투표를 통해 갈등을 해결한다고 해도 유권자의 일부를 배제하거나 적절한 참정권을 보장하지 않은 상태에서 이루어지는 토론이나 투표로는 평화가 달성될 수 없어. 왜냐하면 그때 배제된 사람들이 자신들의 의사를 반영하려면 때로는 비민주적인, 즉 폭력적인 방식을 사용할 수밖에 없기 때문이지. 그러한 구조가 개선되지 않는 한 언젠가는 폭력 사태가 발생할 수밖에 없는 거지.

모의심　선생님, 국가 내에서 민주주의가 정착되면 갈등을 평화적으로 해결할 수 있다는 것은 어느 정도 이해가 되었어요.

하지만 국가 간 갈등은 어떻게 해결하죠? 국가 외적 차원에서 전쟁을 막는 방법은 뭐냐 말이죠? 사실 민주주의 국가라고 해서 전쟁을 하지 않는 것도 아니잖아요.

진단순　맞다. 미국은 민주주의 국가인데, 전쟁에도 잘 개입하잖아요.

장공부　오호, 의외로 단순이가 국제 정세에 밝은데?

사회샘　이제 국가 외적 차원에서 평화를 유지하기 위한 방법도 검토해 봐야겠구나. 너희들이 지적한 것처럼 확실히 미국은 민주주의 국가지만 전쟁에도 많이 개입했던 나라란다. 실제로 미국은 제2차 세계 대전 이후로 전쟁을 통해서 가장 많은 인명을 살상한 나라이기도 하지. 이를 통해 알 수 있는 것은 국가 내적으로 민주주의가 달성되어 있더라도 국가들 사이에 민주화가 달성되지 않으면 전쟁이 일어날 가능성이 충분하다는 거야.

모의심　국가들 사이의 민주화요?

사회샘　그래. 다시 갈퉁 님의 폭력 방지 방안을 떠올려볼까? 갈퉁 님은 정치적 평화를 달성하기 위해서는 국가의 민주화뿐 아니라 UN의 민주화도 필요하다고 주장하고 있어.

장공부　국제 사회가 민주화되어야 국가들 간의 분쟁을 막고 평화를 유지할 수 있다는 건가요?

사회샘 그렇지. 미국의 경우에도 전쟁을 많이 일으킨 것은 물론 비판받아 마땅하지만 현재와 같은 국제 정치 구도하에서는 미국이 아니었다고 해도 다른 강대국들이 전쟁을 일으켰을 거야. 갈퉁 님이 UN의 민주화를 주장한 것도 미국이라는 개별 국가의 행위를 비판하기보다는 약소국들이 강대국을 견제할 수 있도록 하는 근본적인 대책을 마련할 필요가 있다고 생각했기 때문이 아닌가 해.

진단순

> 결국 평화를 유지하는 데는 민주주의가 정답이네요. 국내 갈등이든 국제 갈등이든 말이죠.

사회샘 그래. 단순이의 정리가 아주 명쾌하구나.

모의심 갈퉁 님의 해결책처럼 민주화가 되면 좋겠지만, 우리나라만 보아도 그게 그렇게 쉬운 일은 아니겠죠?

사회샘 물론 그렇지. 특히 남북이 대치하고 있는 상황에서 갈퉁 님이 말한 평화 정책을 실현하기 위해서는 남북이 서로를 신뢰할 수 있어야 하는데, 지금처럼 적지 않은 군사적 충돌이 끊이지 않고 있는 상황에서 상대를 믿는 게 쉽지가 않지.

장공부 갈퉁 님이라면 우리 한반도 상황에 대해서 어떤 말씀을 하실 수 있을까요?

사회샘 실제 갈퉁 님은 우리나라에 대해서 '중립화 통일 방안'이나 남북 외에 중국, 일본, 베트남을 포함하는 '2+3 방안' 등의 통일 방안을 제안한 적도 있단다. 하지만 여기서 그러한 구체적인 해결책을 논의하기는 조금 힘들겠지. 일단 오늘은 갈퉁 님의 이야기를 통해서 평화를 위해 우리가 나아가야 할 큰 방향이나 목표에 대해서만 정리하는 게 좋겠구나.

진단순 네, 저도 그게 좋겠어요.

평화를 위해 폭력을 사용해야만 하는 경우도 있지 않을까요?

진단순 선생님, 다른 개념을 공부할 때에는 개념에 대한 해석들이 다양해서 공부하기가 어려웠는데, '평화'는 상대적으로 단순한 것 같아서 마음에 들어요. 물론 평화가 한 가지 의미만을 갖는 것이 아니라 소극적, 적극적 의미를 가질 수 있다는 것을 새롭게 배웠지만, 그건 서로 대립하는 것이 아니라 평화의 다양한 의미를 보여 주는 것이니까 논쟁거리는 아닌 것 같고…….그러니까 오늘 수업은 끝난 거죠?

모의심 단순이가 수업을 빨리 끝내기 위해 오랜만에 머리를 많이 썼네. 하지만 잘 될까?

장공부 저는 공부하는 것이 싫지는 않지만, 평화와 관련해서는 특별히 개념적으로 어려운 부분은 없는 듯해요. 하지만 '평화'에 대해서는 이해하는 것보다 실천하는 것이 더 중요하지 않을까요?

사회샘 그래, 너희들 말대로 직간접적 폭력의 부재 상태가 평화라는 것에 대해서는 대체적인 합의가 이루어져 있지. 그런데 중요한 실천 방법의 문제가 남아 있어. 평화를 위협하는 사람, 법, 제도, 문화 등이 현실적으로 존재하는 상황에서 이러한 평화 위협 요소를 제거하기 위해 어떤 방법을 사용해야 하느냐의 문제가 남아 있는 거지.

예를 들어서 친구가 여러분에게 욕을 한다면 여러분은 어떻게 대응할 것 같니?

저 같으면 더 심한 욕을 해서 욕을 못하게 하겠어요.

그러면 너는 그 욕한 친구보다 더 나쁜 사람이 되는 거야.

또 낚였다.

사회샘 그렇지. 같이 욕을 하면 안 되고, 잘 타이르거나 아니면 선생님에게 알려서 조치를 취할 수 있도록 해야겠지. 그런데 친구가 욕을 하는 차원을 넘어서서 폭력을 행사하면 어떻게 하겠니?

진단순 아니, 먼저 욕을 하니까 거기에 대응한 것 아닌가요? 저는 전혀 잘못된 것이 없는 것 같은데, 다들 이상하시네. 거기에다 폭력을 행사한다면, 만약 그 친구가 싸움을 잘하면 도망가고, 싸움을 못하면 다시는 그런 행동을 못하게 만들어 줘야겠지요. 그러면 이것도 잘못인가요? 의심이 너 같으면 네가 더 싸움을 잘하는데도 도망가겠니?

사회샘 단순아, 흥분하지 말고 차분히 생각해 봐. 이런 경우에는 오히려 추상적으로 생각하는 것이 더 도움이 될 수도 있어. 가령 억제 효과가 동일하다는 전제하에서 폭력적 방법과 비폭력적인 방법이 둘 다 존재할 때에, 어떤 방법을 쓰는 것이 더 좋을까?

장공부, 모의심 비폭력적인 방법이요.

진단순 어, 그렇게 질문하시니까 제 생각에도 비폭력적인 방법일 것 같네요.

사회샘 그렇지. 그러면 친구가 폭력을 행사하는 경우에 어떻게 하는 것이 좋을까? 단순이가 다시 한 번 대답해 볼래?

진단순

선생님이 원하시는 답은 일단 자리를 피한 다음에 선생님께 알리는 것이라고 생각되는데, 그래도 저는 비겁한 것 같아서 그렇게 하기 싫어요.

장공부

그게 비겁한 걸까? 오히려 힘없는 사람에게 폭력을 행사하는 것이 더 비겁한 거 아닌가?

모의심 내 생각에도 군이 비겁한지, 안 비겁한지를 따진다면, 오히려 힘없는 사람에게 폭력을 행사하는 것이 더 비겁하다는 것 같아.

진단순 그런데 선생님, 학교에서는 일반적으로 선생님에게 알리면 문제가 해결되는 경우가 많지만 경우에 따라서는 폭력적 행위를 당장 그치게 해야 하고, 또 그렇게 하기 위해서는 부득이하게 폭력적 수단을 사용할 수밖에 없는 경우도 있지 않나요?

장공부 그런 경우를 **정당방위**라고 하지.

사회샘 그렇지. 하지만 정당방위도 필요한 정도까지만 행사해야지 그 이상을 넘어서는 것은 곤란해. 가령 도둑이 들었다면 쫓아내거나 제압하는 정도에 그쳐야지, 상대를 제압한 후에도 폭력을 행사했다면 그런 것까지 정당방위라고 할 수 없겠지.

모의심 단순이가 이상한 얘기를 해서 조금 헷갈리기는 했지만, 평화를 달성하는 방법과 관련해서는 선생님이 말씀하신 대로 정리하면 될 듯한데, 무슨 논쟁거리가 있나요?

사회샘 일단 우리가 지금까지 이야기한 내용을 간략히 정리하면 폭력을 저지할 비폭력적인 수단이 있을 때에는 그것을 사용하고, 그러한 수단이 없거나 상황이 급박하여 그러한 수단을 사용할 수 없을 때에는 가급적 수위를 낮추는 선에서 폭력적 수단을 사용하는 것도 허용이 된다는 것이었어. 그런데, 몇몇 사람들은 어떤 경우에도 폭력을 사용해서는 안 된다고 주장해서 논란이 되고 있어.

진단순 아니, 그럼 누가 때리면 그냥 맞으라는 건가요? 어떻게 그런 주장을……. 그런 주장을 하는 사람들은 모두 정신이 조금 이상한 사람들 아닌가요?

모의심 글쎄. 정신이 이상하다고 하기에는 조금 위대한 사람들이 많아. 톨스토이, 간디, 마틴 루서 킹 목사 등이 그런 사람들인데…….

장공부 '비폭력 무저항 운동'에 대해 들어 본 적이 있어요. 톨스토이는 무정부주의자로서 국가의 폭력성을 고발했고, 간디와 킹 목사는 각각 인도의 독립과 미국의 인종 문제 해결을 위해 비폭력적 수단을 사용할 것을 제안했다고 들었던 것 같아요.

사회샘 의심이와 공부가 잘 이야기해 줬는데, 비폭력 운동과 관련해서는 먼저 비폭력 운동에 대한 한 가지 일반적인 오해부터 지적하고 이야기를 시작했으면 좋겠어. 먼저 비폭력 운동을 흔히 '**비폭력 무저항 운동**'이라고 부르는 경우가 많은데, 비폭력 운동을 주장하는 사람들도 부정의에 저항하는 것이므로 '비폭력 무저항'이라는 명칭은 잘못된 거야. 그냥 '**비폭력 운동**'이라고 하거나 '**비폭력 저항**'이라고 부르는 것이 옳지. 용어 사용에 유의해 주기 바란다. 그러면 비폭력 운동을 주장하는 사람들이 어떤 근거에서 그런 이야기를 하는지 살펴보도록 할까? 먼저 비폭력 운동으로 우리에게 널리 알려진 간디 님을 불러서 한 번 이야기를 들어 보자. (소환기를 작동한다.)

어떤 경우에도 폭력을 행사해서는 안 된다

간 디 안녕하세요, 반갑습니다. 제가 죽은 지 오래되었는데도 사람들이 비폭력 운동에 관심이 있다니 기쁘기도 하지만 슬프기도 하군요. 제 생각, 아니 저와 함께 했던 사람들의 생각이 널리 퍼져 나가는 것은 기쁘지만 비폭력이 관심의 대상이 되는 것 자체가 세상에 아직도 폭력적 억압과 폭력적 저항이 남아 있다는 이야기일 테니, 안타깝습니다. 한시바삐 폭력이 사라지는 세상이 되어야 하겠습니다.

마하트마 간디
(Mohandas K. Gandhi)

진단순 훌륭하신 분들은 대개 말씀을 길게 하시는 것 같아.

장공부 조용히 좀 해봐!

진단순 비폭력 운동을 하신 분이니까, 내가 좀 떠들어도 화내지 않으실 것 같은데……

간 디 그래요. 서로 이야기해도 괜찮고, 지루하면 내 이야기를 듣지 않아도 됩니다. 자유가 그 무엇보다 중요하지요. 아무튼 이야기를 시작해 볼까요.

나는 비폭력 운동을 사탸그라하(Satyagraha)라고 불렀답니다.

모의심

그거 그냥 '비폭력'이라는 뜻이 아닌가요? 그냥 그렇게 번역해서 말씀해 주시면 더 알기 쉬울 텐데.

간 디

이 말이 나중에는 '비폭력 저항' 또는 '시민 불복종'을 의미하는 말로 받아들여지기는 했는데, 원래 뜻은 '진리를 파악한다'는 것입니다.

모의심 엥, 비폭력 저항과 진리 파악이 무슨 관계가 있나요?

간 디 비폭력 저항은 단순히 상대에 대해 폭력을 사용하지 않는다는 것뿐 아니라 인내와 연민으로 상대를 오류에서 건져 내는 것을 의미합니다.

진단순 오류에서 건져 낸다면 뭘 가르치는 건가요? 저 같은 사람에겐 그게 오히려 폭력인 것 같은데…….

장공부 진리라는 것이 하나로 고정된 게 아닐 수도 있잖아요. 사람들마다 옳다고 생각하는 게 다를 수도 있는데, 그럼 단순이 말대로 그게 오히려 폭력 아닌가요?

간 디 물론 어떤 사람에게는 진리인 것이 다른 사람에게는 오류로 보일 수 있겠지요. 이런 경우에 사탸그라하를 행하는 사람은 상대에게 고통을 가하는 것이 아니라 자기 자신에게 고통을 가하는 방식으로 진리를 옹호하게 됩니다. 그래서 '사탸그라하', 즉 진리 파악이라고 부르는 거죠.

진단순 자신에게 고통을 가한다고요? 그게 도대체 무슨 말이에요?

간디가 사탸그라하의 하나로 전개한 소금 행진. 영국이 인도인이 소금을 만드는 것을 금지하고 대신 영국산 소금만 비싼 세금을 물려 판매하려고 하자 간디는 다른 인도인들과 함께 바다에 가서 소금을 만드는 운동을 전개하였습니다.

간　디　정의롭지 못한 정책이 시행되는 것에 반대하는 경우 많은 사람들은 물리적 힘을 사용하여 저항하죠. 하지만 사탸그라하를 실천하는 사람들은 자신이 범법에 대한 처벌을 감수하는 방식으로 저항합니다.

진단순　에이, 그런 사람들이 어디 있어요?

사회샘　단순아, 바로 여기, 네 앞에 계신 분이 바로 그런 사람이야. 간디 님이 영국에 저항할 때 그런 방식을 쓰셨거든.

간　디　그래요, 나는 영국 정부에서 소금을 만드는 것을 금지했을 때, 바다로 행진하여 직접 소금을 만들고자 했습니다. 많은 사람들이 나를 따랐고, 물론 많은 사람들이 체포되었지요. 하지만 너무 많은 사람들이 소금 행렬에 동참했기 때문에, 영국 정부가 그 모두를 체포하지는 못했고, 결국 소금 전매령은 철회되었습니다. 사탸그라하가 사회적으로 나타날 때에는 이처럼 시민 불복종의 형태를 띠게 되는 것이지요.

장공부　

그러니까 잘못은 다른 사람이 했는데, 처벌을 자기가 받으면, 그 사람이 반성한다는 말씀이신가요?

그게 말이 되냐! 잘못을 다른 사람이 했는데, 왜 내가 처벌을 받아. 그러면 정의 사회가 아니지.

단순아, 정의 사회가 아니니까, 시민 불복종이 필요하지.

모의심 간디 님, 그렇지만 이해가 잘 안 되는 부분이 있는데, 사탸그라하라는 어떤 경우에도 폭력을 사용하지 않아야 한다는 것을 의미하나요?

예를 들어 도둑이 들면 어떻게 하나요? 할 수 있다면, 폭력을 사용해서라도 물건을 훔치지 못하게 해야 하는 것 아닌가요?

간 디 예전에도 나에게 그런 질문을 하는 사람이 많았습니다. 나의 대답은 어떤 경우에도 폭력을 사용하지 않아야 한다는 것입니다. 도둑의 예를 들었으니 그것을 소재로 한번 생각해 봅시다. 물론 도둑질은 잘못입니다. 그런데 그렇다고 해서 도둑에게 폭력을 행사하면 어떻게 될까요? 물론 도둑이 그냥 도망간다면 다행이겠죠. 하지만 도둑도 폭력적으로 맞대응을 할 가능성이 큽니다. 추후에는 도둑질할 때에 반드시 흉기를 들고 다닐 수도 있습니다. 물론 아예 강도로 나설 수도 있겠지요. 내가 제안하는 방법은 도둑이 물건을 잘 가져갈 수 있도록 문도 잠그지 않고 물건도 내놓는 것입니다.

진단순 헉, 아니 그런!

장공부, 모의심 예?

사회샘 도둑이 스스로 반성하기를 기대하시는 거죠?

간 디 그렇습니다. 물론 도둑이 반성하지 않을지도 모릅니다. 오히려 모든 일이 내가 이야기한 것과는 조금 다르게 진행될 가능성이 크지요. 하지만 내가 강조하고 싶은 것은 비폭력적인 방법을 사용하면 반드시 결과가 좋다는 것이 아니라,

폭력적인 수단으로는 비폭력적인 결과를 얻어 낼 수 없다는 것입니다.

48

어떤 사람들은 수단과 목적을 구분하지만 나는 양자가 씨앗과 결실의 관계라고 생각합니다. 즉, 비폭력적 결실을 얻기 위해서는 폭력적 수단을 사용하지 않아야 한다는 것이지요. 물론 이는 매우 행하기 어려운 일입니다. 그래서 나는 영국 정부에 저항할 때에도 무조건 국민의 참여를 독려한 것이 아니라, 사탸그라하를 실천할 준비가 된 사람만 동참할 것을 호소했습니다.

장공부 간디 님 말씀을 들으니까, 간디 님이 정말 훌륭한 분이었다는 생각이 드네요. 그런데 솔직히 말씀드리면 저는 그렇게 못 할 것 같아요.

진단순 세상에 저런 분도 계시는 거지.

모의심 그런데 저렇게 훌륭한 분이 계시는 인도는 왜 그렇게 못 살지. 아, 맞아. 그리고 카스트 제도도 있잖아. 게다가 간디 님도 암살당하지 않으셨나요?

사회샘 의심이의 질문은 논점에서 벗어났어. 비폭력 저항은 경제 수준이나 사회 제도와 관련이 없는 것이고, 간디 님은 암살당하면서도 암살자를 용서하셨단다. 하지만 비폭력 저항에 대해 많은 사람들이 반론을 제기하고 있는 것이 현실이니, 비폭력 운동에 대해 좀 더 체계적인 반론을 펼칠 분을 모셔 보도록 하자. (소환기를 작동한다.)

폭력이 불가피하게 필요한 순간이 있다

악 마 안녕하세요, 저는 악마 중의 악마 메피스토펠레스입니다. 괴테의 『파우스트』에 등장한 적이 있는 아주 지적인 악마지요.

장공부 아니, 선생님! 왜? 학자나 사회 운동가가 등장하지 않고 악마를 부르셨나요? 실수하셨나요, 아니면 소환기가 고장났나?

괴테의 『파우스트』에 등장하는 메피스토펠레스입니다.(출처 : 위키미디어)

사회샘 미안해. 나름대로 고충이 있었는데,

아무도 간디 님과 토론을 하려고 하지 않아서.

어떤 사람은 간디 님은 어떤 얘기를 해도 본인의 뜻을 굽히지 않을 텐데 토론이 무의미하다는 이유로 오지 않겠다고 했고, 또 다른 사람은 위대한 성자와 논쟁을 벌이면 자신이 나쁜 사람처럼 보이지 않겠냐고 걱정했지. 그래서 이런 문제를 해결하기 위해 아예 악마를 부른 거란다.

악　마 학생들, 너무 염려하지 마세요. 다시 한 번 말하지만 나는 학자 중의 학자 파우스트와도 교류를 했던 지적인 악마입니다. 나는 시시하게 마력이나 폭력을 사용하지 않고, 오직 지성의 힘만으로 위대한 영혼을 굴복시켜 보이겠습니다. 할 수만 있다면 나도 악마적인 힘에 호소하지 않는 것이 효율적이라고 생각하고 있으니까요.

그럼 간디 님께 가벼운 질문을 하나 던져 볼까요? 앞에서 이야기했지만 가능한 한 폭력을 사용하지 않아야 한다는 주장에 동의하지 않는 사람은 아무도 없을 것입니다. 하지만 부득이하게 폭력이 필요한 상황이 있기 마련입니다. 가령 앞에서 학생들은 도둑의 예를 들었는데, 강도나 전쟁의 경우는 어떨까요?

가령 강도가 누군가를 해치려 하고 있고 주변에는 도움을 청할 사람이 아무도 없을 때 강도의 행위를 저지하기 위해 폭력을 사용하는 것이 잘못이라고 할 수 있을까요?

간　디 비폭력 저항, 즉 사탸그라하는 잘잘못을 가리기 위한 것이 아닙니다. 그리고 우리들 모두가 그렇게 행위를 해야 한다고 이야기하는 것도 아닙니다. 그러므로 희생을 막기 위해 폭력을 행사하는 사람의 행위를 굳이 잘못된 것이라고 이야기할 필요는 없을 것입니다.

악　마 제 말에 동의하시는 건가요? 희생을 막기 위해 폭력을 행사하는 사람을 잘못했다고 보지 않는다는 건 폭력을 인정하는 것 같은데요.

간　디 다른 사람들에 대해서는 뭐라고 강요하기 힘들지만, 어쨌든 저 같으면 강도와 희생자 사이에 설 것입니다. 그로 인해 제가 대신 희생된다 해도 어쩔 수 없겠지요. 실제로 제가 살던 당시 인도에서는 인도인과 영국인, 힌두교도와 이슬람교도 사이에 폭력 사태가 빈번하게 발생했습니다. 그리고 많은 사람들이 이러한 사태를 해결하는 길은 또 다른 폭력이라고 생각했죠.

하지만 저는 다른 사람에게 폭력을 행사하는 대신 저 자신에게 폭력을 행사했습니다.

모의심 자신에게 폭력을 행사하는 건 어떤 건가요?

간　디 잘 알려진 것처럼 단식을 한 것이지요. 제 생애 동안 총 18번의 단식을 행했는데, 이로 인해 모든 문제가 잘 풀렸다고 얘기할 수는 없겠지만 어떤 식으로든 비폭력의 정신을 전파하는 데는 성과가 있지 않았나 생각합니다.

악　마 그렇게 대답하실 줄 알았습니다. 남들이 뭐라고 하든, 남들이 어떻게 행동하든 본인은 비폭력 운동만 하시겠다는 것이지요. 그것은 본인의 자유이니 저도 어떻게 할 수 없군요. 하지만 제 질문의 요지는 폭력 사태를 접했을 때에 간디 님 본인이 어떻게 하겠느냐는 것이 아니라, 더 큰 폭력을 방지하기 위해 폭력을 행사한 사람의 행위를 어떻게 평가하겠는가라는 것이었습니다. 가령 폭력을 행사했다는 이유로 정당방위를 한 사람도 처벌해야 할까요?

간　디 아, 그렇군요. 제가 질문의 요지를 잘못 파악한 것 같습니다. 일단 사과드리고, 제 생각을 다시 말씀드리면 그런 사람을 처벌해서는 안 된다고 생각합니다.

악　마 그건 이야기가 다르지 않습니까? 모든 폭력에 반대하시는 줄 알았는데요.

간　디　저는 분명히 모든 폭력에 반대합니다. 하지만 저의 이런 입장이 정당방위를 처벌하지 않아야 한다는 것과 모순된다고는 생각하지 않습니다. 물론 정당방위도 폭력의 한 형태로서 비폭력 저항과 대비되는 것은 사실입니다. 하지만 정당방위와 비폭력 저항은 이전의 폭력에 대한 대응 방법이 다르다는 점에서 구별될 뿐, 이전의 폭력에 대한 대응이라는 점에서는 차이가 없습니다.

장공부　그래서 정당방위로 폭력을 사용한 경우엔 처벌하지 않아야 한다는 말씀이신가요?

간　디　먼저 폭력이 없었다면 비폭력도, 정당방위도 필요 없었을 것이라는 점에서 정당방위는 비폭력과 마찬가지로 처벌의 대상이 될 수 없습니다. 물론 정당방위가 과도했다면 그것은 또 다른 문제겠지만요. 또 한 가지 말씀드릴 것은

법은 전체 국민을 대상으로 하는 것이지만, 사탸그라하는 참여하고자 하는 사람만을 대상으로 하는 것이라는 사실입니다.

따라서 비폭력에 동참하는가 여부는 법적인 처벌과는 아무런 관계가 없습니다. 법적인 처벌 여부는 전체 국민의 여건과 상황을 고려해서 결정해야 하는 것이지, 비폭력 또는 폭력의 사용 여부만으로 결정할 수 없는 거죠.
앞에 말한 정당방위의 경우만 봐도 정당방위를 처벌하지 않는 사회와 처벌하는 사회 중에서 국민이 어떤 사회를 선택하는지, 또 어떤 사회가 더 좋은 사회가 될 것인지에 의해 결정될 문제이고, 그 점에 대해서는 정당

방위를 처벌하지 않는 사회가 더 좋은 사회가 될 것이라는 주장에 대해 저도 아무런 이견이 없습니다. 다만 특정한 문제와 관련하여 사탸그라하가 필요하다고 동의하는 사람들과 함께할 뿐인 것이지요.

장공부, 모의심 오오, 역시.

진단순 길다.

비폭력 저항이 상징적 폭력은 아닐까?

악 마 제가 반론을 펼 수 없는 것은 아닙니다만 다른 결정적인 반론이 있기 때문에 다음 질문으로 넘어 가겠습니다. 혹시 간디 님께서는 **상징적 폭력**이라는 말을 들어 보셨는지요?

간 디 잘 모르겠는데요, 설명해 주시면 감사하겠습니다.

악 마 그러지요. 우리는 흔히 폭력이라는 말을 물리적이고 직접적인 폭력에 한정해서 쓰는 경향이 있는데, 가령 법을 이용하여 상대를 압박하는 행위도 직접적인 폭력과 다름없는 기능을 하는 경우가 많습니다. 그뿐 아니라 어떤 행동은 다른 사람들에게 직접적으로 피해를 주지 않음에도 금지되는 경우가 있는데, 이는 문화적 차원에서 상대를 규제한다는 점에서만 차이가 날 뿐, 직접적인 폭력을 행사해서 특정한 행위를 금지하는 것과 다를 바가 없는 것이죠.

> 이처럼 법이나 문화와 같은 상징 체계를 사용해서 폭력을 행사하는 것을 상징적 폭력이라고 합니다.

간 디 아, 그렇군요. 잘 이해했습니다. 그런데 그런 개념을 설명해 주시는 이유는 뭔가요?

악 마 자, 한 번 이야기를 만들어 볼까요? 때로는 이러한 상징적 폭력이 직접적 폭력이나 다름없는 역할을 한다는 사실에 동의하시나요?

간 디 물론 인정합니다.

악　마　그렇다면 비폭력 저항은 직접적인 폭력을 사용하지 않는 것처럼 상징적 폭력도 사용하지 않아야 하겠군요.

간　디　당연한 것이지요.

악　마　당연하다고요? 간디 님은 비폭력 저항을 함으로써 모든 폭력적 행위를 부적절한 것으로 만드셨습니다. 그 덕분에 많은 사람들은 자신이 잘못을 저질렀다는 죄의식에 사로잡히게 되었지요. 그렇다면 이렇게 죄의식을 느끼게 된 사람의 입장에서는 이러한 운동 자체가 폭력적이라고, 즉 상징적 폭력이라고 느낄 수 있지 않을까요?

간　디　결국 내가 상징적으로 폭력을 쓰고 있다는 건가요?

악　마　네, 그렇습니다. 요컨대 폭력의 개념을 직접적인 폭력뿐 아니라 간접적인 폭력, 즉 상징적 폭력까지 포함한 것으로 확장할 수 있다면, 간디 님의 주장은 사실상 비폭력 운동이라고 부를 수 없는 것이 아닐까 하는 것이 제 생각입니다.

요즘에는 악마가 되는 것도
쉽지 않은 것 같아.

상징적 폭력이 앞에서 배웠던 구조적
폭력과 비슷한 개념인 것 같아.

이번에는 정말 대답하시기
어려울 듯한데.

간　디　제가 상징적 폭력의 개념을 잘 몰라서 제대로 답변할 수 있을지 모르겠네요. 아무튼 제 생각을 성의껏 이야기해 보겠습니다. 우선 제 말이나 행동이 단순히 직접적 폭력이 아니라는 이유에서 무조건 비폭력적이라고 생각했던 것은 아닌지 반성해 보았습니다.

악　마　과연 보통 사람들과 다르시군요. 제가 그 점 하나는 인정하지요.

간　디　분명 직접적 폭력이 아니더라도 직접적 폭력 이상으로 다른 사람들에게 영향을 줄 수 있는 경우가 적지 않은 것이 사실입니다. 예를 들어, 인종이나 종교, 국적이 다르다는 이유에서 다른 사람을 비난한다면, 그러한 비난이 직접적 폭력을 수반하지 않더라도, 당한 사람에게는 씻을 수 없는 상처를 주게 될 수도 있다는 점에서 그러한 비난은 폭력적인 것이라고 할 수 있겠지요.

그런 면에서 제가 한 말과 행동, 사회 운동, 구체적으로 사탸그라하가 다른 사람에 대한 비난의 의미를 함축하고 있었던 것은 아닌지 새삼 반성해 보게 되었습니다.

악　마 반성하고 숙고하신 후 본인이 의도하지 않으셨다고 해도 남들이 그렇게 느낀다면 잘못을 인정해야 할 것입니다.

간　디 음, 그 말을 들으니 저를 암살한 사람도 아마 제가 상징적 폭력의 수단을 사용하여 힌두교와 인도를 잘못된 방향으로 몰고 간다고 생각한 것 같네요. 저는 이미 살아생전에 불가촉천민 문제에 무관심했다는 이유로, 그리고 다른 사람에게 자신의 생각을 강요한다는 이유로 각

간디와 타고르(왼쪽)가 함께 있는 모습입니다.

각 암베드카르(불가촉천민 출신인 인도 초대 법무장관)와 타고르(인도 독립기의 국민 시인)에게 비판을 받은 바 있습니다.

당시 저는 단순히 카스트 문제보다는 인도의 독립이 우선순위라고, 또 저의 주장에 동참하는 사람들이 모두 자발적으로 참여한 것이라고 생각했었습니다. 그런데 말씀을 들고 보니 그런 것들이 사회적으로 어떤 의미를 지니는지를 깊이 성찰하지 않은 것이 아닌가 하는 생각이 듭니다. 만일 다시 동일한 상황에 처한다면 더 깊이 생각하고 저의 행동이 어떤 식으로든 다른 사람에게 (상징적) 폭력으로 느껴지지 않도록 최선을 다하겠습니다.

악 마 그럼 사탸그라하가 일종의 폭력이라는 것, 결국 간디 님이 폭력을 부정한
다고 하시면서 실제로 더욱 교묘한 방식을 폭력을 사용했다는 것을 인정
하시는 건가요?

간 디 결과적으로 저의 생각이 다른 이들에게 어떤 방식의 폭력으로 작용했을
수도 있다는 점은 인정합니다. 하지만

 원칙적인 의미에서 사탸그라하는 다른 사람에
대한 평가의 의미를 함축하고 있지 않습니다.

단지 폭력을 종식시키기 위한 최선의 방법이 사탸그라하라고 생각하는 것
일 뿐이지요. 자서전에서도 언급한 바 있습니다만, 저는 '마하트마, 즉 위
대한 영혼'이 아니라 소심한 사람일 뿐입니다. 물론 '마하트마'는 매우 감
사한 표현입니다만, 그것은 다른 사람들이 그렇게 불러 준 것이지 제가 그
런 호칭을 사용한 것은 아니지요. 마찬가지로 사탸그라하가 다른 사람들
에게 비난의 뜻으로 받아들여질 수도 있겠지만 그것은 제 본의가 아니고,
또 사탸그라하가 상징적 힘을 갖는 것도 사실이겠지만 원래 타자 지향적
의미를 지니는 것이 아니라는 점에서 적어도 폭력적 의도를 지닌 것은 아
니라고 할 수 있을 듯합니다.

진단순 선생님, 두 분의 대화가 저에게는 너무 폭력적이에요.

모의심 간디 님에게는 정말 비난의 마음이 조금도 없었을까요?

장공부 간디 님, 그런데 갑자기 궁금한 게 생겨서요. 질문을 하나 더 해도 될까요?

모의심 엥?

진단순 아니, 수업이 끝나가는 마당에 의심이도 아니고 왜 네가?

간 디 물론 괜찮습니다만……. (소환 시간이 다 되어 간디와 악마 메피스토펠레스의 형상
이 희미해지며 사라진다.)

장공부 그런데 제가 알기로는 간디 님이 비폭력 운동을 하시면서 여러 차례 단식
을 하신 것으로 알고 있는데요,

단식은 자기 자신에게 행하는 폭력 아닌가요? 그렇다면 비폭력 운동의 취지에는 맞지 않은 것이 아닌지?

진단순 아니, 단식은 밥을 굶는 것이고, 그것도 스스로 하신 것인데 웬 폭력? 혼자 밥 굶는 것보다 수업 끝나가는 마당에 질문하는 것이 더 폭력적이지.

모의심 단식도 폭력은 폭력인 것 같은데. 만약 다른 사람이 단순이 너를 굶게 만들었다고 하면 그것도 폭력이고……. 그것을 자신에게 행했다고 해도 폭력이라는 사실은 변하지 않는 것 아닐까? 아, 정말 궁금하네요. 간디 님, 대답해 주세요.

학생들 어, 간디 님이 왜 말이 없으시지?

간디는 자신의 뜻을 전달하기 위한 방법으로 자신을 희생하는 단식을 행하였습니다. 사진은 생애 마지막 단식을 끝내고 지지자들과 함께 한 모습입니다.

사회샘 소환 시간이 지나 버렸어. 어쩔 수 없으니 내가 간디 님 입장에서 내 생각을 대신 말해 볼게. 우선 간디 님, 그리고 비폭력 저항 운동을 하는 사람들의 사회 운동이 문자 그대로 '비폭력'인 것만은 아니야. 앞에서도 드러났지만, 직접적인 폭력만이 문제가 아니라 간접적, 구조적 폭력도 문제라면, 직접적인 폭력을 행사하는 저항뿐 아니라 간접적인 방식의 저항도 넓은 의미의 폭력적 저항이라고 볼 수 있는 것이지.

진단순 그럼 선생님도 악마 편?

사회샘 끝까지 들어 보렴. 그런 한계에도 불구하고 비폭력 저항은 상대에 대한 직접적 폭력을 지양하는 사회 운동 방식이라는 점에서 의미가 있는 것이지.

장공부 선생님. 제 생각에도 과거에는 직접적이고 물리적인 폭력이 너무 난무했기 때문에 우선 그것만이라도 없애려고 노력했던 것 아닌가 싶어요.

사회샘 그래, 그런 면도 있지. 그리고 비폭력 저항은 상대가 스스로 마음을 돌리기를 바라는 것이지 그것을 직접적으로 강제하지는 않는다는 점에서도 의의가 있단다. 요컨대, 비폭력 저항이 누구에게나 비폭력적인 것은 아닐 수 있지만 폭력을 행사해서는 안 되는 대상을 분명히 했다는 점에서 의미가 있지.

진단순 저는 간디 님이나 악마의 생각보다 선생님의 생각이 궁금해요. 요즘 너무 유명한 분들만 초대해서 이야기를 들었더니, 선생님과 거리가 멀어진 것 같아요.

사회샘 그런가? 내 생각은 원칙적으로 공부의 입장과 일치해. 요즘 사람들의 관심을 끌고 있는

『비폭력 대화』라는 책에서 로젠버그 님은 다른 사람에게 폭력을 행사하지 않는 것이 당연하다면 자신에게도 폭력을 행사하지 않는 것이 당연하다고 이야기한단다.

미국의 마셜 로젠버그는 『비폭력대화』(한국NVC센터)에서 일상에서의 비폭력 대화를 추천하고 있습니다.

하지만 자신의 희생이라도 감수할 수밖에 없는 절박한 상황이 우리 사회에 존재하고 있다는 점도 눈 여겨 봐야지. 가령 힌두교도와 무슬림들이 인도 전역에서 서로 뒤엉켜 폭력을 행사하고, 그 결과 수많은 희생자가 발생하고 있는 상황에서 간디 님은 '단식이라도' 할 수밖에 없었던 것이 아닐까?

학생들 그럴 것 같네요.

사회샘 그래. 모두 애썼어. 간디 님과 메피스토펠레스 님께도 감사드리고, 미흡한 점이 없는 것은 아니지만 두 분이 어떤 생각을 하는지는 어느 정도 이해가 된 듯해. 비폭력 저항과 관련된 논쟁은 이 정도로 일단 마무리하기로 하자.

남북한 간에 평화를 구축하기 위해서는 어떻게 해야 할까?

장공부 선생님. 그런데 저희가 처음에 우리나라에서 전쟁이 일어나지는 않을까 걱정하고 있었잖아요. 그런데 이렇게 수업을 마치고 나니까 선생님이 저희들에게 말씀해 주시려고 하는 것이 우리도 북한에게 사탸그라하를 실천해야 한다는 건가요? 그럼 우리 식으로는 햇볕 정책 정도인가요?

사회샘 꼭 그런 것은 아니고, 또 선생님 나름대로 의견이 없는 것은 아니지만 선생님이 먼저 의견을 제시하면 여러분의 자발성, 창의성이 발휘될 수 없지 않을까?

진단순 선생님은 한 번도 먼저 의견을 제시하신 적이 없으세요. 사실은 의견이 없으신 거죠? 아니면 불순한 의견을 갖고 계신 것 아닌가요? 혹시 우리 선생님이 종북주의자?

모의심 의견이 없는 건 너야.

> 그리고 근거 없이 의심하고 종북이라는 말을 함부로 하는 게 반민주적이고 문제 있는 태도라고!

그런 반민주적인 태도를 보니 너야말로 친북주의자 아닐까?

사회샘 선생님은 여러분과 세대가 달라서 종북, 친북 이야기만 들어도 잡혀갈 것 같아. 농담인 줄은 알지만 그만했으면 좋겠어.

장공부 선생님, 죄송해요. 착한 제가 대신 사과드릴게요. 쟤네들은 생각이 없거나 너무 많아요. 특히 단순! 선생님은 의견이 없으신 것이 아니라 수업에서 중립성을 지키시려는 거야.

진단순 농담이야, 농담. 원래 내가 별 생각이 없잖아. 사과할게. 이제 그만. 아무튼 선생님, 죄송해요. 그런데 수업에서의 중립성이 뭐지?

장공부 그럴 줄 알았어.

사회샘 수업에서 중립성(정확한 용어는 '가치 중립성'인데)은 평가 권한을 가진 강의자가 약자인 학생들에게 알게 모르게 자신의 의견을 강요하는 일이 발생하지 않도록 서로 대립하는 입장 사이에서 중립을 지키는 것이지. 그건 그렇고 주제로 돌아갈까?

모의심 선생님, 어쨌든 저는 우리나라에서 평화를 달성할 수 있는 방법이 궁금하다고요. 간디 님이 말씀하신 것처럼 평화를 위해서는 가령 북한에서 계속 무리한 요구를 해도 다 들어주어야 하는 건가요?

사회샘 이 문제와 관련해서는 사람들의 입장이 너무 달라서 정말 나도 이렇다, 저렇다 말하기가 쉽지 않아. 먼저 너희들의 이야기를 들어 보고 싶어. 잊어버린 것은 아니지?

진단순 우리 선생님은 참 끈질기신 데가 있어. 아무튼 저부터 시작할게요. 수업 시작하기 전에 제가 말씀드렸던 것처럼

유비무환의 자세로 군사력을 갖추어서, 만약 북한이 쳐들어온다면 싹 쓸어버리는 거예요.

그렇게 준비를 하고 있으면 북한도 침공할 생각을 못하지 않을까요?

장공부 그러면 북한은 가만히 있을까? 북한이 핵무기를 개발하는 것도 남북의 경제 격차로 다른 부분에서 너무 차이가 나니까 어떻게든 군사적으로 균형을 맞추려는 것 같은데. 물론 상대의 태도에 따라서 침공당하지 않을 정도의 군비는 갖추어야 하겠지만, 군사적 위협만으로 평화를 달성할 수 있을 것 같지는 않아.

모의심 내 생각도 그래. 그리고 전쟁도 불사하겠다는 생각 자체가 문제인 것 같아. 전쟁이 나면 얼마나 끔찍한 일이 벌어지는지 앞에서 이미 살펴봤잖아. 거기에다 군사력을 갖추는 데 불필요한 비용이 얼마나 많이 들어가는지 알아? 그 돈을 복지나 경제 개발에 쓴다고 생각해 보면 전쟁 준비 비용이 얼마나 아까운지 다시 생각하게 될 걸.

남북한 분쟁의 사회 구조적 배후에는 어떤 문제가 있을까?

사회샘 확실히 군사력을 갖추기는 해야겠지. 어쨌든 총칼로, 아니 이제 미사일로 위협하는 상대가 지척에 있으니까. 하지만 그것만으로 평화를 위한 노력을 다했다고 보기는 어렵겠구나. 자, 우리가 공부한 것을 활용해 보자. 항상 직접적인 폭력, 또는 그러한 폭력의 배후에는 무엇이 있다고 했지?

장공부 구조적 폭력이요.

사회샘 그래. 그러면 우리가 당면하고 있는 남북 간의 분쟁 배후에 있는 문제는 뭘까?

진단순 구조적 문제요.

모의심 야, 네가 이래서 단순하단 거야. 어떤 구조적 문제인지 물으시는 거잖아.

장공부 음. 예전에는 이념 간 대립이었다면 지금은 미·중 대립인가요?

얄타 회담은 소련의 얄타에서 미국의 루스벨트 대통령, 영국의 처칠 총리, 소련의 스탈린 최고인민위원이 나치 독일의 제2차 세계 대전 패배와 점령에 관해 의견을 나눈 회담입니다.(출처 : 위키피디아)

사회샘 공부가 국제적 측면에서 이야기를 해줬네. 그렇다면 남북 관계만을 보면?

모의심 예전에는 체제 경쟁, 요즘에는 '바람' 경쟁?

진단순 그건 또 무슨 얘기야? 바람? 무슨 바람이 부는데?

모의심 왜 선거 때마다 '총풍', '북풍', 이런 얘기들이 오가잖아.

사회샘 의심이가 중요한 단서를 끌어냈어. 물론 그런 '바람' 가지고 남북 관계를 다 설명할 수는 없겠지. 하지만 애초에 남북의 대립은 남북 정권의 성격과 상당한 관련성이 있어. 모두 알겠지만, 분단은 우리 민족이 결정한 것이 아니라 당시 승전국이던 미국과 소련이 결정한 것이지. 당연히 우리 국민들은 반발을 했고, 이러한 반발을 억누르기 위해서 당시 남한과 북한의 정부 수립에 막강한 영향력을 행사할 수 있었던 미국과 소련이 남한과 북한에 각각 입맛에 맞는 사람들로 정부를 구성한 것이지.

장공부 이승만, 김일성이 바로 그런 사람들인 거죠?

사회샘 그렇지. 거기에다 우리는 분단도 모자라서 전쟁을 겪게 됐고, 전쟁 후에도 이승만과 김일성이 그대로 정권을 유지하면서 장기 집권의 명분으로 반공과 적화통일을 내세운 거야. 물론 당시에 위정자들만 그렇게 생각한 것은 아니긴 해. 앞에서도 보았지만 그렇게 끔찍한 전쟁을 겪은 사람들이 상대를 원망하지 않는다면 오히려 이상한 것이겠지. 문제는 전쟁이 일어났는데, 그 전쟁이 어느 한쪽의 승리로 끝난 것이 아니라 다시 원래의 경계선과 비슷한 지점에서 휴전을 하는 것으로 마무리되었다는 거야. 즉, 어느 한쪽이 일방적으로 우세하거나 불리하다고 보기 어려운 상황에서 전쟁이 끝났으니 이제는 더 이상 전쟁을 하지 않는 방향으로 생각을 했어야 하는데, 위정자들이 장기 집권을 위해 국민들에게 상대에 대한 적대감만 부추겼던 것이지.

모의심 그리고 자신들의 장기 집권에 반대하는 사람들을 북한에서는 '미제의 간첩'으로 남한에서는 '빨갱이'로 몰았죠.

사회샘 의심이가 잘 아는구나. 그런 식으로 해서 가령 북한에서는 남로당 총책임자였던 박헌영이, 남한에서는 야당 지도자였던 조봉암이 사형을 당했지.

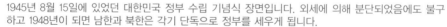

1945년 8월 15일에 있었던 대한민국 정부 수립 기념식 장면입니다. 외세에 의해 분단되었음에도 불구하고 1948년이 되면 남한과 북한은 각기 단독으로 정부를 세우게 됩니다.

장공부 광복 전후의 이야기를 들으니까 상당히 흥미롭기는 한데, 그래서 선생님은 무슨 말씀을 하시려는 건가요? 단순히 이승만과 김일성에게 문제가 있었다는 이야기를 하시는 것은 아닌 것 같은데요.

사회샘 얘기를 하다 보니까, 자꾸 다른 데로 가네. 그래서 내가 하고 싶은 이야기는 광복 이후 남북 정부는 상대에게 적대적인 입장을 보이는 사람들에 의해 구성되었고, 또 그러한 적대적 상황을 강조하면서 장기 집권이나 독재에 활용한 경향이 있단다.

지속적인 교류와 협력을 통해 상호 이해를 증진시켜야 한다

모의심

그런데 선생님! 표면적으로 화해할 수 없었다는 말은……. 실제로는 화해할 수 있었다거나 그런 노력이 있었다는 말로 들리는데요?

사회샘 역시 의심이는 날카로워. 남북이 서로 제대로 된 협력을 한 것은 김대중 정부부터라고 해야겠지만, 그 이전에도 사실 잘 들여다보면 정말 필요한 경우(?)에는 협조를 하기도 했단다.

장공부 그 이전에는 주로 통일을 위한 협력보다는 안보에 중점을 두고 대립했다고 들었는데요. 옛날엔 반공을 주제로 한 만화나 책도 많았고, 간첩 신고에 대한 홍보도 지금보다 훨씬 심했다고 들었는데 협력이 이루어졌다는 건 믿기 어려운데요.

사회샘

확실히 표면적으로는 적대적이었지. 하지만 예를 들면 박정희 정부 시절에도 자주, 평화, 민족 대단결이라는 3대 통일 원칙에 합의하여 '7·4 남북공동성명'이라는 남북 간 통일 방안에 대한 합의안을 발표해서 당시 국내외 사람들을 깜짝 놀라게 했던 적이 있지.

진단순 선생님 너무 혼란스러워요. 아까는 적대적이라고 하시더니, 또 간간이 협조도 했다는 말씀은 또 뭔가요?

사회샘 앞에서도 이야기했지만 남북 관계는 너무 복잡해서 한마디로 이렇다, 저렇다 하기가 곤란해. 다만 내 생각은 이제 남한이 이념과 체제가 전혀 다른 중국이나 러시아와도 교역을 하는 마당에 사실 원래 한 민족인 북한과 평화롭게 지내지 못할 이유가 없는데, 그럼에도 계속 과도하게 대립하고 있는 것은 이념이나 체제 경쟁 때문이 아니라 남한과 북한에서 집권하는 정치인들의 이익과 관련된 것이 아닌가해서 말이지. 물론 북한의 경우도 마찬가지고.

모의심 정치인들의 이익 때문에, 한 민족이 분단되어 이토록 오래 대립하고 갈등한다면……. 이건 정말 비극이네요.

장공부 그런데 선생님 생각대로라면 남북이 대립하거나 협조할 때마다 집권 정치인의 이익과 일치해야 하는데 정말 그런가요?

사회샘 음, 내 생각에는 그렇게 보이는데, 물론 이건 순전히 선생님의 개인적인 생각이고, 이러한 생각이 설득력이 있는지는 관심 있는 전문 연구자들이 밝혀 주시겠지.

장공부 선생님이 그냥 개인의 생각이라고 말씀하시니까 좀 그러네요. 어쨌든 말씀하신 김에 선생님이 생각하시는 평화 방안도 얘기해 주시면 좋겠어요.

사회샘 아, 이번 시간은 정말 당혹스럽네. 우리 세대는 자꾸 자기 검열이 돼서 말이지. 아무튼 내 가설을 끝까지 밀고 나가면, 남북의 평화는 서로에게 적대적일 필요가 없는 정권이 양쪽에 동시에 들어서야 달성되겠지.

모의심 그게 언제나 가능할까요? 그리고 북한은 3대째 세습하고 있는데 더 바뀔 것 같지 않기도 하고요. 그러면 평화를 위해 남한 사람들은 북한의 정권이 바뀌기를 기다리기만 해야 하나요? 그런 말씀은 아니시죠?

사회샘 물론 북한의 정권이 바뀌지 않는다고 해서 우리가 평화를 위해 아무런 노력도 하지 못하는 것은 아니겠지. 앞에서 잠깐 나왔던 햇볕 정책만 해도 화해 협력을 위한 우리의 노력이라고 할 수 있단다. 또한 두 차례의 정상 회담을 비롯하여 여러 기회를 통해 교류와 협력을 늘리려는 노력이 이어져 왔지. 이렇게 서로 교류하는 부분이 많아지다 보면 상대를 더 잘 이해

하게 될 뿐 아니라 서로 공유하는 이익도 더 커지기 때문에 전쟁의 위험이
줄어든다고 볼 수 있단다.

진단순　그런데 적어도 이명박, 박
　　　　근혜 정부 시기에는 북한
　　　　에서 어떤 협조도 하려고
　　　　하지 않는 것 같던데요.

사회샘　물론 그랬지만 그전에 금
　　　　강산 관광이나 개성공단
　　　　등의 협력을 한 경험이 있
　　　　으니까 우리가 계속 노력
　　　　하면 차후에라도 협조가

2000년 8월 현대와 조선아세평화위원회가 합의하여 조
성된 개성공단의 모습입니다.(출처 : 위키피디아)

가능하지 않을까 해. 그리고 공부가 미국에 있을 때만해도 정말 전쟁이 일
어날 것 같았는데, 요즘에는 또 조금 조용하지? 누구든 전쟁 자체가 목적
일 수는 없으니까 누가 왜 그런 일을 꾸미는지를 좀 더 침착하게 살펴볼
필요가 있다는 생각이 드는구나.

모의심　네, 누가 평화를 위협하는지 제가 잘 지켜볼게요.

장공부　저는 더 열심히 공부하고요.

진단순　그럼, 난 너희들만 믿을게. 평화를 사랑하는 마음으로 말이지.

장공부, 모의심　뭐라고? 하하하.

Ralph N. Angell, 「노벨 평화상 수상자들의 수상 강연」, 영국, 1933

전쟁이 일어나기 얼마 전에 영국의 각료 한 사람이 맨체스터에서 있었던 한 대회에서 우리에게 친숙한 평화 원칙을 언급한 바 있습니다. 그것은 다음과 같은 것이었습니다.

"우리가 평화와 안전을 확보하는 방법은 단지 하나밖에 없다. 그것은 어떤 잠재적인 적국보다 강한 힘을 갖추어서, 그 나라가 감히 우리를 공격하지 못하게 하는 것이다. 내가 제시한 이 원칙은 자명한 명제이다."

그러자 맨체스터의 실리에 밝은 1천여 사업가들이 환호로 화답했습니다. 그들이 환호한 명제라는 것이 분쟁을 일으킬 가능성이 있는 두 나라가 평화와 안전을 지켜 내는 길은 각 나라가 다

1933년에 노벨평화상을 수상한 랠프 노먼 에인절

른 나라보다 더 강해야 한다는 것입니다. 한 번만 더 생각해 보면 대부분의 사람들이 이러한 명제가 논리적으로 말이 되지 않는다는 사실을 알 수 있을 것입니다.

… (중략) …

그러한 정책에 의하면, 한 나라가 안전한 방어 태세를 갖추려면 잠재적인 적국보다 더 강한 힘을 갖추어야 합니다. 그렇다면 그 대치국의 국방은 어떻게 이루어져야 합니까? 그 나라는 군비를 아무것도 갖추지 말아야 합니까? 우리가 더 우월한 힘을 주장하는 것은 다른 나라의 방어권을 부정하는 것입니다.

… (중략, 이하는 번역자가 간추림) … 이렇게 말하면 추정컨대 어떤 젊은이가 저를 논리적 딜레마에 빠뜨리기 위해 강도가 내집을 침입해도 몽둥이를 들지 않겠느냐고 물어 올지도 모르겠습니다. 물론 나도 그런 상황에서는 몽둥이를 들 것입니

다. 내가 이야기하고 싶은 요지는 이것입니다. 가령 16세기에는 각 집마다 총을 소지한 경우가 많았습니다. 그런데 각 집에서 총이 사라진 지금, 사람들은 더 안전한 상황에 처해 있습니다. 그러므로 오늘날의 안전은 사람들이 각자 총을 갖고 있기 때문에 달성된 것이 아닙니다. 그것은 국내적으로 집단적인 방어 방법이 발전했기 때문에 가능해진 것입니다. 예전에는 강도가 한 번에 한 집만 상대하면 되었지만, 지금은 사회적으로 조직된 많은 사람을 상대해야 합니다. 그리고 이러한 방법은 국제적으로도 적용될 수 있습니다. 우리가 다른 사람을 보호할 준비가 되어 있을 때에만 우리 스스로도 보호할 수 있다는 생각을 지닐 필요가 있으며, 또 이러한 생각이 사회적으로 교육될 필요가 있습니다.

Carlos Filipe Ximenes Belo, 『노벨 평화상 수상자들의 수상 강연』, 동티모르

세상 사람들은 그들의 명분을 수호하기 위해 무기를 치켜든 사람들을 비난하면서, 그들의 울분을 표현하기 위해 비폭력적인 방법을 사용할 것을 요청합니다. 그러나 사람들이 비폭력적인 길을 선택했을 때에 마주치게 되는 것은 종종 사람들의 무관심일 뿐입니다. 참으로 비극적인 것은 여러 사람들이 고통을 겪거나 죽는 모습이 매일 매일 TV로 방영된 다음에야 세상 사람들이 거기에 무언가 문제가 있다고 인정한다는 사실입니다.

1996년에 노벨평화상을 수상한 카를로스 벨로 주교

공진성, 『폭력』, 책세상

〈비폭력 담론의 상징적 폭력성〉

민주주의 체제는 자신의 권력이 그 체제의 구성에 참여하는 개개인의 다양한 이해관계에 근거한다고 주장한다. 민주주의 체제는 이 다양한, 때로는 상충하는 이해관계를 전체주의 체제에서처럼 억압하지 않고 자유로운 경쟁에 내맡겨 두면서, 다

만 정해진 법적 절차에 따라서 그 이해관계가 최종적으로 조율될 수 있게끔 함으로써, 그러나 또한 그 결과가 언제나 고정적이지는 않게끔 함으로써, 그 체제의 구성원 어느 누구도 배제되지 않도록 한다고 주장한다. 각 사람에게는 자신이 원하는 것을 합법적으로 표출할 제도적 통로가 마련되어 있으며 자신이 원하는 것을 궁극적으로 법에 반영시킬 기회가 평등하게 분배되어 있다고 주장한다. 그러므로 민주주의 체제는 정당하며, 자신을 유지하는 데 더 이상 물리적 폭력을 필요로 하지 않고, 마찬가지로 저항 역시 물리적 폭력에 의존해서는 안 된다고 주장한다. 이러한 민주주의 체제에서 국가에 의한 폭력, 즉 지배를 위한 지배 계급의 물리적 폭력은 사라진 듯하지만 사실 그것은 사라지지 않고 다만 문화라는 외피를 쓰고서 오히려 상징적인 방식으로 행사된다. 그것이 바로 '상징적 권력/폭력'이다. 상징적 권력은 사람들의 욕망을 구성하고 통제한다. 그리고 그렇게 함으로써 지배를 합법적이게끔 만든다.

상징적 권력은 지식을 비롯한 각종 문화적 요소들을 통해서 작동한다. 마치 비물질적이고 비경제적이며 비정치적인 것 같은 요소들을 통해서 상징적 권력이 작동하기 때문에 사람들은 그 속에서 지배가 관철되고 있음을, 불평등한 권력관계가 재생산되고 있음을 쉽게 눈치채지 못한다. 오히려 자신들의 문화적 욕망이 그 불평등한 권력 관계의 재생산에 기여하고 있음을 모르는 채 더 열심히 지식을 습득하기 위해서, 문화를 소비하기 위해서 노력한다.

… (중략) …

상징적 권력은 문화적인 것들 간의 위계를 마치 순수한 것처럼, 비정치적이고 비물질적인 것처럼 보이게 만든다. 그러나 사실상 문화적인 것은 이미 정치적이고 사회·경제적이다. 사람들의 '천박한' 문화적 취향, (가령) 클래식에 대한 '몰이해', '거친' 언행과 몸짓은 그들의 사회·경제적인 조건에서 비롯된다. 그리고 그들의 열악한 사회·경제적 조건은 지배 계급의 취향과 이해, 언행과 몸짓을 평가의 기준으로 삼고 있는 교육 과정에서 그들을 낙오시킨다. 사회는 그런 그들을 다시금 문화적으로 소외된 사람으로 규정하고 불쌍히 여기면서 문화적 자본을 시혜적으로 나눠 주려고 한다. 그렇게 클래식 음악과 같은 '고상한' 문화적 취향, '세련된' 언행과 몸짓은 모든 사람이 보편적으로 추구해야 할 가치가 된다. 상징적 권력은 사람들로 하여금 실제로 그 가치를 추구하게 하며, 적어도 그 사실을 내면으로 받아들여서 자신을 열등하게 인식하게끔 한다. 그렇게 함으로써 자신들의 열등한 위치를 정당한 것으로 받아들이게끔 한다. 이것이 상징적 권력/폭력이 작동하는 방식이다.

미국의 수도 워싱턴, 링컨 광장에서 행해진 킹 목사 연설문(1963년 8월 28일)

우리 미국의 역사에 자유를 위한 가장 위대한 시위로 기록될 오늘 여기에 여러분과 함께 하게 되어서 기쁩니다.

이미 1세기 전에 한 위대한 미국인 – 우리가 오늘 그를 상징하는 기념관에 서 있을 수 있게 한 바로 그 사람이 노예 해방 선언에 서명했습니다. 이러한 기념비적 법령은 우리를 위축시키는 불의에 그을린 수백만의 흑인 노예들에게 위대한 희망의 불빛으로 다가왔습니다. 그것은 또한 부당한 억류의 긴 밤을 깨우는 기쁜 새벽이었습니다.

그러나 일백 년이 지난 지금, 흑인들은 여전히 자유롭지 못합니다. 일백 년이 지난 지금, 흑인들의 삶은 여전히 애석하게도 격리라는 족쇄와 차별이라는 사슬에 의해 불구인 채로 남아 있습니다. 일백 년이 지난 지금, 흑인들은 물질적 풍요라는 광대한 대양 한가운데에 있는 가난이라는 외로운 섬에 살고 있습니다. 일백 년이 지난 지금, 흑인들은 여전히 미국 사회의 귀퉁이에 머물기를 강요당한 채 자신의 나라에서 추방된 자신의 모습을 지켜 봐야 합니다. 그래서 우리는 여기에 모였습니다. 이러한 수치스러운 상황을 극화(劇化)시키기 위해서 말입니다.

어떤 의미에서 우리는 수표를 현금으로 바꾸기 위해 우리 수도에 모였습니다. 우리 공화국의 건국자들이 웅장한 문구로 이루어진 헌법과 독립 선언서를 작성한 것은 모든 미국인들이 상속자가 되는 약속 어음에 서명한 것입니다. 이러한 약속 어음은 모든 사람들(백인은 물론 흑인을 포함한 우리 모두)에게 생명과 자유와 행복의 추구에 대한 양도가 불가능한 권리를 보장하는 것이었습니다.

… (중략) …

그러나 정의의 궁전으로 향하는 따뜻한 회랑에 서있는 나의 동포들에게 반드시 말해야 할 것이 있습니다. 우리가 올바른 자리를 차지하려 노력하는 과정에 잘못된 행위를 함으로써 죄의식을 느끼게 되어서는 안 된다는 것입니다. 자유에 대한 우리의 갈망을 해소하기 위해 씁쓸한 증오의 컵을 들지는 맙시다.

우리는 언제까지나 높은 수준의 존엄과 규율의 기치 하에서 투쟁해야 합니다. 우리의 창조적 항의를 물리적 폭력으로 타락시켜서는 안 될 것입니다. 우리는 물리적 힘에 영혼의 힘으로 맞서는 장엄한 산정에 오르고 또 올라야 합니다. 흑인 공동체를 사로잡은 경이로운 투쟁의 새로운 흐름이 모든 백인에 대한 불신으로 나아가서는 안 됩니다. 오늘 여기 그들의 존재가 입증하듯이, 많은 백인들이 이제 그들의 운명과 우리의 운명이 서로 묶여 있다는 것을 이해하기에 이르렀습니다. 백인들의 자유가 우리의 자유와 서로 풀어질 수 없는 방식으로 얽혀 있다는 것을 이해하기에 이르렀습니다. 우리는 홀로 걸을 수 없습니다.

그리고 우리가 걸을 때, 우리는 언제나 앞으로 나아갈 것을 맹세해야 합니다. 우리는 되돌아갈 수 없습니다. 시민권을 위해 헌신하는 이들에게 "당신들은 언제 만

마틴 루서 킹 목사가 1963년 8월 28일에 워싱턴에서 연설하는 장면입니다.

족할 것인가?"라고 묻는 사람들이 있습니다. 흑인이 경찰의 잔학성에서 비롯된 말도 못할 공포의 희생자인 한, 우리는 만족할 수 없습니다. 여행의 피로로 무거워진 우리의 몸을 고속도로변의 모텔이나 도시의 호텔에 누일 수 없는 한, 우리는 결코 만족할 수 없습니다. 흑인들의 작은 게토에서 더 큰 게토로 이동할 수 있을 뿐이라면, 우리는 만족할 수 없습니다. "백인만 출입"이라는 간판으로 인해, 우리의 자녀들이 한 사람의 시민으로 인정받지 못하고, 존엄한 존재로 대우받지 못하는 한, 우리는 결코 만족할 수 없습니다. 미시시피의 흑인은 투표할 수 없고, 뉴욕의 흑인은 투표할 대상이 없다고 우리가 믿는 한, 우리는 만족할 수가 없습니다. 그럴 수 없습니다. 그럴 수 없습니다. 우리는 만족할 수 없습니다. 우리는 만족하지 않을 것입니다. 정의가 호수처럼 큰물 지고, 의로움이 마르지 않는 강처럼 흐를 때까지!

… (하략) …

위의 평화의 상징은 1958년 영국 예술가 홀톰(Gerald Holtom)이 핵전쟁 반대 위원회를 위해 도안한 것으로 원안의 세 직선은 핵무장 해체(Nuclear Disarmament)의 약자인 N, D의 수기 신호를 형상화한 것이다. (수기 신호로 N은 깃발을 든 양손을 양쪽으로 늘어뜨린 형태, D는 한 깃발은 아래로, 다른 깃발은 위로 1자형으로 들고 있는 모습이다.) 원래는 핵전쟁 반대만을 의미했지만 1960년대 이후 미국으로 건너가면서 평화 전반을 의미하는 상징으로 광범위하게 사용되고 있다.

1. 우리나라에서 평화를 위협하는 가장 시급한 문제는 무엇일까? 각자의 생각을 이야기하고 그중의 하나를 골라 해결 방안을 논의해 보자.

2. 우리나라의 평화를 위한 상징을 디자인하고 그 의미를 설명해 보자.

02

분배적 정의

수익을 어떻게 나누는 게 좋을까?

○○ 연예 일보

스몰뱅, 수익 분배로 해체하나?

인기 아이돌 그룹 스몰뱅의 해체설이 나돌고 있다. 기획사 측에서는 전혀 근거 없는 얘기라고 하고 있지만 스몰뱅의 해체설은 인터넷을 중심으로 일파만파 퍼져 가고 있다.

장공부 음, 스몰뱅이 해체한다고……?

진단순 뭐? 그게 무슨 말이야?

장공부 여기 신문 봐봐. 나야 아이돌 그룹에 관심이 없어서 잘 모르지만 여기 해
　　　　 체한다고 나와 있잖아.

진단순 그럴 리가 없어. 어제 콘서트에서도 별 얘기가 없었는데…….

모의심 연예 뉴스는 이 모의심에게 물어 봤어야지. 이미 다 지난 얘기를 새 소식
　　　　 인 것처럼 얘기들 하고 있구나.

장공부 의심아. 너 뭐 아는 거 있어?

모의심 당연하지! 스몰뱅의 해체설은 정말 오래된 얘기라고! 수익 분배를 둘러싸

고 얼마나 말이 많았는데. 결국 이번에 완전히 해체될 거 같던데?

진단순 진짜? 말도 안 돼. 스몰뱅이 사이가 얼마나 좋았는데, 그거 잘못된 소식 아니야? 팬클럽 회장인 나도 몰랐다고!

모의심 내 연예 정보에 오류는 없어. 내가 듣기로는 스몰뱅 리더가 매번 수익의 50%를 가져 갔나 봐. 나머지 멤버들은 그게 불만이었던 거지. 역시 뭐니뭐니 해도 머니(Money)가 중요한 거 아니겠어?

진단순 의심아, 내가 스몰뱅 팬클럽 소속인데 그 정도는 알지! 수익 분배를 둘러싸고 조금 다툼이 있기는 했어. 하지만 솔직히 리더가 일을 훨씬 더 많이 하고, 잘생겼고, 인기도 많잖아. 리더가 없으면 스몰뱅 팬들 상당수가 떠나갈 걸. 수익의 절반 정도면 나는 적당한 거 같은데.

모의심 스몰뱅 멤버가 그렇게 많은데 혼자서 50%나 챙기는 건 좀 문제라고 생각되지 않아? 아무리 인기가 좋아도 같이 춤추고 노래하고, 함께 활동했는데 말이지.

진단순 그렇다고 똑같이 나눠야 해? 인기도 없는 멤버들한테까지 똑같이 나눠 주는 건 이상하잖아.

인기 있는 리더가 더 받는 건 당연하다고.

사실 다른 멤버들이 있었으니까 리더도 빛난 거지. 혼자 활동했으면 그만큼 성공할 수도 없었을 텐데?

수익 분배의 문제라……. 생각해 보니 쉽지가 않네.

사회샘 얘들아, 뭘 그렇게 심각하게 이야기하고 있니?

모의심 단순이가 좋아하는 '스몰뱅'이 수익 분배 문제 때문에 해체한다고 해서요.

장공부 인기 많은 리더가 다른 멤버들보다 돈을 많이 받는 게 문제가 된 모양이에요. 도대체 수익을 어떻게 나눠야 옳은 건지…….

진단순 리더가 인기가 많고 그만큼 기여도 많이 했으면 돈을 더 받아도 되는 거 아니에요? 무조건 똑같이 나눈다는 게 이상하지. 안 그래요? 선생님?

모의심 다른 구성원들이 놀고 있었던 것도 아니고 같이 활동했는데 어떻게 혼자서 50%를 챙길 수가 있어요? 저는 좀 심하다고 봐요.

진단순 솔직히 제가 이런 얘기까지는 안 하려고 했는데, 능력이 뛰어나거나 인기가 많으면 많이 받는 건 당연하잖아요. 제가 공부를 열심히 하지도 않고 장공부처럼 열심히 공부한 애들과 똑같은 성적을 받아야 한다고 주장하면, 이건 말이 안 되잖아요?

장공부 그래. 그건 말이 안 되지. 네가 나와 똑같은 성적을 받는다면……. 야, 끔찍하다.

모의심 수익을 분배하는 것이 성적받는 것과 같은 문제일 리가 없잖아.

사회샘 의심이가 많이 밀리는 상황이네. 그럼 이 사례를 보고 얘기 좀 해볼까?

CEO와 노동자의 임금 격차

최근 선진국에서 CEO와 노동자 간의 임금 격차가 더 커지고 있습니다. 영국의 한 신문에 따르면 지난 2010~2011년 사이 26개 선진국 중 14개 나라에서 최고 경영자와 노동자 간 평균 임금 격차가 확대되었습니다. 예를 들면 독일 CEO와 노동자 간의 임금 격차는 155배에서 190배로 늘어났고 홍콩 역시 135배에서 150배로 확대됐습니다. 같은 기간 미국 CEO들의 연봉도 10%가 증가하며 노동자와의 격차가 508배까지 벌어졌습니다. 국제 노동 기구 사무총장은 선진국에서 임금 격차가 커지고 있는 현실을 지적하면서 이를 해결하기 위한 노력이 필요하다고 역설했습니다.

— ○○○ 뉴스 —

진단순 뉴스 내용을 보니 역시 제 얘기가 맞네요. 능력이 다르면 임금도 다르고,

유능한 사람이 더 많이 받아야 한다는 거잖아요. 역시 선생님은 제 편일 줄 알았어요. 하하.

사회샘 그럴까? 의심이랑 공부는 이 뉴스를 보니까 어때?

장공부

임금 격차가 심하기는 하네요. 미국에서는 500배가 넘게 차이가 나다니……

모의심 정말 격차가 너무 심하네요. 근데 우리나라도 만만치 않다고 들은 것 같은데요.

진단순 뭐야? 내 얘기랑 다른 거 같은데…….

사회샘 뉴스에 나오는 것처럼 임금 격차가 큰 것은 사실이지. 어쨌든 회사의 수익은 CEO와 노동자든 함께 일해서 번 돈이잖아. 이 돈을 어떻게 나누는 것이 좋을지, 임금 격차가 있어야 한다면 어느 정도가 적당한지에 대해 생각해 보는 것은 중요할 것 같구나.

진단순 선생님, 자꾸 이야기가 이상한 쪽으로 새는 것 같아요. 회사에서 CEO가 더 많은 임금을 받는 건 당연한 거 아니에요? CEO가 제일 많이 일하잖아요.

모의심 야! 너희 아빠가 CEO라 해도 그렇게 편드는 건 곤란해.

진단순 편드는 게 아니라……, 회사를 운영하는 게 얼마나 힘든지 알아? 우리 아빠는 새벽에 엄청 일찍 나가시고, 저녁에도 늦게까지 일하신단 말이야.

모의심 그게 꼭 너희 아빠만 그러는 건 아니잖아. 다른 사람들도 열심히 일한다고! 노동자들은 눈치까지 봐가면서 제때 퇴근도 못 하는데……. 이런 것도 고려해야지.

장공부 이러다 싸움이 커지겠다. 지금 제시된 자료는 누가 더 열심히, 많이 일하는지의 문제를 보여 주는 것은 아니잖아. 물론 임금으로만 생각해 본다고 가정하면 설령 CEO가 더 많이 일한다고 해도 500배나 더 일한다고 보기는 어렵지 않을까?

진단순 그래도 CEO가 되었다는 건 능력을 인정받은 거잖아. 그 자리에 가기까지 얼마나 많은 노력을 했겠어? 너희들은 너무 CEO를 싫어하는 것 같아.

장공부 그런 면을 무시하는 게 아니야. 나도 노력은 인정해 줘야 한다는 입장이니까. 하지만 예전에 어떤 책에서 보니 미국에 있는 CEO들 대부분은 부유한 집에서 태어났다고 하더라고. 그렇다면 이건 꼭 노력으로만 설명할 수는 없는 거잖아.

모의심 맞아. 꼭 돈이 아니더라도 그 사람의 부모님이 높은 위치에 있다면 부모님의 인맥을 활용할 수 있다는 점에서 다른 사람들보다 훨씬 유리하지. 흔히 '금수저를 물고 태어났다'고 이야기하는 것도 바로 이런 차이를 얘기하는 거잖아.

진단순 듣고 보니 그럴 수도 있겠네……. CEO와 노동자 간의 임금 격차가 너무 큰 것은 문제라고 볼 수 있겠어. 하지만 그래도 엄연히 차이가 있어야지.

하는 일이 다르면 임금도 달라야지.

사회샘 하는 일이 다르면 임금도 달라야 한다는 단순이 얘기는 주목할 만해. 그렇다면 다음 경우는 어떨까?

정규직과 비정규직, 똑같이 일하고 다른 대우를 받는다?

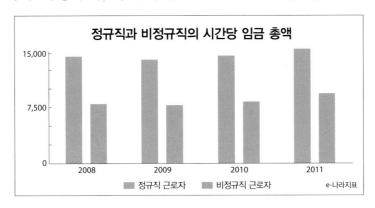

정규직과 비정규직의 시간당 임금 총액

15,000

7,500

0

2008   2009   2010   2011

■ 정규직 근로자   ■ 비정규직 근로자   e-나라지표

진단순 아……. 이건 또 뭐야? 나는 그래프가 제일 싫어.

장공부 이건 비정규직과 정규직의 임금 격차를 나타낸 그래프네요.

사회샘 그래. 공부가 잘 봤구나.

진단순 정규직? 비정규직? 정규직은 정식으로 회사에서 일하는 사람이고, 비정규 직은 임시로 일하는 거죠?

사회샘 그래. 정규직은 회사의 정식 직원이라고 할 수 있지. 그래서 비교적 안정 적인 지위를 누린단다. 이에 반해 비정규직은 언제 그만두게 될지 모른다 는 점에서 불안한 지위에 놓여 있다고 할 수 있지.

모의심 근데 정규직이 비정규직보다 월급이 더 많네요.

진단순 그게 뭐가 문제죠? 제가 계속하는 말이지만 하는 일이 다르면 임금도 달라 야죠. 엄연히 정규직과 비정규직이 다른데 월급이 똑같으면 안 되죠.

사회샘 글쎄……. 이 그래프에 나온 임금 격차는 다른 조건이 모두 동일하다고 가 정한 상태에서 비교한 거란다.

즉, 이 그래프의 정규직과 비정규직은 같은 일을 하는 사람들이지.

진단순 어? 그런 거예요? 어떻게 같은 일을 하는데 이렇게 임금 차이가 날 수 있 죠? 뭔가 다른 일을 하는 게 아닐까요?

모의심 아니야. 우리 누나가 은행에 비정규직으로 취직해서 일한 지 벌써 1년 다 됐거든. 근데 정규직이랑 하는 일이 똑같은 데도 월급은 반밖에 안 된다고 맨날 투덜거리더라니까.

진단순 우리 아버님 말씀이 요즘 세상에 정규직이 되는 게 쉬운 일이 아니랬어. 정규직이 된 사람들은 나름대로 열심히 공부했고, 소위 '스펙'을 쌓기 위해 수많은 노력과 투자를 한 사람들이란 말이지. 그렇게 노력해서 능력을 인 정받고 정규직이 된 거니까 임금을 더 받아도 되지 않을까?

모의심 자꾸 정규직만 열심히 노력해서 그 자리에 있는 것처럼 말하는데 그렇지 않아. 어차피 정규직 숫자가 정해져 있으니 다같이 열심히 노력해도 누군가는 비정규직이 되는 거잖아. 그렇다면 정규직이냐 비정규직이냐는 결국 운이나 기회의 문제일 수 있다고! 이런 상황에서 같은 일을 하는 이상 임금의 차이를 두려면 누가 더 일을 잘하느냐가 기준이 되어야 한다고 봐. 단순히 정규직과 비정규직이라는 이유로 임금이 다른 것은 문제가 있다고.

장공부

그러고 보니 유럽 어떤 나라에서는 정규직보다 비정규직에게 더 많은 임금을 준다는 얘기를 들은 적 있는데……

사회샘 공부가 많은 것을 알고 있구나. 그 나라는 덴마크란다. 덴마크에서는 비정규직이 정규직보다 더 많은 돈을 받는다는구나.

진단순 도대체 왜요?

사회샘 왜냐하면 비정규직은 정규직에 비해 누리는 지위 자체가 매우 열악하고 또 언제 그만둘지 모른다는 불안감을 갖고 살기 때문이야. 이런 점에서 하는 일이 같다면 오히려 비정규직이 더 많은 돈을 받는 게 옳다고 생각하는 거지.

모의심 그럴듯한데요.

진단순 아……. 왜 이렇게 복잡한 거죠? 도대체 누가 더 많이 받아야 하는 거예요?

사회샘 스몰뱅 수익 배분 얘기나 CEO와 노동자의 임금 격차 문제, 그리고 정규직과 비정규직의 임금 격차 문제 등은 결국 **함께 일해서 만들어 낸 성과물을 어떻게 분배할 것인가와 관련된 문제**지. 이것은 결국 사회의 희소한 가치나 자원을 어떻게 분배할 것인가 하는 문제란다. 우리는 이런 문제를 '**분배 정의**'의 문제라고 하지.

진단순 아, 분배 정의. 말부터 어렵네. 저는 연예인 문제나 계속 얘기하면 안 될까요? 스몰뱅 말고도 수익 분배 문제로 해체된 그룹이 되게 많은데.

장공부 으이그……. 단순이 넌 연예인 이야기에만 관심이 있구나. 단순이 네가 이번 시간 열심히 해서 스몰뱅 수익 분배에 적절한 답을 주면 좋잖아.

진단순 오잉? 그런 좋은 생각이. 수익 분배 문제의 해법을 내가 제시하면 스몰뱅 해체도 막고 팬클럽에서 내 위상이 더 높아지겠는데. 좋아. 선생님, 우리 공부해요! 공부.

사회샘 그래. 단순이 의욕이 떨어지기 전에 어서 시작해 보자.

분배 정의 문제가 발생하는 배경 : 정의의 여건

장공부 그런데요, 선생님! 분배 정의를 실현하는 것이 그렇게 어려운가요? 그냥 모든 사람이 조금씩 양보하면서 살면 되잖아요. 많이 욕심내지 않고 어려운 사람 도와주면서요.

모의심 맞는 말이기는 한데, 모든 사람들이 그렇게 하기는 어려운 것 같아.

진단순 재산이나 자원이 아주 많으면 되겠네. 그러면 사람들이 가져가고 싶은 만큼 마음대로 가져가도 충분하니까 말이야. 분배 정의가 자연스럽게 실현될 것 같은데?

모의심 그것도 말이 안 되잖아!

사회샘 물론 공부말대로 사람들이 모두 각자 가진 것에 만족하거나 단순이 말처럼 세상에 사람들이 원하는 재화가 넘쳐난다면 아마 지금과 같은 문제를 고민하지 않아도 될 거야. 하지만 현실은 그렇지 못하니까 어떻게 나누어야 할 것인가. 즉, 분배 정의의 문제가 발생하게 된단다.

진단순 그럼 현실은 어떻다는 거죠?

사회샘 『정의론』으로 유명한 롤즈 님은 분배 정의의 문제가 발생하는 현실의 상황을 '**정의의 여건**'이라고 불렀어.

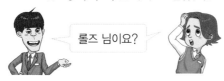

롤즈 님이요?

사회샘 그래. 롤즈 님은 평생을 정의(justice)라는 한 가지 주제만을 고민해서 단일

주제의 철학자라는 별명까지 붙으신 분이지. 정의에 관한 한 가장 대표적인 철학자야.

장공부 그래서 정의의 여건이라는 게 도대체 뭔가요?

사회샘 롤즈 님은 정의의 여건을 두 가지로 설명해. **첫 번째는 자원의 적절한 부족 상태이고, 두 번째는 이해관계의 상충**이야.

모의심 자원이 '적절하게' 부족해야 한다고요? 자원이 많이 부족해야 분배 정의 문제가 생기는 거 아닌가요?

사회샘 차근차근 설명해 볼게. 일단 분배 정의 문제는 사람들이 함께 무언가를 생산하고 그 생산물을 나누게 되는 상황에서 발생한단다. 그런데 만약 자원이 아주 풍부하다면 협동을 할 필요가 없어질 거야. 또한 반대로 자원이 너무 부족하다면 그때는 나누려는 생각을 아예 하지 않고 끝까지 싸워서라도 자기 몫을 챙기려고 할 테니까 분배 정의를 논의하려고 하지도 않게 된다는 거지.

장공부 그럼 두 번째 말씀하신 이해관계의 상충은 뭔가요? 사람들 간의 이해관계가 서로 충돌한다는 건가요?

진단순 이해관계면 돈 문제로 싸운다는 얘기겠죠?

사회샘

꼭 돈 얘기는 아니고. 돈을 포함해서 사람들이 중요하게 생각하는 것을 둘러싸고 다툼이 벌어질 수 있다는 거야.

모의심 사람들이 중요하게 생각하는 것이라면 가치관 같은 것을 말하는 것인가요?

사회샘 그래, 맞아. 흔히 이런 것을 가치관, 인생관, 세계관 등으로 표현하지. 사람들은 각자 다른 가치관을 갖고 있기 때문에 세상의 자원에 대해 서로 다른 생각과 주장을 하기 마련이고 그래서 분배에 대한 생각이 서로 충돌하게 되는 거란다.

장공부 그럼 지금 현실이 바로 정의의 여건과 딱 맞네요. 자원이 아주 많지도, 아주 많이 부족하지도 않고, 사람들의 이해관계가 충돌하고 있잖아요.

분배 정의의 문제는 오늘날에도 여전히 중요하다

진단순 선생님, 자꾸 복잡한 얘기를 하시는데……, 저는 부족함 없이 잘 살고 있어서 그런지 몰라도 요즘 세상에 분배 정의가 왜 중요한지 모르겠어요. 옛날에야 신분제 사회에서 귀족들만 많은 재산을 소유할 수 있었고, 아……, 그 뭐냐……. 통일 신라 시대……. 어, 무슨 품? 아, 그래! 골품제가 있었을 때 관직에 제한이 있었다지만…….

지금은 신분에 대한 차별도 없고, 다들 잘살고 있지 않나요?

모의심 야! 단순이, 너는 부모님이 대기업 CEO라고 말을 너무 쉽게 하는 거 같아. 요즘도 부당하게 대우받고 어렵게 사는 사람이 우리 주위에 얼마나 많은데.

장공부 맞아. 얼마 전 뉴스에서 보니까 우리나라 국민 76%는 우리 사회가 불공평하다고 생각한대. 이것은 우리나라 국민 10명 중 7명 이상이 우리 사회가 정의롭지 못하다고 생각한다는 거잖아.

사회샘 과거 신분제가 존재하던 시대에 비하면 분명 지금은 지위나 부를 획득할 수 있는 기회가 더 많은 사람에게 주어지는 것이 사실이야. 하지만 여전히 부정의하고 불평등한 요소들이 많이 남아 있단다.

진단순 도대체 뭐가 문제일까요?

사회샘 사람들은 누구나 사회 속에서 함께 살고 있지. 그리고 서로 영향을 주고받으며 알게 모르게 협동하며 살아가고 있어. 그래서 우리가 만들어 낸 생산물은 사회적 산물이라고 할 수 있지. 그렇다면 이러한 사회적 산물을 어떻게 나눠야 할지 모두의 지혜를 모아서 올바른 기준을 만들고 이를 적용해 가는 작업이 필요하지 않을까?

모의심 보통 사람들은 그런 사회적 산물을 자신의 능력으로, 혼자만의 힘으로 만들어 낸 것이라고 생각하죠.

사회샘 그래 맞아. 그래서 생산물에 들어가 있는 다른 사람들의 노력이나 기여도 등은 무시하게 되고 결국 함께 나누어야 한다고 생각하지 못하는 거지.

장공부

> 선생님, 함께 만들어 낸 것도 있겠지만……. 혼자서 만들어 낸 것도 있지 않아요?

예를 들어 제가 공부를 열심히 해서 좋은 성적을 받고, 좋은 학교에 가고, 좋은 직장을 얻게 되는 게 다른 사람이랑 무슨 관계가 있는지 잘 와 닿지 않는데요? 그건 순전히 제 노력에 따라 결정된 것이지 다른 사람들의 영향을 받은 건 아닌 거 같은데요?

사회샘 글쎄, 공부의 노력을 무시하는 건 아니지만 그렇다고 그게 공부 너 혼자만의 노력이 만들어 낸 결과물이라고 볼 수 있을까? 일단, 학교에서 중요하게 생각하는 과목이나 성적과 같은 평가 체계도 결국은 사회적인 동의에 의해서 만들어지는 거잖아. 만약 기준이 달라졌다면 상황은 달라졌을 수도 있지. 게다가 잘하고 못하고가 어느 정도는 상대적인 개념이니까 만약 공부보다 더 잘 하는 학생이 많다면 공부에 대한 평가도 달라지겠지. 즉, 공부가 좋은 성적을 받는 데는 다른 사람들의 영향도 있다는 거야.

모의심 그러니까 공부가 좋은 성적을 받고 칭찬을 받는 것도 단순이처럼 밑에서 받쳐 주는 사람이 있어서 그런 거라고 볼 수 있겠네요. 공부가 단순이에게 고마워해야겠어요.

진단순 모의심, 이거 나 놀리는 거지?

사회샘 하하.

진단순 그러고 보니 아픈 과거가 생각나요. 제가 초등학교 때 반장 선거에 나가려 했는데 선생님께서 제 성적이 안 좋다며 입후보조차 못하게 하셨어요. 그 때 제대로 따졌어야 했는데, 그 일이 마음의 상처가 되어 공부를 안 하게 됐어요.

장공부 저런, 단순이에게 그런 일이 있었구나. 난 그냥 네가 공부하기 싫어한다고만 생각했었네. 미안해!

사회샘 그렇다고 공부를 안 한 것을 칭찬할 수는 없지. 그럴수록 공부를 더 열심히 했어야지. 하지만 성적으로 반장을 뽑은 것은 분명 정의롭지 않은 것 같구나. 단순이 사례는 앞에 이야기했던 것처럼 자기가 받아야 할 대가를 제대로 받지 못한 경우는 아니지만, 성적이라는 부당한 기준에 의해서 차별 받은 경우라 할 수 있겠네.

모의심 선생님, 그런데 이렇게 분배 정의 문제가 많은데 해결할 수는 있는 건가요? 오늘날에는 사람들의 이해 관심도 더 다양해졌고 사회 구조도 더 복잡해져서 분배 정의를 이야기한다는 게 더 어려워졌잖아요.

진단순 의심이 말대로 문제 해결이 어려울 것 같으니 포기하기로 하죠. 안 되는 거에 매달려 봤자 시간 낭비니까.

사회샘 하지만 그렇게 쉽게 포기 할 수는 없지. 사람들은 누구나 가치 있는 것들을 필요로 하고 원하는데, 만약 **정의로운 분배에 관해 고민하지 않고 내버려둔다면 더 큰 문제가 발생**할 거란다.

장공부 네. 가치 있는 것들을 서로 가져가려고 싸우는 과정에서 사회는 더욱 혼란스러워지겠죠. 결국 힘 있는 사람들만 유리하게 되겠네요.

사회샘 그래, 하지만 사람들이 분배 정의에 대해 알게 되면 아무래도 정의롭게 행동하려고 조금 더 노력하게 되지 않을까? 너희들도 그렇지 않니?

 몰라요.

 네!

 과연 그럴까요?

정의란 '각자에게 각자의 몫을 주는 것'

모의심 선생님, 그러면 어떤 이야기부터 해주실 거죠?

사회샘 방금 말한 것처럼 분배 정의가 중요한 문제여서, 분배 정의에 대해 많은 사람들이 다양한 주장을 했어. 그래서 일단 분배 정의에 관한 대표적인 이야기들부터 좀 짚고 넘어가야 할 것 같구나. 우선은 분배 정의에 대해 가장 고전적인 정의를 내린 플라톤 님 이야기부터 시작해 보자.

진단순 플라톤 님이면 전에도 나왔던 분이잖아요. 완전 꼬장꼬장하고, 내가 무식하다고 야단치시던 분이었는데……. (소환기를 작동한다.)

플라톤 (반가운 표정으로 다시 나타나며) 안녕하세요? 오랜만에 또 만났네요. 반가워요. 서양 지성사에서 제가 차지하는 위치가 있으니 제가 자주 등장할 수밖에 없겠지요.

진단순 역시 잘난 척…….

장공부 플라톤 님은 정의, 아니 분배 정의가 무엇이라고 주장하셨나요?

플라톤 저는 **정의(justice)를 각자에게 각자의 몫을 주는 것**이라고 정의했답니다.

진단순 자꾸 정의란 말이 반복되니까 헷갈려요.

각자에게 각자의 몫을 준다고요?

플라톤 진단순 학생은 이해력이 부족했었죠? 내가 감안했어야 했는데. 일단, 내 말을 이해하려면 먼저 인간의 영혼이 어떻게 구성되어 있는지를 살펴볼 필요가 있습니다.

모의심 인간의 영혼이요?

플라톤 네, 그렇습니다. 나는 **인간의 영혼이 이성, 기개, 욕망의 세 요소로 구성되어 있다**고 주장했습니다.

장공부 이성과 욕망은 알겠는데, 기개는 무엇인가요?

플라톤 흐음……. 용기를 담당하는 부분이라고 설명하면 좀 이해가 될까요? 인간이 정의롭게 살기 위해서는 이 세 가지 부분이 각각의 역할을 충실하게 하면서도 서로 조화를 이루어야 합니다. 가령 기개나 욕망이 이성의 명령에 충실히 따르지 않고 자기 멋대로 한다면 조화가 깨지겠지요?

모의심 기개나 욕망이 이성의 명령에 따르기만 하는 거라면 그게 무슨 조화예요? 완전 이성 중심적인 거 아니에요?

플라톤 많은 사람들이 그렇게 얘기합니다만 그렇게 판단을 하고 명령을 내리는 것이 이성에게 주어진 역할입니다. 기개는 그러한 이성의 명령에 따라 욕망을 제어하는 역할을 하는 거고요. 욕망은 그 안에서 자기 역할을 하는 것이죠. 이렇게 각 부분에는 각각의 역할이 있는 것입니다. 만약 욕망이 이성의 명령을 따르지 않는다고 해보세요. 충동적으로 판단하고 행동하고 그런 사람을 올바른 사람이라고 할 수 있겠습니까?

진단순 듣고 보니 그럴듯하기는 하네요.

장공부 이성에 대한 플라톤 님의 생각은 전에도 익히 들은 적이 있어요. 근데 이 얘기가 우리가 말하는 분배 정의와 무슨 관계가 있나요? 지금 얘기는 순전히 한 인간에 대한 것 같은데요?

플라톤 인간의 영혼에 세 부분이 있듯이 **사회에도 세 부분이 있다**는 것이죠. 즉, 나라를 다스리는 역할을 해야 할 통치자와 그 통치자의 명령에 따라 나라를 지켜야 할 수호자, 그리고 마지막으로 나라에서 필요한 물자를 생산해야 할 생산자가 바로 그것입니다. 그리고 **정의는 그들 각자에게 그들의 역할을 잘 할 수 있도록 자원을 배분하는 것**입니다.

모의심 지금 플라톤 님이 말하는 사회는 완전 계급 사회나 다름없잖아요. 통치하는 사람이 따로 있다니요……. 생산자 계급에 있는 사람들에게 너무 불공평한 처사가 아닐까요? 이런 걸 정의라고 말할 수 있나요?

 플라톤 님 얘기는 오늘날의 민주주의 사회에서는 잘 맞지 않는 것 같아요.

플라톤 글쎄, 그럴까요? 여러분들은 통치자나 수호자가 무조건 좋을 거라고 생각해서 불공평하다고 생각하는 것 같은데요……. 그런 생각은 여러분들의 잘못된 이해에서 비롯된 겁니다. 가령 제가 말하는 사회에서 통치자나 수호자는 개인 재산을 가질 수도 없고, 가족도 없는 것이나 마찬가지랍니다. 이런 상황이라면 생산자 계급의 사람들이 통치자가 될 수 없다고 해서 반드시 불공평하다고 생각할까요?

장공부

> 통치자가 재산도 가질 수 없고, 가족도 없다고요?
> 통치자가 꼭 좋은 것은 아니네요.2

진단순 그러면 통치자를 왜 해? 나라면 절대 안 할텐데…….

플라톤 네, 저도 그렇게 생각합니다. 아마 통치를 잘할 능력이 없는 사람이라면 아예 통치자가 되려고 하지 않을 거예요. 그리고 그렇게 능력 없는 사람이 나라를 다스리게 된다면 본인에게도 불행이지만 나라 전체에는 더 큰 불행이 되겠지요. 이는 이성에 의해 통제되지 않은 사람이 기개나 욕망만으로 살아갈 때 어떤 결과가 발생할지 생각을 해 보면 쉽게 알 수 있을 겁니다.

진단순 제가 반박은 잘 못하지만, 하여튼 저는 플라톤 님 이야기가 마음에 들지 않아요.

사회샘 플라톤 님의 말씀은 민주주의 사회와는 잘 어울리지 않는 게 사실이에요. 하지만 정의를 "각자에게 각자의 몫을 주는 것"으로 제시한 부분은 의미가 있겠네요. 또, **통치자나 정치인들에게 무엇이 주어지고, 무엇이 주어지지 말아야 하는지에 대해서도 시사하는 바가 크고요.**

플라톤 허허, 세상이 많이 달라졌으니 어쨌든 내 얘기를 다른 학자들 입장에서 다시 생각해 보는 것도 좋겠군요. 그럼 다음에 또 봅시다. (모습이 희미해지며 형상이 사라진다.)

학생들 안녕히 가세요.

정의란 마땅히 받아야 할 몫을 받는 것

모의심 선생님, 플라톤 님 주장은 쉽게 반박은 못하겠지만 오늘날의 생각과는 좀 거리가 있는 것 같아요.

사회샘 음, 그럼 오늘날 우리가 보통 정의라고 생각하는 것에 좀 더 가까운 입장을 만나볼까? **응분주의**라면 아마 너희들 생각에 가장 가깝지 않을까 싶은데.

진단순 응분주의요?

장공부 응분이라는 말은 거의 들어 보지 못한 표현인데요…….

사회샘 응분(desert)이라는 말은 라틴어 deservire를 어원으로 하는데 무언가를 받을 만한 가치가 있다는 뜻이지. 우리말로 하면 **마땅히 받아야 할 것을 받는다**는 의미가 되겠구나.

모의심 마땅히 받아야 할 것이요? 그게 무슨 말이지요?

사회샘 보통 사람들이 분배 정의에 대해 말할 때에는 어떤 사람이 무언가를 마땅히 받을 자격이 있다는 뜻으로 말하는 경우가 많아. 이때 기준이 되는 것을 응분이라고 하는데 업적이나 노력, 필요 등이 대표적인 것들이지.

진단순 선생님. 좀 이해하기 쉽게 얘기해 주세요.

사회샘 그래. 그럼 예를 들어 설명해 볼까? 만약 선생님이 짐을 옮길 일이 있어서 너희들에게 도와 달라고 부탁해서 너희들이 도와주었고 그래서 그 대가로 선생님이 피자를 사주었다고 해보자.

학생들 와, 좋겠다!

사회샘 이때 피자를 어떤 기준으로 나누는 게 정의로울까? 즉, 누가 피자를 가장 많이 먹어야 할까?

장공부 선생님, 당연히 짐을 많이 옮긴 사람이 많이 먹어야죠.

사회샘 공부의 주장은 **업적에 따른 분배**가 되겠구나. **좋은 결과를 가져오는 데 가장 크게 기여한 사람에게 가장 많은 몫을 주어야 한다**는 거지. 아마 많은 사람들이 받아들이는 견해일 거야. 예를 들면, 좋은 성적을 받은 사람이 칭찬도 많이 받고 좋은 학교에 진학하지. 이런 것이 업적에 따른 분배란다.

진단순 역시 장공부. 꼭 자기 좋은 얘기만 한다니까…….

모의심 선생님. 하지만 그런 업적에 따른 분배는 결과만 중시하는 거 아닌가요? 저는 동의할 수 없어요.

장공부 그럼 넌 어떻게 분배해야 한다고 생각하는데?

모의심 꼭 결과에 따라서만 분배하는 것이 옳은 것은 아니라고 생각해요. 아까 짐을 옮긴다고 했는데……. 원래 힘이 센 아이도 있지만 반대로 힘이 약한 아이도 있을 수 있잖아요. 만약 힘이 약한 아이라면 아무리 열심히 옮겨도 힘이 센 아이보다는 짐을 많이 못 옮길 수도 있잖아요.

겉으로 드러나는 '결과'보다는 얼마나 열심히 했는가 하는 '과정'이 분배의 기준이 되면 좋지 않을까요?

사회샘 그래. 의심이 견해는 **노력이 분배의 기준**이 되어야 한다는 거겠지. **노력을 많이 한 사람이 마땅히 더 많은 대가를 받아야 한다**는 것도 응분주의의 중요한 견해 중 하나란다. 여기에서 노력이란 단지 노동에 소모한 물리적 시간만이 아니라 노동에 투입한 열정 등도 포함하는 거지. 이런 노력이 분배 정의의 기준이 되어야 한다고 말하면 많은 사람이 동의할 것 같구나.

장공부 물론 노력도 중요하죠. 하지만 결과가 나빠도 열심히 노력만 했다면 더 많이 분배한다고요? 너무 이상적인 견해 아닌가요? 게다가 얼마나 노력했는지는 알기도 어렵잖아요.

사회샘 물론 겉으로 드러나는 업적에 비해 노력은 측정하기가 더 어려운 것이 사실이야. 하지만 많은 사람들이 노력을 매우 '중요한' 분배 정의의 기준이라고 생각한다는 것은 분명한 것 같구나. 아무 노력도 안 한 사람이 단지 운이 좋아서, 또는 타고난 능력만으로 남들보다 좋은 보상을 받게 된다면 아무래도 불공정하다고 생각하는 사람들이 많을 테니까 말이지.

진단순 선생님. 이건 그냥 제 생각인데요.

> 그냥 평소에 많이 먹는 사람이 피자도 많이 먹어야 한다고 생각하면 이상한 건가요?

모의심 단순아. 네가 밥 많이 먹는다고 너한테 유리한 방식을 주장하고 있는 거야?

진단순 아니. 그게 아니고 만약 평소에 밥도 두 공기씩 먹는 사람이랑 밥을 반 공기밖에 안 먹는 사람이 있다고 하면 짐을 많이 옮겼든지, 열심히 했든지 간에 밥을 별로 안 먹는 사람에게 피자를 많이 줄 필요는 없잖아. 오히려 평소에 식사량이 많은 사람한테 피자를 많이 주는 게 사람들의 생각에도 맞지 않을까?

사회샘 단순이 생각도 일리가 있지. 그게 바로 **필요에 따른 분배**란다. 역시 응분주의에서 중요하게 생각하는 기준 중 하나지. 다른 조건이 동일하다면 **일반적으로 더 많은 필요를 가진 사람에게 더 많은 몫을 주는 게 타당**해 보이잖아.

모의심 하지만 그런 식이면 너도 나도 많이 분배받기 위해서 자기의 필요를 과장하는 사람들이 늘어날 수도 있잖아요. 피자 한 조각만 먹어도 되면서 두 조각 세 조각씩 필요하다고 하는 사람들이 있을 텐데…….

진단순 나는 절대 그렇지 않아.

사회샘 물론 그런 문제가 있지. 특히 필요에 따라서만 분배하게 되면 사람들이 열심히 일하고 좋은 결과를 내야 할 동기가 사라질 수 있으니까. 흔히 사회주의 국가의 계획 경제 체제가 생산성이 낮았던 이유를 이 점에서 찾기도 해.

장공부 어쨌든 선생님 말씀은 업적이나 노력, 필요 등이 사람들이 일반적으로 중요하게 생각하는 분배 기준이라는 거죠?

사회샘 그래, 공부가 잘 말했어.

> 분명 업적이나 노력, 필요 같은 것은 사람들이 분배 정의를 이야기할 때 드는 대표적인 근거들이야. 이런 것들이 모두 응분이라고 할 수 있지. 다들 이해가 되니?

학생들 예.

우연적 요소에 따라 분배해서는 안 된다

진단순 응분의 기준이 여러 가지여서 조금 어려웠지만 이 정도면 분배 정의에 대해 잘 이해한 것 같아요. 오늘은 생각보다 빨리 끝나서 다행이네요.

사회샘 단순이에게는 조금 미안하지만……. 아직 정의에 대해 할 얘기가 많이 남아 있어.

모의심 응분에 따라 분배하면 되는 거 아닌가요?

사회샘 꼭 응분에 따른 분배가 정의로운지는 좀 더 생각해 볼 문제 같은데.

특히 정의에 대해 평생을 바쳐 연구한 학자인 '롤즈' 님의 경우에는 이 응분에 따른 분배를 강력하게 비판했거든.

장공부 왜요? 업적, 노력, 필요 등에 따라 분배해야 한다는 게 뭐가 잘못된 거죠?

사회샘 그건 직접 얘기를 들어 보자. (소환기를 작동한다.)

롤 즈

안녕하세요? 『정의론』의 저자인 '롤즈'라고 합니다.

진단순 쳇. 책 이름이 정의네요. 우리 공부 주제랑 딱 맞는데……. 설마 책 광고하러 오신 건 아니겠죠?

롤 즈 아니. 그렇지 않아요. 이미 내 책은 한국에서도 엄청 많이 팔렸고, 군이 광고까지 안 해도 앞으로도 많이 팔릴 거예요. 단지, 난 내 『정의론』에 나오는 '정의의 두 원칙'이 얼마나 매력적인지 말해 주려고 온 거예요.

모의심 그런데 롤즈 님은 응분주의에 반대하신다고요?

롤 즈 네, 맞습니다. 저는 업적이나 노력, 필요 등 응분에 따른 분배가 정의롭다고 생각하지 않습니다. 왜냐하면 그런 **응분이라고 하는 것은 모두 우연적인 요소**일 뿐이기 때문입니다.

진단순 　　우연적이라고요? 무슨 말인지 잘 이해가 되지 않는데요…….

롤　즈 예를 들어 매우 우수한 세계적인 농구 선수가 있다고 해 봅시다. 이 선수는 다른 사람보다 더 많은 돈을 버는 것이 정당할까요?

장공부 네, 저는 그렇게 생각해요. 당연히 농구를 잘 하는 사람이라면 더 많은 수익을 얻는 게 당연하잖아요.

롤　즈 이 농구선수가 농구를 잘하는 것이 꼭 개인의 공(功)이라고 할 수는 없지요. 분명 그 농구선수가 농구를 잘하는 것은 그가 농구를 즐기는 사회에서 태어났고, 어려서부터 농구 지도를 받을 수 있는 가정환경도 갖추고 있었기 때문입니다. 또한 아마 키가 크게 태어났을 것이고, 좋은 지도자를 만났을 테죠. **이런 것들은 개인이 무언가를 선택한 결과가 아니라 그냥 주어진 거지요. 그런 점에서 임의적이고 우연적인 요소라고 볼 수 있습니다.**

제 주장은 이런 우연적 요소에 근거해서 분배하는 것을 도덕적이라고 또 정의롭다고 할 수 없다는 겁니다.

'정의의 두 원칙'에 따른 분배

장공부 그럼 롤즈 님이 주장하시는 정의로운 분배는 어떤 건가요?

롤　즈 나는 기본적으로는 **평등하게 분배하는 것이 가장 도덕적이고 정의롭다고** 생각합니다.

모의심 그럼, 다 똑같이 분배하자는 건가요?

롤　즈

물론 단순히 무조건 똑같이 분배하자는 것은 아닙니다. 만약 **불평등하게 분배하는 것이 사회 구성원들에게 더 이익이 된다면 불평등하게 분배할 수도 있겠지요.**

다만 그런 분배 방식이 구체적으로 어떤 것인가에 대해서는 좀 더 면밀한 검토가 필요합니다.

진단순 롤즈 님도 플라톤 님처럼 어렵게 말씀하시네요. 평등하게 분배하자는 건지, 불평등하게 분배하자는 건지 헷갈려요. 좀 단순하게 설명해 주세요.

롤　즈 정확히 말하자면 평등하게 분배해야 할 것도 있고, 불평등하게 분배해야 할 것도 있습니다.

장공부

어떤 것을 평등하게 분배해야 하고, 또 어떤 것을 불평등하게 분배해야 하나요?

롤　즈 일단 여러분들이 조금 어려운 개념 하나를 이해할 필요가 있겠네요. 저는 사람들이 일반적으로 중요하게 생각하는 선의 목록을 다섯 가지로 정리하고, 그것들을 '**사회적인 기본적 선**(social primary goods)'이라고 불렀습니다. 기본적 자유, 이동 및 직업 선택의 자유, 책임 있는 지위, 소득과 부, 자존감의 사회적 기초가 그것들인데, 이것들은 사람들이 사회 성원으로서 무엇을 하려고 하든지 꼭 필요한 것들이라는 의미에서 사회 성원 누구에게나 일차적으로 요구되는 것들이라고 할 수 있지요.

모의심 그런데요?

롤　즈 저는 일단 이런 사회적인 기본적 선 중에서 자유와 기회 등은 반드시 평등하게 분배하고, 소득이나 부는 경우에 따라 불평등한 분배도 허용해야 한다고 생각합니다. 이를 정식화한 것이 저의 **정의의 두 원칙**입니다.

정의의 두 원칙

제1원칙 평등한 자유의 원칙

제2원칙 1. 공정한 기회 균등의 원칙

　　　　　2. 차등의 원칙

진단순 제1원칙과 제2원칙, 그리고 제2원칙은 또 두 개네요. 벌써 머리가 아파요.

장공부 정의의 두 원칙의 내용을 좀 더 자세히 설명해 주실 수 있을까요?

롤　즈 다시 강조하지만 저는 기본적으로 특별한 이유가 없으면 사회적인 기본적

선은 평등하게 분배하는 것이 도덕적이라는 입장입니다. 이는 정의의 제1 원칙이나 정의의 제2원칙 첫 번째 부분에 잘 나타나 있지요. 다만 소득과 부의 경우에는 **최소 수혜자에게 최대의 이익**을 가져다 주는 경우에 한해서 불평등한 분배, 즉 차등을 허용할 수 있다는 것인데 그것이 바로 맨 마지막에 있는 2-2 원칙인 **차등의 원칙**입니다.

진단순

최소 수혜자에게 최대의 이익을 준다고요? 그게 무슨 말이에요?

롤 즈 최소 수혜자라고 하면 가장 적은 혜택을 받게 되는 사람을 말하는데요……

만약 이런 **최소 수혜자가 가장 큰 이익을 얻을 수 있다면** **그렇다면 불평등한 분배도 허용될 수 있다**는 거죠. 아마 이런 분배를 통해서는 모두가 더 큰 이득을 누릴 테니까요.

모의심 예를 들어 설명해 주시면 좋겠어요.

롤 즈 네, 알겠습니다. 가령 의심이와 단순이가 동업을 해서 빵집을 운영하기로 했다고 해봅시다. 단순이는 빵을 만들고, 의심이는 매장관리를 하기로 했어요. 이때 수익을 어떻게 나누는 게 정의로울까요?

진단순 뭐……. 일하는 양에 따라 다르겠지만, 일반적으로 수익은 5 : 5로 하는 게 좋겠죠?

롤 즈 네, 그렇게 하죠. 수익을 5 : 5로 분배하기로 했는데 만약 단순이에게 맛있는 빵을 개발할 수 있는 능력이 있다고 해봐요. 물론 맛있는 빵을 개발하면 전체 수익이 더 늘어나겠죠. 이 상황에서 의심이가 단순이에게 맛있는 빵을 개발하도록 더 열심히 일하라고 하면 단순이가 그렇게 할까요?

진단순 이익을 더 많이 나눠 준다면 할 수도 있을 것 같아요. 그냥 5 : 5라면 절대 할 리가 없죠. 제가 확실히 많이 받아야 해요.

모의심 단순이가 많이 받을 필요는 있다고 생각되지만 늘어나는 수익을 모두 단순이가 가져가는 건 이제 제가 반대예요. 빵을 많이 팔게 되면 매장관리도 힘들어질 텐데…… . 제가 굳이 동의해 줄 이유가 없어요. 차라리 개발을 하지 않고 원래 상태를 유지하는 게 더 나은 것 같다는 생각도 드는 걸요.

5 : 5는 안 돼. 내가 더 받아야지.

수입이 늘어나는 데 나도 기여한 바가 있다고!

롤 즈 단순이와 의심이의 얘기가 모두 일리가 있습니다. 제 주장과도 일치하고요. 예를 들어 단순이에게 맛있는 빵을 개발하게 하고 대신 분배 비율을 6 : 4 나 7 : 3 정도로 분배하는 것이지요. 이 경우 분배 비율 자체는 5 : 5 가 아니어서 의심이가 단순이보다는 적은 몫을 갖게 되는 불평등한 결과가 발생할 것입니다. 하지만 전체적으로 수입이 증가해서 맛있는 빵을 개발하지 않고 5 : 5로 평등하게 나누었을 때보다 의심이의 실제 수입이 더 늘어난다면 저는 이런 분배에 찬성한다는 것입니다. 비율을 바꾸는 것, 즉 6 : 4로 할지 아니면 7 : 3으로 할지는 전적으로 최소 수혜자인 의심이가 더 많은 소득을 올릴 수 있는지가 기준이 되겠지요.

장공부

최소 수혜자에게도 가장 많은 이득이 된다면 불평등한 분배도 허용할 수 있다는 게 바로 그런 뜻이군요.

사회샘 그런데 저도 롤즈 님께 질문이 있습니다. 롤즈 님께서 2-2원칙(차등의 원칙)을 중심으로 설명해 주셨는데 2-1원칙의 경우에도 학생들이 이해하기에 어려운 면이 있으리라 생각합니다. 추가적으로 설명해 주실 수 있을까요?

롤 즈 네, 알겠습니다. 2-1원칙, 즉 **공정한 기회 균등의 원칙**은 학생들이 예상한 것처럼 우리가 일반적으로 생각하는 공정함, 또는 기회의 평등과 내용적으로는 크게 다르지 않습니다. 다만, 저의 정의 원칙 자체가 일상적인 영역 모두에 적용되는 것은 아니고 사회의 기본 구조, 즉 정부나 공공 부문에 적용되는 것이에요. 그래서 '공정한 기회 균등의 원칙'은 공직이 사회적 출신이나 지위에 상관없이 모두에게 개방되어 있어야 한다는 것을 의미합니다. 그런 면에서 이 원칙을 '**공직 개방의 원칙**'이라고 부르기도 하지요.

모의심 그러고 보니 아까 질문을 못 했는데요…….

당장 이런 정의의 원칙들이 서로 부딪치면 어떻게 해결해야 하죠?

롤 즈

네, **정의의 두 원칙을 적용할 때는 우선 순위**가 있답니다. 서술된 순서대로인데요……. 즉, 제1원칙이 제2원칙에 우선해서 적용되어야 합니다. 그리고 2-1원칙(공정한 기회 균등의 원칙)이 2-2원칙(차등의 원칙)보다 우선적으로 적용됩니다.

장공부 그런데 질문이 있어요. 왜 우선 순위를 둔 거죠?

롤 즈 네, 이유가 있지요. 저는 가령 경제적 이득 때문에 사회 성원들의 자유가 침해당하는 일이 있어서는 안 되겠다는 생각에 앞의 두 원칙이 차등의 원칙에 우선하도록 했습니다. 예를 들어 경제 개발이 중요하다고 해서 노예제를 허용해서는 안 되겠지요? 이것은 누구에게나 가장 기본적으로 주어져야 할 자유를 침해하는 행위이니까요. 또한 경제 개발을 이유로 기회의 균등을 침해하는 것 역시 허용될 수 없을 것입니다. 그래서 평등한 자유의 원칙과 공정한 기회 균등의 원칙이 차등의 원칙보다 우선하는 것이지요.

진단순

평등한 자유가 가장 우선이네요. 단순하게 생각해도 자유가 가장 중요하긴 하죠.

롤 즈 맞습니다. 하지만 이런 당연한 것들이 항상 잘 지켜지는 것은 아니랍니다. 대한민국에서도 평등한 자유의 원칙이나 공정한 기회 균등의 원칙이 지켜지지 않는 경우들이 더러 있다고 들은 바 있습니다. 그런 경우가 생기지

않도록 여러분들이 정의에 대한 감수성을 좀 더 계발할 수 있다면 좋겠군
요. 사회선생님께서 더 힘써 주시기를 부탁드립니다.

사회샘 롤즈 님의 자상한 설명에 감사드립니다. 여러분이 들은 것처럼, 롤즈 님의
분배 정의론은 많은 사람들의 관심을 끌고 있을 뿐 아니라, 또 많은 논쟁
거리를 제공하고 있기도 합니다. 그만큼 롤즈 님의 영향력이 크다고 볼 수
있지요. 롤즈 님께서는 기회가 되실 때마다 꼭 참석해 주셔서 분배 정의에
대한 저희들의 고민을 해결하는 데 도움을 주셨으면 합니다.

롤 즈 네, 알겠습니다. '분배 정의'에 관한 논쟁이면 언제나 환영합니다. (롤즈의
형상이 사라진다.)

정의란 개인의 소유권을 보호하는 것이다

사회샘 자, 이제 롤즈 님과 같은 주제를 다루지만
정의를 바라보는 관점은 전혀 다른 분을
불러보자꾸나. (소환기를 작동한다.)

진단순 아, 진짜! 샘. 롤즈 님 정도만 해도 충분하
잖아요? 정의에 대해 알아야 할 게 또 있
나요?

로버트 노직(Robert Nozick)

노 직 물론입니다. 정의에 대한 얘기를 여기서
끝내면 안 되지요. 진짜 정의에 대한 얘기는 제대로 하지도 않았으니까요.

모의심 누구신가요?

노 직 저는 노직이라고 합니다만……

장공부 아……, 노직이라면 **개인의 자유**를 너무나도 중요하게
생각하는 대표적인 **자유지상주의자** 아닌가요?

노 직 네, 맞습니다. 나도 나름 잘 나가는 철학자인데 내 얘기는 듣지도 않고 논
의를 끝내려 하다니 무척 서운하네요.

사회샘 노직 님, 화내지 마시고요…… 우리 학생들이 지금 분배 정의에 대해 공

부하고 있답니다. 어떻게 분배하는 것이 정의로운 것인지 노직 님의 견해를 알려 주세요.

모의심 노직 님은 분배 정의에 대해 뭐라고 하셨기에 유명해지신 거죠?

노　직 어떻게 분배하는 것이 정의로우냐를 논하기 전에…… 정확히 내 것이 무엇인가 하는 점을 정확히 아는 것이 더 중요하지 않을까요? 그런 의미에서 나는 '**소유 권리론**'이라는 것에 대해 이야기했습니다. 아래 표를 봐주세요.

노직의 『소유 권리론』

1원칙 '취득에 있어서 정의'
2원칙 '소유물의 이전에 있어서 정의'
3원칙 '소유물에 있어서 부정의의 시정'

진단순 오늘은 유난히 무슨 이론이 많네요. 어려워요.

장공부 노직 님, 각각의 원칙이 무슨 뜻인지 좀 더 자세히 설명해 주세요.

노　직 네, 그래야겠네요. 먼저 제1원칙 '**취득에 있어 정의**'는 어떤 것을 최초로 획득할 때 정당하게 획득한 것이면 정당한 소유라는 것입니다.

즉, 최초에 어떤 것을 내 것으로 만들 때 다른 사람의 상황을 악화시키지 않았다면 그 소유는 정당하다는 겁니다.

모의심 그럴듯하네요. 그러면 두 번째 원칙은 무슨 얘기인가요?

노　직 '**소유물의 이전에 있어서 정의**'란 만약 정당한 소유권을 지닌 사람으로부터 자유롭게 양도받았다면 그 소유물에 대해서는 정당한 소유권을 갖게 된다는 것이지요.

진단순 첫 번째도 그렇고, 두 번째도 그렇고 너무 당연한 얘기 아닌가요?

사회샘 그렇지는 않아.

이 두 가지 원칙은 시장 경제 체제를 전제할 경우에만 당연한 것이지.

노 직 맞습니다. 그런 의미에서 나도 시장 경제 체제를 중시한답니다.

장공부 그러면 마지막으로 세 번째 원칙은 무엇을 의미하나요?

노 직 세 번째 원칙은 현재의 소유 상태가 과거의 취득과 이전의 과정에서 발생한 부당함으로 인한 것이라면 이를 시정해야 한다는 것입니다. '**소유물에 있어서 부정의의 시정**'이라고 하지요.

모의심 아까 단순이도 이야기했지만 세 번째 원칙도 정말 당연한 것처럼 여겨지는데요…….

도대체 이런 소유 권리론이 분배 정의와 무슨 관계인가요?

노 직 앞에서 롤즈 님과 같이 분배 정의를 내세우는 분들은 늘 여러 가지 이유로 분배 방식을 이렇게 저렇게 바꿔야 한다고 말하는 것 같은데요……. 제가 보기에 이런 식의 주장은 정의를 내세우면서 개인의 소중한 권리인 **소유권**을 침해한다는 점에서 문제가 있습니다. 이것은 무척 부정의한 일이지요.

장공부

분배 정의가 개인의 소유권을 침해한다고요?

노 직 그렇습니다. 롤즈 님만 하더라도 최소 수혜자에게 특별한 혜택을 주어야 한다는 이유로 정당하게 취득하고 이전된 소유물을 다른 사람들에게 나누어 주어야 한다고 주장하잖아요. 이것은 개인의 정당한 소유물을 강제로 빼앗아 가는 것이나 다름없습니다.

진단순 노직 님은 자기가 소유한 것에 대한 애착이 강하신 분 같네요. 내 것은 절대 빼앗길 수 없다……. 뭐 이런 건가요?

노 직 | 소유권은 개인이 갖는 권리에서 가장 핵심적인 부분 중 하나입니다. 그런 점에서 소유의 정당성을 침해하는 분배 정의 이론은 잘못된 이론입니다.

모의심 너무 개인주의적, 아니 이기주의적이신 건 아닌가요? 돈이 많은 부자들이라면 자기 것을 조금 내놓아서 다른 사람들과 함께 해도 되잖아요?

노 직 음……. 함께 살아가는 사회라고 자기 것을 포기해야 하나요? 어떤 사회도 그런 것을 강제해서는 안 됩니다. 이것은 부자에게도 마찬가지입니다. 특히 내가 일해서, 나의 노력으로 정당하게 소유한 것을 사회를 위해 내놓으라니요? 이건 다른 사람들을 위해 나를 강제로 노동시키는 것이나 다를 게 없답니다. 자유를 소중히 생각하는 사람들이 이런 강제를 허용해서는 안 되지요.

장공부 노직 님 생각이 어느 정도는 이해가 됩니다만…….

그래도 함께 살아가는 사회인데 서로 돕고 사는 것도 필요하잖아요?

노 직 물론 저도 사회 구성원들이 서로 돕고 사는 것이 나쁘다고 생각하지 않습니다. 다만 그런 도움은 자발적으로 이뤄져야 하는 것이지, 국가나 사회가 강제해서는 안 된다는 것이지요.

진단순 그래도 왠지 비인간적인 것 같아요.

사회샘 그래서 노직 님을 급진주의자로 보는 사람도 있어. 아무튼 잠시 후에 토론 시간이 마련되어 있으니 그때 응분주의자, 롤즈 님, 노직 님의 입장을 다시 한 번 서로 비교해 보도록 하자.

정의로운 분배란 각자가 응당 받아야 할 몫을 주는 것이다!

사회샘 오늘의 토론은 먼저 응분에 따른 정의를 주장하시는 분의 얘기부터 시작하려고 해. 응분주의를 주장하시는 분들 간에도 응분의 근거를 업적이다,

노력이다, 필요다 등 견해가 너무 다양해서 응분주의를 대표하는 가상의 인물을 모셔 봤어. 응분짱 님이야. (소환기를 통해 응분짱이 나타난다.)

응분짱 안녕하세요? 응분주의를 대표해서 나왔습니다.

진단순 응분이라는 말은 여전히 익숙하지가 않네요.

응분짱 물론 응분이라는 단어를 일상적으로 쓰지 않기 때문에 학생 여러분들에게 어색하게 느껴질 수 있다고 생각합니다. 하지만 제 입장이야말로 많은 사람들이 정의롭다고 생각하는 가장 일반적인 견해 아닌가요? 솔직히 따로 정당화할 필요도 없을 것 같습니다만……

장공부 응분짱 님은 왜 응분주의가 대중에게 가장 매력 있는 견해라고 생각하시는 거죠?

응분짱 여러분들, 정의가 도대체 뭡니까? 앞에서도 언급하는 것 같았지만 바로 각자에게 각자의 몫을 주는 것 아니겠습니까? 아리스토텔레스 님도 말씀하셨지만 **'같은 것은 같게, 다른 것은 다르게'** 대우하는 것이 진정한 정의랍니다.

모의심 같은 것은 같게, 다른 것은 다르게?

응분짱 네, 그렇습니다. 응분주의에서 주장하는 것은 바로 특별한 차이가 없다면 동등하게 대우해야겠지만 만약 차이가 나는 부분이 있다면 다르게 대우해야 한다는 것입니다. 분명히 다른 데도 똑같이 대우한다는 것은 부정의하다고 생각합니다.

진단순 그럼 앞에서 인기가 많고 능력도 많은 스몰뱅 리더가 다른 멤버에 비해 돈을 더 많이 받아도 된다는 거죠?

응분짱 그렇습니다. 진단순 학생이 생각보다 잘 이해하는군요. 지금 진단순 학생이 얘기한 것은 응분으로서 **업적**을 중요시하는 입장이라고 할 수 있겠네요. 업적이 많은 사람에게는 더 많은 보상을 하고, 업적이 적은 사람에게는 더 적은 보상을 한다는 거죠. 예를 들어 어떤 회사에 업무 능력이 뛰어나서 회사에 많은 이득을 가져온 사람과 그렇지 않은 사람이 있다고 해보죠. 당연히 전자에게 더 많은 연봉을 주어야 하지 않겠습니까? 도대체 응분주의 말고 다른 분배 정의가 왜 필요한지 모르겠네요.

모의심 물론 어느 정도 일리는 있어요.

하지만 그럼 능력 없는 사람들은 굶어 죽어도 된다는 말입니까?

응분짱 너무 극단적으로 나오시는데요. 그런 극단적인 얘기는 건강한 논의를 가로막기 마련이죠. 아마 모의심 학생은 제가 너무 업적과 능력 중심으로만 얘기해서 거부감이 들었나 봅니다. 응분주의 입장 중에는 업적만이 아니라 개인의 노력을 강조하는 사람들도 있지요. 열심히 노력하는 사람이 응당 많은 보상을 받아야 한다. 어떻습니까? 이러면 특별히 반대할 분은 없겠지요?

진단순 나는 노력하기 싫은데…….

응분짱 그렇다면 보상을 적게 받아도 할 말이 없겠지요. 열심히 노력하는 사람에게 더 많은 보상을 주어야 한다는 것, 얼마나 아름다운 견해입니까?

진단순 꼭 제 얘기라고 할 수는 없지만…….

애초에 노력조차 할 수 없는 사람도 있지 않을까요? 그런 사람들은 사회로부터 아무런 대우를 받지 못해도 되나요?

장공부 앞에서 응분의 기준 중에 필요도 있었잖아요.

응분짱 맞습니다. 응분의 기준으로 **필요**를 주장하는 사람들도 있지요. 더 많은 필요를 갖고 있는 사람에게 더 많은 자원을 배분해야 한다는 얘기 역시 상당히 설득력 있는 견해랍니다. 최소한의 필요를 충족시켜 주어야 한다고 하면 능력이 부족하거나 노력할 수 없는 사람들이라고 해도 자신의 몫을 받을 수 있겠지요.

응분은 도덕적으로 임의적이다

롤 즈 (흥분한 롤즈가 다시 나타나며) 더 이상 응분짱 님이 학생들을 현혹시키는 것을
보고만 있을 수 없네요. 응분짱 님, 자꾸 분배의 근거로 응분을 이야기하
시는데요.

> 도대체 응분을 분배 정의의 기준으로
> 삼아야 할 근거가 무엇인가요?

응분짱 롤즈 님, 정말 들은 대로 참 깐깐하시군요. 보상을 주는 근거요? 그런 근거
를 굳이 제시할 필요가 있겠습니까? 사람들에게 물어 보면 누구나 언뜻 생
각해 봐도 제 방식대로 보상하는 것이 옳다고 말할 겁니다. 학계에서는 이
런 걸 '**직관**'이라고 한다지요? **직관적으로 응분에 따른 보상이 옳다고 보
는 거죠.**

롤 즈 역시 그렇게 말할 줄 알았습니다. 제가 평생 동안 싸워 온 것이 한편으로
는 공리주의고, 또 다른 한편으로는 직관주의지요. 도덕적 직관을 무시할
수는 없겠지만 그럴듯하다고 해서 우리가 아무런 고민 없이 받아들여서는
안 됩니다. 앞에서도 이야기했지만, 더 뛰어난 능력을 가졌고, 더 많이 노
력했고, 더 많은 필요를 가지고 있다는 것은 **도덕과는 무관한 단순한 사실**
일 뿐입니다. 그 자체가 우리에게 어떻게 분배해야 한다는 것을 말해 주지
는 않지요.

모의심

> 도덕과 무관한 사실이라고요?
> 그게 무슨 말이에요?

롤 즈 앞에서 제가 농구선수 사례를 들었지요. 우리 사회에서 뛰어난 능력을 가
진 농구선수는 아마 많은 수익을 얻게 될 것입니다. 하지만 냉정하게 생각
해 봅시다. 그런 능력은 선택한 것도 아니고 그냥 주어진 거잖아요. 이건
순전히 운이라고 생각할 수 있습니다. 반대로 장애인으로 태어난 상황도
생각해 볼 수 있지요. 그런 장애 역시 여러분들이 선택한 것이 아니고 그

냥 주어진 것입니다. 역시 운이죠. 이 경우는 불운이겠지만요. 그런 **운을 가지고 여러분들이 더 많은 보상을 받아야 한다고 주장하고, 또 더 적은 보상을 받아야 한다고 주장하는 거라면 그게 과연 도덕적으로 정당화될 수 있을까요?** 그런 것들은 단순한 우연적 사실일 뿐인데 말이죠.

장공부

> 그럼, 공부를 잘하는 제 능력도 운이라는 건가요? 상당히 듣기 거북한데요?

진단순 거북해? 나는 갑자기 롤즈 님이 좋아지는 걸…….

롤 즈 기분이 나빴다면 미안합니다. 하지만 인정할 건 인정해야지요. 장공부 학생의 뛰어난 아이큐와 여러 가지 능력은 장공부 학생이 선택한 게 아니죠. 우연히 그냥 주어진 것뿐이지요. 반대로 진단순 학생이 단순하기만 하고 공부를 못하는 것도 진단순 학생이 선택한 것은 아닙니다. 그냥 원래 그런 거죠.

> 저는 이런 **임의적인 것이 정의로운 분배의 기준이 되어서는 안 된다**고 보는 겁니다.

응분짱 롤즈 님이 제 입장의 약한 부분을 집요하게 파고드시는군요. 하지만 앞에서 말씀드린 것처럼 응분의 기준에는 능력만 있는 게 아닙니다. 노력이나 필요는 어떻습니까?

롤 즈 필요는 능력의 반대편에 불과하죠. 능력이 부족한 사람은 더 많은 필요를 가지고 있다고 볼 수 있는 거죠. 그런 점에서 필요 역시 도덕과 무관한 우연한 임의적 사실이라는 것은 동일합니다. 물론 이 경우 필요는 불운이겠지만요. 즉, 우연히 내가 더 많은 필요를 가지고 태어났다고 해서 그게 더 많은 보상을 받아야 할 근거는 될 수 없습니다.

모의심

> 그럼 노력은요? 노력은 그래도 임의적인 게 아니고 개인이 선택하는 것으로 보이는데요?

롤　즈 노력이 조금 어렵기는 하지요. 하지만 여러분들이 생각하는 것만큼 노력도 개인의 선택에만 의존하는 것은 아닙니다. 아까 진단순 학생이 노력하기 싫다고 했죠? 진단순 학생은 노력하는 게 왜 싫은 거죠?

장공부 단순이는 그냥 노력하기가 귀찮은 거 아니야? 그냥 네가 노력을 싫어하는 것 같은데?

진단순 아니. 나를 그렇게 단순하게 생각하지 말라고, 내가 처음부터 노력 안 한 건 아니지. 초등학교 때는 열심히 한 적도 많은데 노력을 해도 남들만큼 성적이 안 나왔어. 그런 경험이 자꾸 반복되니까 자연스럽게 노력하기가 싫어진 거지.

롤　즈 맞습니다. 이렇게 보면 진단순 학생이 노력하지 않는 것도 단순 학생이 선택한 게 아니라 우연히 주어져 있는 능력에 의존하는 것처럼 보입니다. 실상 **능력 있는 사람들이 노력하기도 더 쉽다**는 거, 장공부 학생도 충분히 이해가 될 겁니다.

장공부 그런 생각을 많이 해보지는 못했지만 아무래도 능력이 있어서 같은 시간을 들여도 결과가 잘 나오니까 더 쉽게 노력하는 건 맞는 것 같아요.

롤　즈 노력에 영향을 미치는 것이 꼭 개인의 능력만 있는 것은 아닙니다. **부모의 성향이나 가정 분위기, 소득 수준 등등 많은 것들이 노력에 영향을 줍니다.** 하지만 이런 것들 역시 도덕적으로는 임의적인 것이지요. 개인이 선택한 게 아니라는 말입니다. 그런데 응분짱 님은 자꾸 이런 임의적인 것을 기준으로 분배를 해야 한다고 하시니 답답합니다. 게다가 응분에 속하는 능력, 노력, 필요 등 어느 것이 궁극적인 기준이어야 하는지도 불분명하지 않습니까? 결국 그중에서 또 임의적으로 선택하실 게 분명해 보입니다만……

응분짱 글쎄요.

정의로운 분배의 상태는 역사적으로 변할 수 있다

노　직 응분짱 님! 할 말이 없으신 것 같은데 이제 제가 롤즈 님과 논쟁을 해보도록 하지요.

롤　즈 좋습니다. 말씀해 보시지요.

노　직 롤즈 님은 정의의 두 원칙과 같은 일종의 정형화된 분배 원칙을 주장하셨는데요…….

저는 그런 정형화된 분배에 대해서는 반대합니다. 왜냐하면 분배에 있어서 정의란 역사성을 갖고 있기 때문이지요.

장공부 분배적 정의가 역사성을 갖고 있다고요?

노　직 네, 그렇습니다. 예를 들어 설명하자면, 롤즈 님이 주장하는 정의의 두 원칙에 따라 분배가 이뤄졌다고 해봅시다. 롤즈 님이 동의할 만한 그런 분배 상태 말이죠.

롤　즈 계속 말씀하시죠.

노　직 하지만 그런 분배 상태가 계속 유지될 리는 없습니다. 사람들은 끊임없이 자신의 재산을 이전하고, 양도하며, 자유롭게 사용할 것입니다. 그리고 이러한 시간의 흐름 속에서 기존의 분배 상태는 변하게 되겠지요. 만약 롤즈 님께서 동의하시는 처음의 분배 상태가 정의롭다면 특별한 강제가 없는 이상 시간이 흘러 자연스럽게 변해 만들어진 새로운 분배 상태도 역시 정의롭다고 해야 하지 않을까요?

진단순 우와……, 어느 정도 그럴듯한데요.

롤　즈 저는 동의할 수 없습니다. 노직 님께서 무척 단순화된 상황으로 설명해서서 그렇지 새로운 분배 상태에 이르게 되는 과정 역시 정의의 두 원칙에 근거해서 자세히 검토해 볼 필요가 있을 겁니다.

노　직 참, 답답하십니다. 왜 단순한 사실을 부인하려고 하시나요? 처음에 정의로운 분배 상태가 있었고, 그 이후에는 개인들의 자유로운 선택에 의해 상태가 변화하게 되었잖아요. 우리가 개인의 자유를 부인하지 않는 이상 새롭게 만들어진 분배 상태를 바꾸려고 해서는 안 됩니다. 그런 시도는 결국 개인의 소유권을 부정하게 되니까요.

개인의 소유권 vs 사회적 협동

롤 즈 노직 님, 제가 개인의 자유나 소유권을 부정하다니요? 저도 자유주의자를 자처하는 사람인데 그럴 리가 있겠습니까? 저 역시 개인의 자유와 선택, 그리고 소유권을 인정하고 소중하게 생각합니다. 하지만 그것이 순전히 개인만의 것인지는 다시 생각해 볼 필요가 있습니다.

> 실제 개인이 소유한 것이라고 하더라도 그것을 개인 혼자서 생산한 것은 아닌 경우가 대부분일 것입니다. 보통 그 안에는 다른 사람들의 노력이 포함되어 있지요.

만약 함께 살아가는 다른 사람들의 협조가 없었다면 그런 생산은 애초에 불가능했을 겁니다. 결국 저는 **사회에서 사람들이 함께 생산한 가치 있는 것들을 어떻게 분배할 것인가**를 말하고 있는 것입니다.

노 직 그게 그거지요. 롤즈 님은 자꾸 생산물을 공동의 산물로 보고 그것을 인위적으로 조정하려고 하는 거 아닙니까? 그게 바로 **개인의 소유권을 부정**하는 거예요.

장공부

> 노직 님, 개인 소유물이라고는 하지만 분명 혼자 힘으로만 생산한 것은 아니잖아요. 롤즈 님의 지적이 맞지 않을까요?

노 직 물론 그렇게 볼 수 있는 측면도 있습니다. 하지만 분명히 짚고 넘어 가야 할 것은 **내가 가진 신체, 내가 가진 능력, 내가 한 노력 등은 분명히 내 것**이라는 사실입니다. 이것을 자꾸 공동의 산물처럼 표현하면 안 되지요.

모의심 그럼, 노직 님은 그런 공동의 산물을 어떻게 분배해야 한다고 생각하시는 건가요?

노 직

> 그거야 그 생산에 참여하는 사람들끼리 자유롭게 결정하면 되는 일 아닙니까?

국가나 다른 사람들이 나서서 이래라저래라 할 문제가 아니지요. **자유롭**

게 **계약**을 하고 그 계약에 따라서 생산된 가치를 나누면 되는 겁니다. 국가 가 할 일이라고는 그러한 계약이 잘 지켜질 수 있도록 보장하는 것이지요.

모의심 그렇다면 노직 님은 국가가 세금을 걷어서 경제적 형편이 어려운 사람들 을 위해 정책을 펼치는 것을 반대하시는 건가요?

노 직 당연하지요. 제가 계속 하는 얘기지만 그런 식의 재분배는 개인의 소유권 을 부정하고 자유를 침해하는 정말 나쁜 조치랍니다.

모의심 아니, 돈 많이 버는 사람이 세금 더 많이 내서 생활이 어려운 사람들을 도 와주는 게 뭐가 잘못된 거예요? 저는 이해가 안 되네요.

노 직 글쎄요. 오히려 제가 반문하고 싶습니다. 자기 능력으로 자기가 노력해서 돈을 벌었는데 왜 그걸 다른 사람에게 줘야 합니까? 그건 다른 사람을 위 해 노동을 해야 하는 것과 마찬가지잖아요. 그게 바로 노예인 것입니다.

재분배를 위해 세금을 걷는 것은 **열심히 노력하고 능력 있는 사람들을 모두 노예로 만드는 것**이나 다름없다는 말입니다.

장공부 노직 님, 하지만 정부를 운영하고 유지하려면 세금을 걷기는 해야 하잖아요?

노 직 물론 그 부분은 이해합니다. 국가는 국가에 속한 개인의 생명과 재산에 대 한 권리를 보호해야 할 책임이 있으니까요. 하지만 바로 이 역할에 필요한 만큼의 세금만 걷어야 합니다. 복지 정책이나 공공사업을 강제로 수행하여 부를 재분배한다든지 하는 활동은 월권이라고 할 수 있습니다.

모의심

그런데, 노직 님이 말한 바대로 국가가 복지 정책을 수행하지 않는다면 빈부 격차가 심각해질 수밖에 없어요. 그렇게 되면 사회적 약자들은 너무 비참한 생활을 할 수밖에 없다고요…….

노 직 안타까운 일이라고 생각합니다. 물론 그런 일이 발생할 수 있겠지요. 하지 만 내가 말하고 싶은 것은 그렇다고 해서 강제적인 부의 재분배가 정당화 되는 것은 아니라는 거예요. 앞에서도 이야기했지만 제가 주장하고 싶은 것은 사회적 약자들을 돕는 것이 잘못되었다는 것이 아니라, 그럴 필요가 있다고 해서 강제로 돕게 하는 것은 잘못이라는 것이죠. 정의는 일차적으로 소유권의 문제이지, 재분배의 문제가 아닙니다.

소유권은 절대적일까?

롤 즈 노직 님 말씀 잘 꺼내셨습니다. 저는 기본적으로 노직 님께서 말씀하시는 '소유 권리론'이 문제가 많은 것 같아요.

노 직 그게 무슨 말씀이시죠? 문제가 많다니요!

롤 즈 첫 번째 원칙 '취득에 있어서 정의' 문제부터 논의해 봅시다. 사실 처음부터 주인이 없는 것이 존재하고, 이를 자유롭게 소유할 수 있다는 생각 자체가 비현실적이지 않습니까? 애초에 누구의 것도 아니었다면 사람들은 서로 더 나은 것을 갖기 위해 강제력을 동원할 것이 분명합니다.

노 직 그래서 나는 타인의 입장을 악화시키지 않는 한에서 취득할 때만 정당하다고 이야기했습니다만……

롤 즈 그런데 무엇을 타인 상황의 악화로 봐야할지 명확하지 않습니다. 이를 어떻게 판단하지요?

노 직 그거야 타인이 인정하기만 하면 해결되지 않겠습니까? 타인이 인정하는 범위 내에서 취득하면 정당한 취득이라고 봐야지요.

롤 즈 글쎄요……. 타인이 인정했다고 하더라도 현실적으로는 많은 사람들에게 영향을 주고 처지를 악화시키는 경우가 발생할 수 있습니다.

장공부 나의 취득을 타인이 인정한다고 해도 피해를 줄 수 있다는 건가요?

롤 즈 네, 그렇습니다. 어떤 사람이 정당한 대가를 지불하고 내 토지와 인접한 토지에 대해 소유권을 가지려고 한다고 해봅시다. 이것은 오늘날 재산 체계를 받아들이는 한에서는 당연히 받아들여야 할 것입니다. 하지만 그렇다고 해도 그런 소유권의 행사가 나의 상황을 악화시킬 가능성은 충분합니다.

진단순 어떤 식으로 나의 상황을 악화시키나요?

롤 즈 예를 들어 그 사람이 토지를 소유하면서 자신의 토지를 독점적으로 사용한다는 명목으로 자기 토지를 지나치는 것조차 거부한다면 어떻게 될까요? 아마 나는 그 사람의 토지 소유로 인해 내 토지로 이동하는 것이 무척 어려워질 수도 있습니다. 또한 그 사람이 자기 토지에 물을 가두어 놓으면 당장 내 토지에 물이 들어오지 않을 수도 있어요. 그러면 역시 큰 피해를 입겠지요.

모의심 정말 그럴 수 있겠네요.

롤 즈 이런 사례들이 의미하는 게 무엇일까요? 그것은 아마 인간이 사회를 이루고 함께 살아가는 이상 소유 체계라는 것은 서로에게 영향을 미칠 수밖에 없다는 것입니다. 그래서 함께 손해를 보는 부분도 있고, 또 함께 이득을 누리는 부분도 있지요. 그런 점에서 다른 사람에게 영향을 미치지 않는 취득 행위라는 것은 있을 수 없습니다.

노 직 뭐, 어느 정도는 인정할 수 있겠네요. 하지만 저는 일반적인 관점에서 이야기한 것일 뿐입니다. 구체적인 사안에서는 다소 조정이 필요하겠네요.

롤 즈 두 번째 원칙인 '소유물의 이전에 있어서의 정의' 또한 문제가 있습니다. 이 원칙에서 자유로운 시장에서 이루어진 교환은 정의롭다는 것이죠. 하지만 시장이 항상 정의로운 분배를 가져온다고 생각하시나요?

노 직 네. **시장**은 한정된 자원을 가장 필요로 하는 사람에게 분배하는 놀라운 힘을 가지고 있어요. 그렇기 때문에 우리는 시장을 믿어야 합니다.

국가가 개입해서 이래라저래라 하는 것은 큰 잘못이죠.

롤 즈 노직 님은 시장을 전적으로 신뢰하시는 것 같습니다만……. **단적으로 시장은 공동선을 만들어 내는 데 한계가 있어요.** 예를 들어 국민의 생활을 편리하게 하는 사회 간접 자본이나 국민의 건강을 보호하는 의료 체계는 자유로운 시장의 교환에 의해서는 성립할 수 없지요.

진단순

왜 그런 문제는 시장이 해결할 수 없지요?

롤 즈 시장에만 맡겨 두면 각 **개인들은 자기에게 이익이 되는 문제에만 반응**하기 때문이죠. 사회 전체적으로는 도로를 깔고, 가로등을 설치하고, 또 의료 체계를 만들어 많은 사람들을 치료하는 것은 무척 가치 있는 일이지만 만약 이런 일들이 개인의 입장에서 자신에게 이익이 되지 않는다면 시장에서는 이런 일을 나서서 할 수 있는 사람을 충분히 찾기 어려울 것입니다. 이런 문제는 시장에 맡겨 둘 게 아니라 국가가 나서서 세금을 걷고 해결해야 할 일지요.

노 직 롤즈 님이 어떤 것을 걱정하시는지는 잘 압니다. 하지만 나는 국가나 사회가 자유롭고 평등한 개인의 권리를 침해하는 것이 더 위험하다고 생각합니다. 세금을 내고 안 내고는 개인이 자유롭게 선택하고 판단할 일이지요.

롤 즈 글쎄요. 그리고 세 번째 원칙인 '소유물에 있어서 부정의의 시정' 원칙은 현실에 적용되지 않을 것 같은데요?

노 직 아니……, 왜죠?

롤 즈 미국의 경우를 생각해 보세요. 미국의 영토는 원래 누구의 소유였죠?

노 직 인디언이죠.

롤 즈 그렇다면 시정의 원칙에 의해 미국의 영토를 인디언들에게 돌려줘야 하는데, 돌려줄 수 있나요?

노 직 …….

롤 즈 그리고 3원칙의 최대 취약점은 1, 2원칙이 정당화되지 않는다면 필요가 없는 원칙이라는 거예요. 1, 2원칙을 받아들일 수 없으면 굳이 역사적으로 추정해서 시정할 필요가 없잖아요

노 직 …….

사회샘 토론을 통해 두 분의 입장이 더 분명해진 것 같네요.

 롤즈 님께서는 도덕적으로 임의적인 것을 모두 제외해야 하며, 평등한 분배를 추구하시죠.

그리고 사회 · 경제적 불평등은 없어야 하지만 완전한 결과의 평등을 보장하는 사회보다는 다소 불평등을 허용하더라도 불리한 위치에 있는 사람들의 생활을 개선하는 데 효율적인 자유주의 사회가 더 좋다는 것을 강조하신 것이죠?

롤　즈 네, 맞습니다. 그래서 저는 **자유의 우선성**을 담고 있는 제1원칙을 제2원칙 앞에 놓았죠.

사회샘 노직 님은 부의 재분배가 정의를 실현하는 게 아니라는 것이죠?

 노직 님에게 중요한 건 개인의 소유권 보장이죠.

왜냐하면 사회가 동등한 자기 소유를 인정하고 재산권을 보장하면 더 이상 분배의 문제가 남지 않는다고 생각하시기 때문이죠. 이게 바로 **소유권 이론** 아닌가요?

노　직 네, 맞습니다. 가장 근본적인 정의는 재분배가 아니라 개인의 자유를 보장하는 것이지요.

사회샘 네. 세 분 선생님의 열띤 토론 감사합니다. 아마 학생들이 분배 정의 문제를 생각해 보는 데 큰 도움이 되었으리라 봅니다.

학생들 감사합니다.

응분짱, 롤즈, 노직 네, 그럼 안녕히 계세요. (소환 시간이 다 되어 롤즈, 노직, 응분짱의 형상이 모두 사라진다.)

우리 일상생활 속에서 분배 정의 실천하기

사회샘 이제 어떤 분배가 정의로운 것인지 생각이 좀 정리되었니?

진단순 네, 어느 정도요. 정말 오늘 분배 정의 얘기하다가 머리에 연기가 나는 줄 알았어요. 제겐 수업 시간을 좀 줄여 주실 필요가 있는 것 같아요.

장공부 수업을 통해서 분배 정의가 무척 중요한 문제라는 것을 알 수 있게 되었어요. 사실 오늘날 세상에서 벌어지는 많은 문제들이 자원을 어떻게 분배할 것인가와 관련되어 있잖아요.

모의심 맞아요. 수업 시간에 정의의 여건이라고 했던 것 같은데, 자원이 너무 부족하지도 않고 너무 풍족하지도 않은 상태, 그리고 사람들이 정말 이기적이지도 않고 또 이타적이지도 않은 심성을 가지고 있는 상태 말이에요. 이런 여건이 바뀌지 않는 이상은 앞으로도 분배 정의 문제가 계속해서 제기될 수밖에 없을 것 같아요.

진단순 앞으로도 계속이라고? 노노. 플라톤 님이 말했잖아. 정의란 각자에게 각자의 몫을 주는 거라며? 더 이상의 논의는 내 몫이 아니야. 그건 공부랑 의심이랑 너희의 몫으로 내가 남겨 둘게.

사회샘 하하. 정의가 각자에게 각자의 몫을 주는 것이긴 한데, 그때 각자의 몫이 무엇인지에 관해서는 여러 가지 입장들이 있었지?

장공부 흔히 많은 사람들이 생각하는 응분주의가 있었죠.

더 많은 업적을 성취한 사람에게 더 많은 보상을 준다는 것, 확실히 그냥 생각해도 매력적인 것 같아요.

모의심 나는 응분의 기준으로 업적보다는 노력이 더 바람직하다고 생각해. 아무래도 열심히 노력한 사람이 잘 사는 세상이 되어야 그게 정말 정의로운 세상 아닐까?

진단순 필요도 응분이라고 하지 않았나? 더 많이 필요한 사람에게 더 많은 것을 주는 것도 그럴듯해. 나는 진정으로 쉬는 시간이 더 필요하다고, 그러니까 내게 더 많은 쉬는 시간을 줘.

사회샘 분배 정의하면 생각나는 대표적 학자인 롤즈 님의 견해는 어땠니?

장공부 차등의 원칙이 무척 인상 깊었어요. 불평등한 분배는 최소 수혜자에게 최대의 혜택이 돌아갈 때만 허용된다는 거였죠. 이건 더불어 잘사는 사회를 꿈꾸는 거잖아요.

진단순 아, 저도요. 그 롤즈 님의 차등의 원칙이 맘에 들었어요. 학교가 자꾸 공부 잘하는 사람에게만 유리하게 되는 것 같은데 나같이 공부 못하는 사람을 우선적으로 고려해야 한다고요.

사회샘 웅분짱 님과 롤즈 님, 그리고 노직 님 사이의 토론은 어땠니?

진단순 나는 웅분주의가 제일 단순해서 좋던데…….

모의심 웅분주의가 물론 많은 사람들에게 호소력이 있기는 하지만 저는 그래도 웅분주의를 비판한 롤즈 님의 얘기가 더 크게 와 닿더라고요.

롤즈 님은 능력이든 노력이든 필요든 간에 그런 웅분은 도덕적으로 임의적인 것이라고 했잖아요.

장공부 맞아요. 그런 것들이 운이나 마찬가지여서 그걸 이유로 더 많은 것을 받아야 한다고 주장할 수는 없다는 거였죠. 저는 항상 제가 노력도 많이 하고, 성적도 좋으니까 그래서 더 많은 칭찬이나 상을 받는 게 당연하다고 생각했었는데 그 얘기는 정말 충격적으로 느껴지더라고요.

사회샘 노직 님이 롤즈 님을 비판한 것은 어땠니?

진단순 노직 님을 별로 안 좋게 봤는데 생각보다 이론이 단순하고 명쾌하던데요?

노직 님은 개인의 자유로운 선택과 교환에 의해 얻게 된 것은 모두 정의롭다는 거였죠. "내 건 내거다." 뭐, 이런 거 아니었나요?

장공부 그래. 맞아. 핵심은 개인의 자유로운 선택과 교환 과정을 존중해야 한다는 거지. 아무리 정의로운 분배를 하더라도 그 이후에 개인이 자유롭게 자신의 소유물을 사용했다면 그 결과로 나타난 분배도 인정해야 한다는 것이지.

모의심 하지만 난 노직 님이 국가의 재분배 노력을 개인의 자유 침해로만 생각하는 게 좀 맘에 걸렸어. 아무래도 노직 님 견해는 사회적으로 유리한 위치에 있는 사람들에게만 유리하고 나머지 사람들에게는 불리하다고 생각해, 분배 정의는 약자를 배려해야 한다고.

사회샘 너희들 정말 어려운 내용이었지만 잘 이해한 것 같구나. 마지막으로 영화 얘기로 정리해 보자. 이 영화는 빈부 격차가 극명하게 나타난 사회를 보여 준단다. 자. 우리 같이 한번 볼까?

영화 〈엘리시움〉은 빈부 격차가 심화된 가상의 미래 모습을 그린 영화이다. 여기서는 부유한 상위 1%와 가난한 나머지 99% 사람들의 모습이 대비된다. 상위 1%는 우주에서 호의호식하면서 어떤 병도 쉽게 치료하는 캡슐을 이용해 죽음도 피해가는 삶을 산다. 반면에 99%는 환경오염으로 황폐해진 지구에서 가난하게 살아가며, 병에 걸려도 제대로 치료받지 못하고 죽어간다.

영화 〈엘리시움〉에 등장하는 황폐해진 지구입니다.

진단순 우와, 정말 끔찍하네요. 이건 정말 너무한 거 아닌가요?

장공부 영화이긴 하지만 빈부 격차가 너무 심해지면 우리 사회가 어떤 모습이 될지 보여 주는 것 같네요.

모의심 며칠 전에 뉴스를 보니까 우리나라도 빈부 격차가 점점 더 심해진다고 하더라고요. 상위 10%의 소득이 전체 소득의 절반에 해당한다고 하고, 하위 70%가 버는 돈을 다 합쳐도 상위 10% 소득의 절반에도 못 미친다고 해요. 이런 상황이 지속되면 정말 미래에는 영화 같은 일이 발생할 수도 있는 것 아닌가요?

사회샘 그렇다고도 할 수 있지.

물론 우리가 분배 정의에 대해 생각해 보는 건 단순히 격차를 줄이기 위해서는 아니야.

더 중요한 것은 롤즈 님이 말한 것처럼 **우리 사회가 하나의 협동 체계라고 봤을 때 분배 정의가 바로 세워지지 않으면 우리 사회가 유지되기 어렵다는 거지.** 그래서 사회를 함께 사는 협동 체계로 보고 앞으로도 분배 정의의 실현을 위해 노력할 필요가 있단다.

학생들 예!

(사회샘 퇴장!)

그나저나 스몰뱅 문제는 어떻게 해결해야 하는 걸까?

장공부 응분주의 입장에 따르면 능력이나 노력을 응분이라고 봤을 때 리더가 더 많은 돈을 받는 게 문제는 없지.

모의심 하지만 다른 멤버들이 받아들일까? 리더가 그렇게 많은 돈을 받는 게 부당하다고 생각해서 문제가 발생한 거잖아.

장공부 그냥 해체하라고 해. 노직 님의 입장에서 보면 개인들이 자유롭게 선택하면 되는 거잖아. 같이 활동하는 거에 동의하지 않는 거면 따로 활동하면 되는 거지.

진단순 안 돼! 해체는 안 된다고. 내가 팬클럽 회의에 가서 어떻게라도 해서 막을 거야. 응분주의는 안 되겠고, 노직 님도 안 되겠고, 그럼 롤즈 님 입장이면 어떨까?

장공부 롤즈 님이라면 리더가 반드시 더 많은 돈을 받아야 한다고 말하지는 않겠지. 스몰뱅이 성공할 수 있었던 것은 리더의 역할도 컸겠지만 다른 멤버들의 협조도 있었을 테니까.

모의심 그렇다면 어떻게 분배를 해야 할까?

진단순 공부야! 네가 생각 좀 해봐. 난 이미 뇌가 포화상태야.

장공부 우선 멤버 구성원의 자유가 기본적으로 보장되어야 해. 즉, 돈 때문에 기본적으로 누릴 수 있는 자유를 빼앗으면 안 돼.

모의심 맞아. 아무리 돈을 많이 벌 수 있다고 해도 공연을 할 때는 전체 멤버들의 의견을 잘 듣고 함께 결정하는 게 중요하겠지.

진단순 스몰뱅 구성원들의 자유를 우선 보장하는 게 중요하구나. 그럼, 수익은 어떻게 할까? 멤버 중 가장 돈을 적게 받은 사람이 가장 큰 이익을 볼 수 있도록 해야 하겠지?

장공부 그렇지, 현실적으로는 그룹 리더가 50%를 가져가는 것이 문제였잖아. 롤즈 님 의견에 의하면 여러 대안 중에서

스몰뱅 멤버 중에서 돈을 제일 조금 받는 사람의 처지가 어떻게 되는지를 검토해서 결정해야 하겠지.

물론 최소 수혜 멤버가 가장 이익을 볼 수 있는 방향으로…….

진단순 오호……. 장공부 짱! 네가 내 친구라는 게 자랑스럽다! 이 순간만큼은 널 장롤즈라 불러주마.

장공부 그래. 단순아, 분배 정의에 대해 배운 내용을 잘 기억하고 있다가 팬클럽 회장인 네가 '팬클럽 회의'에 참석해서 소속사 관계자를 잘 설득시키고 와.

진단순 응……. 그래. 방금 네가 한 말 핸드폰에 녹음했으니 거기에서 그대로 play 하지 뭐! 고마워.

루소, 『인간 불평등 기원론』, 〈불평등에 대한 담론〉

　사회 연합체는 부자의 막대한 재산에 대해서는 강력한 보호를 제공하면서도 빈민에 대해서는 자기 손으로 만든 오두막조차 소유하게 내버려 두지 않는다. 사회의 온갖 이익은 부유하고 힘 있는 사람을 위한 것이다. 모든 특권과 면제는 부유한 사람을 위한 것이고, 공권력 또한 그들의 편이다. 높은 사람이 약탈을 당하거나 모욕을 받으면 전체 경찰력이 움직여 우연히 의심을 받게 된 무고한 사람에게조차 화를 미친다. 이것은 부유한 사람의 권리이다. 그러나 빈민의 경우는 이와 천지 차이이다. 사회는 인민들에게 더 많은 것을 거부하고, 인류는 그들에게 더 많은 빚을 지게 되었다. 모든 문이 그에게 열려 있을 권리가 있음에도 모든 문이 그에게 닫혀 있다.

롤즈, 『정의론』, 이학사

　아마도 어떤 사람들은 보다 나은 천부적인 재능을 타고난 사람이 그러한 자질과 그것의 발전을 가능하게 하는 우월한 성품을 마땅히 가질 만하다고(deserve) 생각할 것이다. 그리고 이러한 의미에서 그가 보다 더 가치 있는 사람이기 때문에, 그러한 재능을 활용해서 보다 많은 이득을 마땅히 가질 만하다고 생각할 것이다. 그러나 이러한 견해는 분명히 잘못된 것이다. 사람들이 처음으로 사회의 구성원이 될 때 처하게 되는 여건에 대해 응분의 자격이 없는 것처럼, 천부적인 재능의 분배에서도 역시 그 누구도 자신의 처지에 대해 응분이 없다는 것은 우리가 심사숙고하여 내린 판단들 가운데 변할 수 없는 것이다. 어떤 사람이 자신의 능력을 개발할 수 있도록 해주는 우월한 성품에 대해 응분의 자격이 있다는 주장 역시 문제가 있다. 왜냐하면 그의 성품은 자신의 공로를 주장할 수 없는 훌륭한 가정과 사회적 여건에 대부분 의존하기 때문이다. 응분의 몫(desert) 개념은 이러한 경우에 적용되지 않는 것으로 보인다.

소득과 부, 그리고 인생에서 일반적으로 좋은 것들은 도덕적 응분의 몫(moral desert)에 따라 분배되어야 한다고 생각하는 것이 상식적이다. 정의란 덕을 따름으로써 얻게 되는 행복이라는 것이다. 이러한 이상은 결코 완전하게 이루어질 수 없는 것으로 인정되고 있지만, 그것은 적어도 하나의 명백한 원칙으로서 분배적 정의에 관한 적절한 관점이며, 사회는 여건이 허락하는 한 그것을 실천하기 위해 노력해야 한다는 것이다. 이제 공정으로서 정의는 이러한 관점을 거부한다. 그러한 원칙은 원초적 입장에서 선택되지 않을 것이다. 그 상황에서는 필요한 기준들을 규정할 방법이 없어 보인다. 더욱이 덕에 따르는 분배 관념은 도덕적 응분의 몫과 합당한 기대치를 구별하지 못한다. 그래서 개인들이나 집단들이 정의로운 체제에 참여하고 있는 경우, 공인된 규칙에 의해 규정된 바에 따라 서로에 대해 요구권을 갖는 것이 사실이다. 기존의 체제에서 권장되고 있는 다양한 것들을 행함으로써 그들은 어떤 권리들을 갖게 되고, 정의로운 분배의 몫은 이러한 권리 주장들을 반영한다. 정의로운 체제는 사람들이 가질 권리가 있는 것에 대해 응답한다. 그것은 사회 제도에 근거를 둔 그들의 합당한 기대를 충족시킨다. 그러나 그들이 가질 권리가 있는 것은 그들의 내적인 가치에 비례하거나 의존하는 것이 아니다. 기본 구조를 규제하고 개인들의 의무와 책임을 규정하는 정의 원칙은 도덕적 응분의 몫을 언급하는 것이 아니다. 분배의 몫이 그것에 상응하는 경우는 없다.

노직, 『아나키에서 유토피아로 - 자유주의국가의 철학적 기초』, 문학과지성사

세계가 전적으로 정의롭다면, 다음의 귀납적 정의가 소유물에서의 정의의 주제를 모두 커버하리라.

1. 취득에서의 정의의 원리에 따라 소유물을 취득한 자는 그 소유물에 대한 소유 권리가 있다.
2. 이전에서의 정의의 원리에 따라 한 소유물을, 이 소유물에 대한 소유 권리가 있는 자로부터 취득한 자는 그 소유물에 대한 소유 권리가 있다.
3. 어느 누구도 1과 2의 (반복적) 적용에 의하지 않고서는 그 소유물에 대한 소유 권리가 없다.

분배적 정의의 완결된 원리는 오직 다음일 것이다. 한 분배가 정의로울 충분 조건은 그 분배 하에서 모든 사람들이 자신들이 소유하고 있는 것에 대한 소유 권리를 소유함이다.

… (중략) …

　　소유 권리에 의거치 않는 견해들 중 하나에 의해 선호되는 분배 상태가 실현되었다고 가정해 보자. 이것이 그대가 선호하는 상태라 가정하고, 이 상태를 D1이라 하자. 이 상태에서 모든 사람이 균등한 몫을 가질 수도 있고, 분배 몫은 그대가 귀히 여기는 어떤 차원에 따라 변할 수도 있다. 이제 챔벌린(미국의 인기 있는 농구선수)이 입장 수입을 크게 올릴 수 있는 인기 선수여서 여러 농구팀들이 서로 스카웃하려 한다고 가정해 보자. 그는 한 팀과 다음과 같은 계약을 체결한다. 매 홈 게임의 경우 매 입장권 가격에서 25센트가 그의 몫이다.

　　한 시즌에 일백만 명의 관객이 그의 홈 게임을 관전하며 따라서 챔벌린은 미국인 평균 수입보다 훨씬 많을 뿐 아니라 그 어느 누구의 수입보다도 많은 금액인 25만 달러의 수입을 얻게 되었다고 가정하자. 그는 이 수입에 대한 소유 권리가 있는가? 이 새로운 분배 상태 D2는 부정의한가?

　　만약 D1이 정의로운 분배라면 그리고 사람들이 D1에서 그들에게 주어진 몫의 일부를 양도함으로써 D1으로부터 D2로 자발적으로 이행했다면 D2 역시 정의롭지 않을까?

활동지

정의란 무엇인가?

〈자료 1〉

기업가에게 허용된 좀 더 큰 기대치는 그들로 하여금 노동자 계급의 장기적인 전망을 향상시키는 일을 하도록 격려하게 된다. 그들의 좀 더 나은 전망이 유인으로 작용함으로써 경제 과정은 좀 더 효율적으로 되고 기술 혁신은 좀 더 빠른 속도로 진행되는 등 여러 가지 이익이 생겨난다. 마침내 결과적으로 산출되는 물리적인 유익들은 체계 전체로 퍼져 나가서 최소 수혜자들에게까지 도달하게 된다.

— 롤즈, 『정의론』, 이학사 —

〈자료 2〉

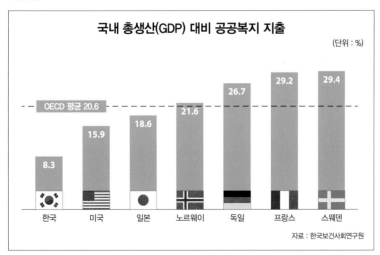

국내 총생산(GDP) 대비 공공복지 지출

(단위 : %)

OECD 평균 20.6

한국	미국	일본	노르웨이	독일	프랑스	스웨덴
8.3	15.9	18.6	21.6	26.7	29.2	29.4

자료 : 한국보건사회연구원

1. 〈자료 1〉은 롤즈의 『정의론』에 제시된 차등의 원칙에 대한 설명이다. 롤즈의 입장에서 사회에서 불평등한 분배가 정당화되는 경우를 일상생활의 예를 들어 설명해 보자.

2. 〈자료 2〉의 그래프는 국내 총생산 대비 우리나라의 공공복지 지출 비용을 세계 여러 나라와 비교한 것이다. 이를 근거로 우리나라의 실업 급여를 증가시키는 정책을 실시하려고 할 때, 롤즈와 노직은 이 정책에 대해 어떤 입장을 취할 것인지 각 학자의 입장에서 서술해 보자.

03

처벌적 정의

나쁜 행동을 한 사람, 어떻게 해야 하죠?

> **할머니가 약하고 만만해 보여서요**
>
> 서울 한 지역에서 노인을 상대로 가방을 빼앗으려고 한 중학생이 붙잡혔다. 경찰에 따르면 해당 학생은 PC방 등에서 쓸 돈을 구하기 위해 약한 노인을 범행 대상으로 삼았고, 은행에서 나오는 할머니의 가방을 빼앗으려다 할머니를 크게 다치게 만들었다고 한다. 더욱이 해당 학생들은 자신의 잘못에 대해 크게 반성하지 않는 모습을 보여 많은 사람들을 놀라게 하고 있다.

진단순　뭐, 저런 나쁜 애가 다 있어? 저런 애들 때문에 요즘 청소년들이 같이 욕을 먹는다구.

단순이 엄마　정말 큰일이구나. 혹시 너희 학교에도 저런 아이들이 있니?

진단순　한 반에 한두 명 정도 있어요. 좀 막나가는 애들 말이죠. 일명 날라리라고 부르는 애들이요.

단순이 엄마　단순아, 그런 애들 만나면 조심해라. 그리고 혹시 괴롭힘을 당하면 엄마나 선생님께 꼭 얘기하고.

진단순　엄마는…… 내가 좀 단순해서 그렇지, 괴롭힘 같은 건 절대 당하지 않는다고요. 저런 애들 나한테 딱 걸리면 두 번 다시 그런 짓 못하게 따끔한 맛을 보여 줄 텐데.

단순이 엄마 그나저나 학교 폭력 문제도 뭔가 대책이 있어야 할 텐데……. 걱정이구나.

진단순

그냥 강하게 처벌하면 되지. 도대체 왜 그렇게 안 하는지 몰라요.

단순이 엄마

처벌을 강하게 하는 것만이 답은 아니지. 특히 청소년들은 변화 가능성이 있잖아.

진단순 엄마는 정말! 그렇게 말씀하시면 안 되죠, 청소년이라도 봐주지 말고 혼쭐을 내줘야죠.

단순이 엄마 너도 엄마가 매 든다고 말 잘 듣는 건 아니잖아. 지난번에는 야단맞고 나서 오히려 한동안 말도 안 하고 삐뚤어진 모습을 보였던 거 생각 안나니?

진단순 그건…….

단순이 엄마 엄마는 무조건 처벌만 하는 건 반대야!

진단순 나도 내가 처벌받는 건 싫긴 해요. 하지만 그렇다고 나쁜 행동을 한 사람들을 그냥 내버려 둘 수는 없는 거고, 도대체 어떻게 해야 하죠? 아……. 복잡하다.

단순이 엄마 내일 선생님한테 여쭤 보면 되겠네. 단순이가 진지하게 질문하면 선생님께서 잘 가르쳐 주실 거야.

진단순 복잡하지 않게 가르쳐 주셔야 하는데…….

단순이 엄마 단순이 파이팅!

정의롭게 처벌해 주세요!

(복도 저편에서 웅성웅성 대는 소리)

학생들 무슨 일이지? 가 보자.

제3차 학교 폭력 대책 자치 위원회 개최 공고

관련자 3학년 3반 김강한
　　　　3학년 5반 이순수

학교 폭력 대책 자치 위원회가 내일 오후 3시에 회의실에서 열립니다.

△△ 학교장

장공부 아, 학교 폭력 대책 자치 위원회가 열리는구나.

진단순 그거 뭐하는 건데?

모의심 폭력 사건이 일어났을 때 잘못한 애들 처벌하는 거 있잖아.

진단순 아……. 그거.

장공부 3반 강한이는 문제가 많다던데, 결국 폭력 사건까지 터지는구나. 도대체 순수를 얼마나 때린 거야?

진단순 어? 뭐야. 그러고 보니 순수 이름도 있네. 순수는 내 절친인데. 강한이, 이 자식 가만히 두면 안 되겠는데.

모의심 야, 괜히 나서지 마. 어차피 학교에서 잘 처벌할 텐데 뭐.

장공부 이번에는 제대로 된 처벌이 있어야 할 텐데……. 매번 너무 약하게 처벌하는 것 같아.

진단순 내 말이 그 말이야. 어제 엄마랑 얘기한 거 생각나네. 엄마는 강하게 처벌하는 것을 반대하셨지만 그래도 처벌은 처벌다워야지.

모의심 얘들아, 선생님 오신다. 수업 늦겠어. 얼른 가자.

사회샘 다들 모여서 무슨 얘기하고 있었니?

장공부 학교 폭력 대책 자치 위원회 공고문 보고 있었어요. 강한이가 처벌받나 보죠?

사회샘 아직 위원회가 열린 게 아니니까 알 수 없지만 처벌을 받을 수도 있지.

진단순 선생님, 강한이는 완전 문제 있는 학생이에요. 그런 애들은 강하게 처벌해야 해요.

모의심 원칙대로 하겠지. 단순아, 흥분하지 마.

진단순 내가 흥분 안 하게 생겼어? 내 친구 순수가 당했는데…….

사회샘

아, 이번 사건에 대해 너희는 잘 모르는구나.
이번에 실제로 폭행을 한 건 순수야.

장공부 강한이가 아니라 순수라고요?

진단순 선생님, 무슨 말씀이세요? 순수가 얼마나 순수한 아이인데, 걔는 마음이 여려서 싫은 소리도 제대로 못하는 아이라고요. 폭행이라니요? 그럴 리가 없어요.

사회샘 음, 선생님이 알기로는 강한이가 순수한테 돈을 뺏으려다가 순수가 돈이 없다고 하니까 마구 욕을 했나 봐. 순수가 처음에는 참았는데 나중에는 화가 나서 강한이를 때렸다는구나.

모의심 그럼, 순수도 처벌받게 되나요?

장공부 순수가 때린 거면 순수도 처벌받겠네.

진단순 아, 그게 뭐예요? 순수랑 강한이가 똑같아요? 강한이야 애들 괴롭히기로 유명한 아이지만, 순수는 매번 괴롭힘을 당했다고요.

사회샘 선생님이 생각해도 순수가 조금 억울한 면은 있는 것 같구나. 하지만 순수도 폭력을 행사한 거니까 잘못한 게 없다고는 할 수 없지.

장공부 이번 사건만 보면 실제로 때린 사람은 순수잖아. 순수가 더 큰 벌을 받을 것 같기도 한데.

진단순

야, 너희들까지 왜 이래? 선생님, 강한이를 강하게 처벌해야죠. 순수를 처벌한다는 건 정말 이 땅에 정의가 없는 거라고요.

사회샘 단순이한테서 '정의'라는 단어가 나오다니 오늘 뭔가 공부 분위기가 되는 것 같은데?

진단순 안 그래도 어떻게 처벌하는 것이 정의로운지 선생님께 여쭤 보려 했어요.

사회샘 안 좋은 일이 발생해서 안타깝긴 하지만 이번 일을 계기로 정의로운 처벌이 무엇인지 같이 한번 생각해 보자.

자의적인 처벌은 안 돼요

진단순 선생님, 은근슬쩍 사회 공부로 넘어가시려는 것 같은데, 아무튼 좋아요. 나쁜 강한이는 엄하게 처벌하고, 착한 순수는 가볍게 처벌하면 되죠. 정의로운 처벌이 별 건가요?

모의심 단순아, 그건 아닌 것 같다. 분명한 근거도 없이 누구는 강하게 처벌하고, 누구는 약하게 처벌하는 게 과연 정의롭다고 할 수 있을까?

사회샘 그래, 의심이가 지적한 부분을 좀 더 깊이 생각해 봐야 할 것 같아. 처벌에 대한 정의를 본격적으로 논의하기에 앞서 기본적으로 생각해야 할 것은 바로 **처벌을 하는 과정이 정의로워야 한다**는 거야.

장공부

선생님, **적법 절차의 원칙을** 말씀하시는 건가요?

사회샘 그래. 법을 적용할 때 일정한 절차를 거치지 않는다면 사람들의 소중한 권리를 보호할 수 없단다. 이건 강한이든 순수든 마찬가지야.

진단순 에이, 그런 과정 다 따지니까 제대로 처벌을 못 하는 거잖아요. 딱 보고 나쁘면 처벌하고 착하면 처벌 안 하고, 그러면 되지. 아……. 그냥 강한이는 내가 내 손으로 처벌할 걸.

모의심 단순아, 그렇게 단순하게 생각할 일이 아니지. 그러다 보면 더 큰 문제가
　　　 생길 수도 있다고.

진단순 더 큰 문제가 생긴다고? 그게 뭔데?

사회샘 음. **마녀사냥** 같은 것이 대표적이지.

진단순 마녀사냥이요? 무슨 동화도 아니고 마녀가 웬 말이에요?

장공부 단순아, 마녀사냥은 실제로 있었던 일이야. 지난번 세계사 시간에 선생님
　　　 이 설명해 주셨잖아. 중세 시대 일부 사람들을 마녀로 몰아서 가혹하게 처
　　　 형했잖아.

진단순 뭐야? 그런 걸 배웠어? 근데 중세에는 마녀가 실제로 있었단 말이야?

사회샘 그럴 리는 없겠지. 단지 종교적인 이유나 정치적인 이유로 다수 대중들을
　　　 동원해서 일부 사람들을 마녀로 몰아갔던 거야. 학자들에 따라 견해의 차
　　　 이는 있지만 당시에 적어도 50만 명이 넘는 사람들이 이런 식으로 희생되
　　　 었다고 해.

모의심 전에 책에서 보니까 사람들에게 마녀라고 찍히면 물에 빠뜨리거나 불에
　　　 태우는 식으로 죽였다고 하더라고요.

진단순 어떻게 그럴 수가…….

서구에서는 중세에서 근세 초기에 이르는 시기에 수십만 명의
사람들이 마녀로 몰려 희생되었습니다.

사회샘 자의적인 처벌이 이루어졌던 것은 마녀사냥뿐만이 아니었지. 우리가 재미 있게 보지만 무협 영화에서 개인이 복수를 한다든지 아니면 사극에서 야 밤에 사람들이 원수 집안을 습격해서 많은 사람들을 죽인다든지. 이런 것 들이 모두 자의적인 처벌이란다.

진단순 하지만 그런 경우는 분명 나쁜 사람들을 처벌하는 거니까 괜찮지 않나요?

사회샘 과연 그럴까? '**린치**(lynch)'라는 말 들어 본 적 있니?

모의심 린치요? 혹시 '린치를 가하다'라고 할 때 그 린치인가요?

진단순 린치를 가하는 게 뭔데?

장공부 지금 막 사전 검색했는데 "법적인 절차 없이 폭력을 가하는 것"이라고 나오네. 법보다 주먹이 앞선다. 뭐, 이런 건가요?

'린치'라는 말의 유래

　　18세기 미국은 한창 서부 지역을 개척하는 중이었다. 당시 서부는 발전된 동부와 달리 여러 가지 사회적 제도나 시설이 부족했는데 특히 제대로 된 사법 기관이 없어 서 각종 흉악 범죄가 많았고 사회가 혼란스러웠다. 이런 가운데 1774년 미국 버지니 아 주의 치안판사로 부임한 찰스 린치는 이런 상황을 개선하고 법질서를 세우고자 강력한 정책을 시행했다. 그것은 용의자라고 간주되는 자에 대해서는 적법한 절차를 생략하고 사형까지 시킬 수 있는 '사형법'을 만든 것이다. 이때부터 적법한 절차를 생 략하고 폭력을 가할 수 있는 행위를 '린치를 가하다'라고 표현하게 되었다.

모의심 아, 린치라는 게 원래 이런 뜻이었구나.

진단순 전 린치가 꼭 나쁘다고 생각되지는 않는데요. 사회가 너무 혼란스러우면 그럴 수도 있는 거잖아요, 뭐!

장공부 나는 다르게 생각해. 아무리 혼란스럽다고 해도 **제대로 된 기준 없이 마구 처벌하는 사회가 더 문제가 있는 것** 아닐까? 나는 그런 무서운 사회에서

살기 싫은데. 단순아, 만약 네가 아무 잘
못 없이 처벌받는다고 해봐.

진단순 뭐, 아무 잘못도 없는데 왜 내가 처벌을
받아?

사회샘 공부가 얘기한 것처럼 제대로 된 절차가
갖춰져 있지 않다면 아무런 잘못 없이 억
울하게 처벌받는 사람이 생길 수 있다는
거야. 실제로 린치 판사의 정책 이후에 백
인들이 흑인들을 자신들의 판단에 따라
집단으로 화형에 처하거나 폭력을 가하
는 행동을 하기도 했단다.

모의심 화형이라고요? 너무 끔찍하다.

사회샘 그래. 화형이 아니더라도 모든 형벌은 받
는 사람들에게는 무척 끔찍할 수 있어. 그
래서 형벌을 내릴 때는 항상 신중할 필요
가 있지.

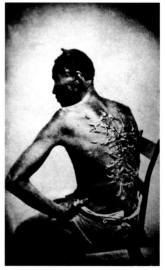

채찍질 때문에 등에 끔찍한 흉터가
남은 노예의 모습입니다. 과거 미국
의 많은 흑인 노예들은 정당한 법적
절차 없이 백인 주인의 자의적인 판
단에 따라 처벌하는 '린치'를 당했습
니다.

진단순 그건 맞아요. 제가 벌을 좀 받아 봐서 아는데, 벌을 안 받아 본 사람은 그
고통을 모른다고요.

장공부 단순아, 그게 핵심이 아니잖아.

처벌은 적법한 절차에 의해 이루어져야 해요

사회샘 그래, 필요하다면 처벌을 할 수 있겠지만 그러한 처벌을 할 때는 반드시
적법한 절차에 따라야 한단다.

진단순 적법한 절차가 도대체 뭔데요?

사회샘 처벌에 있어서는 꼭 지켜야 할 몇 가지 원칙들이 있는데,
죄형 법정주의와 심급 제도, 공개 재판주의, 증거 재판주
의 등이 대표적이지.

130

> **처벌에 있어서 따라야 할 대표적인 적법 절차의 원칙**
>
> • 죄형 법정주의 : 어떤 행위가 범죄에 해당하고, 그 범죄를 저질렀을 때 받는 형벌이
>   무엇인지는 미리 법률로 미리 규정되어 있어야 한다는 원칙
> • 심급 제도 : 공정한 재판을 위하여 급이 다른 법원에서 여러 번 재판을 받을 수 있
>   도록 하는 제도
> • 공개 재판주의 : 공정한 재판을 위해 특별한 사유가 없는 한 재판 과정은 일반인에
>   게 공개되어야 한다는 원칙
> • 증거 재판주의 : 재판에서 사실의 인정은 반드시 증거 능력이 있는 증거를 바탕으
>   로 해야 한다는 원칙

모의심 법에 대해 배울 때 공부했던 기억이 나네요. 요즘에는 이런 절차를 다 지
키겠죠. 하지만 이런 절차만 따른다고 다 정의로운 처벌이 되는 것은 아니
잖아요.

사회샘 그래. 물론 그렇지. 하지만 선생님이 강조하고 싶은 건, 일단은 올바른 절
차를 거쳐서 처벌해야 한다는 거야. 물론 이런 절차를 거친 후에 내려지는
판단과 처벌이라고 하더라도 그것이 모두 정의로운 것인지는 좀 더 생각
해 봐야겠지.

처벌은 무조건 강하게 해야 할까?

진단순 그러니까요. 제 말이 그 말이에요. 일단 절차를 거쳤으면 나쁜 사람은 엄
하게 처벌해야죠.

무조건 엄한 처벌이라고 정의로운 걸까?
예를 들어 한 번 지각을 한 학생은 1년
동안 화장실 청소를 한다는 식으로 처벌
하면 어떨까?

말도 안 돼요.

사회샘 거 봐, 단순아! 무조건 강한 처벌은 안 된다니까.

모의심 선생님이 단순이를 놀리려고 그런 예를 드신 거지, 실제로 그렇게 강하게 처벌하는 예가 있나요?

사회샘 음, 이런 사례는 어떨까?

> 대법원은 22일 정봉주 전 민주당 의원에 대한 징역 1년을 선고한 원심을 확정했다. 정봉주 의원은 2007년 대통령 후보였던 이명박 전 대통령의 주가 조작 사건 의혹을 강하게 제기했는데, 검찰은 정봉주 의원을 허위 사실 유포 혐의로 기소했었다. 이번 판결로 인해 정봉주 의원은 구속 수감될 뿐만 아니라 10년간 피선거권이 박탈되어 정치인으로서의 생명을 유지하기도 어렵게 되었다.

장공부 아, 이 사례는 예전에 한창 말이 많았던 정봉주 사건이군요.

진단순 그 사람이 누군데 생명을 유지하기도 힘들게 됐어?

장공부 단. 순. 아. 생명이 아니고 정치인으로서의 생명이잖아.

사회샘 이 사건은 당시 한 국회의원이 대통령 선거 과정에서 당시 대통령 후보에 대한 여러 가지 의혹에 대해 문제를 제기하면서 벌어진 거란다.

모의심 선생님, 근데 허위 사실을 유포했고, 잘못을 했으면 처벌을 받는 건데 뭐가 문제인가요?

사회샘 음, 사실 이 사건은 조금 복잡하지. 일단 당시 의혹과 관련해서는 여전히 지금도 불분명한 점이 남아 있단다. 그리고 당시 정치인이 그 정도 문제 제기를 할 수 있는지가 사회적으로 많은 논란이 되었지.

진단순 엄마 아빠가 정치인 얘기는 하는 게 아니라고 하셨는데…….

모의심 내용이야 어떻든 간에 아직까지도 의혹이 분명하게 밝혀지지 않은 사건이라면 분명 억울할 수 있겠네요.

사회샘 물론 처벌 과정도 생각해 볼 부분이 많지만 오늘 주제와 관련해서 가장 중요한 것은 당시 이 정치인에게 징역 1년, 피선거권 10년간 박탈이라는 처벌을 내린 것이 적당한가 하는 점이야.

진단순 뭐, 텔레비전을 보면 나쁜 짓을 한 사람들은 징역 10년도 받고 예전에 어떤 사람은 사형도 받지 않았나요? 겨우 징역 1년이면 별 거 아닌 거 같은데…….

모의심

> 선거 과정에서 정치인이 문제를 제기한 것에 징역을 선고하고, 피선거권을 박탈한 것은 강한 처분이지. 10년 동안 피선거권이 없다는 것은 정치인으로서는 정말 치명적인 것 같은데…….

진단순 뭐, 그럴 수 있다 해도, 하여튼 내 얘기는 허위 사실 유포처럼 잘못했으면 강하게 처벌해도 된다는 거야. 그래야 나쁜 짓을 안 하지.

장공부 단순이 너 인터넷에다가 함부로 글 올리면 안 되겠다. 혹시 감옥에 갈지도 모르잖아.

진단순 설마, 선생님 그 정도는 아니죠? 저는 그냥 학교 밥이 맛이 없다고 불평한 거밖에 없어요. 그런 정도로 감옥에 가지는 않겠죠? 이거 갑자기 불안해지네…….

장공부 뭐야? 그거 단순이 네가 한 거였어?

모의심 단순이가 제 발 저렸네.

사회샘 단순이가 그랬다니. 하여튼 그런 일로 단순이를 감옥에 보낸다면 문제가 있겠지. 확실히 지금 얘기를 통해 알 수 있는 건 무조건 강하거나 엄한 처벌을 하는 것은 옳지 않다는 거야.

처벌이 너무 약해도 안 돼요

장공부 하지만 선생님, 처벌이 너무 약해도 문제가 되지 않을까요?

진단순 야, 공부 네가 처벌을 안 받아 봐서 그러는 거지.

모의심 단순이 너 아까 처음에는 강한이를 강하게 처벌해야 한다고 했잖아.

진단순 강한이는 그렇지만……. 내가 처벌을 받는다고 생각하니…….

사회샘 공부가 지적한 것처럼 처벌이 너무 약해도 문제가 될 수 있지. 다음 기사를 한 번 살펴볼까?

최근 한 재벌 총수에 대한 법원의 판결을 앞두고 재벌의 범죄 행위에 대한 처벌 수위가 너무 낮다는 비판이 제기되고 있다. 한 조사에 의하면 우리나라 10대 재벌 총수의 경우 1990년 이후 모두 23년의 징역형을 선고받았지만 실제로는 집행 유예*로 전혀 실형을 살지 않은 것으로 드러났다. 특히 이들은 형이 확정된 지 평균 9개월 만에 사면받았다. 재벌 총수들의 죄가 대체로 횡령 및 배임, 비자금 조성, 부당 내부 거래 등이라는 점에서 이들의 범죄는 많은 사람들에게 큰 피해를 주었음에도 불구하고 그에 대한 처벌 수위가 너무 낮은 것이다.

*집행 유예 : 범죄자에게 일정한 기간 동안 형의 집행을 유예하는 일. 이 기간을 사고 없이 넘기면 형의 선고 효력이 없어진다.

진단순 어려운 말이 많아서 잘 모르겠지만 이거 재벌이라고 많이 봐줬다는 거 아니에요?

장공부 재벌이나 정치인 등이 사기나 횡령을 하면 사회 전체에 큰 피해를 주는데도 일반인보다 처벌을 약하게 받는다는 얘기는 종종 들었어요.

모의심 재벌 총수도 똑같은 우리나라 국민인데 어떻게 이렇게 약하게 처벌할 수가 있어요?

사회샘 그동안 법원에서는 판결을 내릴 때 이들 재벌 총수가 사회에 기여한 점, 경제 상황 등을 고려했다고 말하기는 하는데…….

모의심

유전무죄 무전유죄라는 말이 이해가 되네요. 정말 처벌적 정의를 바로 세워야겠어요.

장공부 선생님, 이런 사례를 보니 덮어 놓고 약하게 처벌하는 것도 큰 문제라는 생각이 드네요.

사회샘 그래, 분명 처벌은 너무 강해도 안 되고, 또 너무 약해도 안 되는 거야. 어느 쪽이든 정의로운 처벌이라고 말할 수 없지.

진단순 아, 늘 이런 식이야. 뭐 확실하게 말씀 안 하시고 강한 것도 안 된다, 약한 것도 안 된다. 처벌을 제대로 하는 게 이렇게 힘들다니…….

모의심 선생님, 그래도 어떤 처벌이 올바른 것인지 생각해 볼 수 있는 거겠죠?

사회샘 그럼, 물론이지. '처벌'은 사람을 대상으로 이루어지기 때문에 신중하게 다뤄져야 해. 그래서 처벌의 목적이나 방법에 대해 많은 논의가 이뤄지고 있단다. 이런 논의가 바로 처벌에 있어서 정의를 세우는 과정이라고 볼 수 있지. 우리가 이런 과정을 공부하면 분명 정의로운 처벌에 좀 더 가까이 갈 수 있을 거야. 그럼 지금부터 **처벌적 정의**에 대해 알아보도록 하자.

진단순 아, 또 공부구나…….

어떤 처벌이 정의로운가는 계속 고민할 필요가 있다

진단순 선생님! 제가 공부하기 싫어서 그런 것은 아니고 그냥 어떻게 처벌하는 것이 옳은지 그 기준만 간단하게 말씀해 주시면 되지 않을까요? 굳이 복잡한 논의에 저를 끌어들이지 않아도 될 것 같은데…….

사회샘 단순아, 그렇게 간단하면 좋겠지만 사실 그렇지가 않단다.

진단순 도대체 왜요? 아, 그 많은 학자들은 도대체 뭐한 거야? 그만큼 공부했으면 어떤 처벌이 정의로운지 정도는 간단하게 얘기해 줘야지.

사회샘 아무리 훌륭한 학자라도 처벌적 정의에 대해 한마디로 말하기는 어렵지. 왜냐하면 **어떤 처벌이 정의로운가에 대한 생각은 시대와 장소에 따라 달라질 수 있으니까.**

모의심
처벌적 정의에 대한 생각이 시대와 장소에 따라 달라진다고요? 그런 걸 정의라고 얘기할 수 있나요?

사회샘 음. 어떤 것이 잘못된 행동이고, 그러한 행동에 따라 어떤 처벌이 내려져야 하는가는 그 사회의 가치 기준에 따라 달라지기 마련이거든. 특히 우리 사회만 보더라도 과거에는 잘못된 것으로 받아들여졌다가 오늘날에는 올바른 것으로 받아들여지는 것들이 많이 있지.

장공부 과거에는 신분 차별과 같은 것들을 당연한 것으로 받아들였고, 남녀 간의 차별도 심했잖아요. 그런 것들이 당시에는 잘못된 일이 아니었지만 오늘날에는 분명 잘못이라고 얘기하니까 선생님 말씀이 맞는 것 같아요.

사회샘 그래, 공부가 예를 잘 들어줬어.

진단순 하지만 그건 다 옛날 얘기고, 오늘날에는 이제 다 잘 정리되었을 거 아니에요?

사회샘 글쎄, 공부가 얘기했던 사례에 비추어 보면 지금 옳다고 생각하는 것들도 앞으로 바뀔 가능성이 있는 거잖아. 그리고 오늘날이라고 해도 **어떤 행위가 잘못이고, 또 그 행위에 대해 어떻게 처벌해야 하는가는 사회마다 달라.**

진단순 지금도 사회마다 처벌적 정의가 다르다고요?

사회샘 그래. 조금 극단적인 사례이기는 하지만 명예 살인 같은 것을 예로 들 수 있겠지.

명예 살인(Honor Killing)

집안의 명예를 더럽혔다고 여겨지는 가족 구성원을 생매장이나 돌팔매질, 처형 등의 방식으로 죽이는 행위를 말한다. 일부 이슬람 문화권에서 받아들여지고 있으며, 집안의 명예를 더럽혔다고 여겨지는 처벌 대상은 주로 여성이다. 2008년 이슬람교를 믿는 이라크의 한 소녀가 영국인 남자 친구와 편지를 주고받았다는 이유로 집안의 남자 형제에게 살해당하는 일이 있었다. 하지만 살인을 한 남자 형제들은 큰 처벌을 받지 않고 벌금을 내는 정도의 약한 처벌을 받았다. 세계인들의 부정적 반응에도 일부 이슬람 문화권에서는 명예 살인이 큰 문제가 되지 않는다는 입장을 취하고 있다.

진단순 아니, 어떻게 저럴 수가 있지? 남자 친구랑 편지 좀 주고받았다고 사람의 목숨을 빼앗다니…….

모의심 그것도 문제지만 그렇게 사람을 죽였는데도 심하게 처벌을 받지 않는 것은 정말 충격이네요.

장공부 저런 것을 보니 정말 우리나라에서 태어난 게 정말 다행이라는 생각이 드는
데요.

사회샘 선생님도 명예 살인은 분명 잘못이라고 생각하지만 어쨌든 사회마다 처벌적 정의의 내용이 달라질 수 있다는 것은 우리가 염두에 두어야 할 것 같구나.

진단순 에이, 뭐. 처벌적 정의가 딱 정해진 것도 아니고, 사회마다 다르다면 어떤
것이 잘못인지 정하기 어렵다는 거잖아요?

모의심 게다가 무엇이 잘못인지 정한다고 해도 또 그 잘못에 대해 어떤 처벌을 해
야 하는가를 구체적으로 정하는 건 더 어려울 것 같은데요.

사회샘 그래, 어렵긴 하지. 하지만 복잡하고 어렵다고 해서 공부를 할 수 없는 건
아니야. 어느 사회나 처벌은 있으니까 이런저런 처벌과 그 근거에 대해 생
각해 보는 것은 충분히 가능하지.

장공부 그럼, 선생님. 처벌적 정의를 이해하기 위해서는 무엇에 대해서 공부해야
하나요?

사회샘 먼저 처벌의 목적에 대해 살펴보는 게 어떨까?

진단순 처벌의 목적이요?

사회샘 처벌의 목적이 무엇인가에 대해 우리가 답할 수 있다면, 적어도 그 목적을
달성할 수 있는가에 따라서 어떤 처벌이 적절한지도 답할 수 있을 테니까
말이야.

장공부 그럼 처벌의 목적을 알아야겠네요. 선생님, 빨리 가르쳐 주세요.

응보주의 : 처벌의 목적은 응보에 있다

사회샘 일단 너희들이 생각하기에 처벌을 하는 가장 기본적인 이유는 뭐라고 생
각되니?

진단순 그야, 뭐 잘못했으니까 처벌하는 거죠. 잘했으면 처벌할 리가 없잖아요.

 저도 단순이와 마찬가지로 처벌을 하는 가장 기본적인 이유는 사람들이 잘못했기 때문인 것 같아요.

 그래. 너희들이 말하는 게 바로 처벌의 목적을 응보로 보는 **응보주의**란다.

장공부 응보주의라는 표현이 상당히 어렵게 느껴지는데요.

사회샘 그래서 우리에게 응보주의를 설명해 주실 분을 불렀으니 얘기를 한번 들어 보자꾸나. 자, 나오세요. (소환기를 작동한다.)

칸　트 안녕하세요? 칸트라고 합니다.

진단순 어? 또 나오셨다. 인간 존중에 관해 얘기할 때 엄청 답답하게 말씀하시던 분, 맞죠?

칸　트 제가 그렇게 답답하게 느껴졌나요? 제가 좀 엄밀한 것을 좋아하기는 하죠. 그게 답답하게 느껴졌나 보네요.

모의심 그런데 칸트 님은 인간 존중을 강조하셨으니까 굳이 처벌에 대해서는 얘기를 안 하셨을 것 같은데 이상하네요. 어떻게 이 자리에 오신 거죠?

칸　트 인간을 존중한다고 해서 처벌을 안 하는 것은 아니죠. 오히려 저는 더 강하게 처벌해야 한다는 입장인데…….

장공부 강하게 처벌한다고요? 칸트 님. 좀 더 자세히 설명해 주세요.

칸　트 네, 그럽시다. 처벌에 대한 제 입장은 응보주의랍니다. 응보주의란 응당 처벌받을 만하다고 할 경우에만 처벌이 시행되어야 한다는 입장을 말합니다.

진단순 응당 처벌받을 만한 경우요?

칸　트 그렇습니다. 예를 들어 어떤 사람이 수많은 사람을 이유 없이 죽이는 정말 극악무도한 범죄를 저질렀다고 생각해 보세요. 우리의 이성은 이런 범죄자를 그냥 내버려 둘 수 없다고 말할 것입니다. 만약 이런 범죄를 묵과하고 지나친다면 그 자체로 우리 사회의 도덕이 땅에 떨어지는 것이지요.

모의심 그래도 왠지 칸트 님이라면 그런 범죄자도 존중해야 한다고 말씀하실 것 같은데…….

칸 트 물론 존중해야지요. 하지만 제가 인간을 존중해야 한다고 말할 때 그 의미를 여러분들이 정확하게 기억하고 있는지 모르겠네요.

장공부 칸트 님이 인간을 존중해야 한다고 하신 건 인간이 이성적인 존재로서 자율성을 갖고 있기 때문이잖아요. 제가 정확히 기억합니다.

진단순 아, 자율성. 뭐, 그런 얘기했었던 것 같네요. 저도 기억나요. 근데요?

칸 트 자율성이라는 것이 뭡니까? 자기가 스스로 법칙을 세워서 거기에 따라 행동할 수 있다는 거 아닙니까!

스스로 행동할 수 있는 자유가 있다면 그 자유에는 당연히 책임도 뒤따르기 마련이지요.

모의심 그러면 사람들의 행위는 모두 그 행위자의 **자율적인 선택에 의한 것이기 때문에 그 행위자가 책임을 져야 한다**는 건가요?

칸 트 네, 그렇습니다.

모의심 하지만 꼭 그 사람 책임으로 돌리기 어려운 것도 있지 않을까요? 예를 들면 잘 몰라서 잘못을 저지를 수도 있는 거잖아요.

칸 트 그런 식으로 생각하는 게 그 사람을 존중하지 않는 겁니다. 결국 그 사람이 올바르게 행동할 능력이 없다고 말하는 것일 뿐이지요.

장공부

결국 칸트 님 말씀은 우리는 인간의 자유의지와 그리고 합리적으로 생각할 수 있는 능력을 존중해야 하고 그렇기 때문에 잘못에 대해서 처벌해야 한다는 거네요.

칸 트 네, 맞습니다. 잘못을 저질렀으면 처벌을 받아야지요. 우리는 응당 그래야 한다고 생각합니다. 그게 바로 응보주의지요.

진단순

잘못했으니까 처벌받는다. 단순해서 좋네요.
응보주의는 완전 내 스타일인데!

사회샘 단순이가 좋아할 만도 하지. 칸트 님이 주장하는 응보주의는 매우 역사가
깊은 이론이란다. 특히 고대법이나 종교 경전에 이런 응보주의가 잘 나타
나고 있지.

바빌로니아의 함무라비 법전

제196조 만일 사람이 평민의 눈을 상하게 했을 때는 그 사
람의 눈도 상해져야 한다.
제200조 만일 사람이 평민의 이를 상하게 했을 때는 그 사
람의 이도 상해져야 한다.

고조선의 8조법

사람을 죽인 자는 사형에 처한다.
남에게 상처를 입힌 자는 곡식으로 갚는다.
도둑질을 한 자는 데려다 종으로 삼는다.

성경 출애굽기

눈에는 눈, 이에는 이, 손에는 손, 발에는 발, 방화에는
방화, 상처에는 상처, 약탈에는 약탈

코란

자유에는 자유, 노예에는 노예, 여자에는 여자

프랑스 탐험대가 고대 도시
수사에서 발견한 함무라비
법전이 새겨진 돌기둥으로
프랑스 파리의 루브르 박물
관에 소장되어 있습니다.

모의심 '눈에는 눈, 이에는 이'가 바로 여기에서 나오는 거구나.

장공부 단순하긴 하지만 좀 가혹하게 느껴지기도 하는데요.

칸 트 꼭 그렇지는 않습니다. 사실 이런 식의 법이 생기기 이전까지만 하더라도 원한이 있는 사람들은 그 상대방에 대해 무제한적으로 복수를 했었죠.

 오히려 응보주의는 그런 무제한적인 복수가 반복되는 것을 막고, 잘못한 만큼의 처벌만 받을 수 있도록 형량을 낮추는 역할도 했던 겁니다.

진단순 잘못한 만큼만 처벌받는다. 뭐, 이런 거네요. 칸트 님 말씀이 오늘 정말 와 닿는데요.

사회샘 분명 오늘날 범죄자가 처벌받아야 한다는 사람들의 생각에는 응보주의의 생각이 남아 있어. 그 점을 기억하면서 일단 다른 입장들도 알아보자꾸나. 칸트 님은 있다가 논쟁할 때 또 나와 주세요.

칸 트 네, 제 입장을 분명하게 알려 드리기 위해서라면 몇 번이라도 나와야죠. 그럼, 있다 봅시다. (칸트 사라진다.)

공리주의 : 처벌은 사회적 이익을 달성하기 위해서다

장공부 선생님, 처벌의 목적을 응보주의와 다르게 보는 입장에는 어떤 것이 있나요?

사회샘 응보주의는 범죄자에 대해 처벌하는 것 그 자체가 옳다고 이야기하는 데 반해서 **처벌을 하나의 도구나 수단으로 보는 입장**이 있단다.

진단순 처벌이 도구나 수단이라고요?

모의심 도구나 수단이면 목적이 있을 텐데……. 처벌의 목적이 뭐죠?

사회샘 자, 일단 질문은 지금 모실 분에게 하도록 하자. (소환기를 작동하자 벤담이 등장한다.)

제러미 벤담(Jeremy Bentham)

벤 담 안녕하세요? 벤담이라고 합니다.

장공부 어? 벤담? **최대 다수의 최대 행복**을 말씀하신 분 맞죠?

벤　담　네, 잘 알고 있네요.

내가 바로 **공리주의**를 대표하는 벤담입니다.

진단순　공리주의? 최대 다수의 최대 행복? 그게 뭐죠?

사회샘　선생님이 간단하게만 소개하면, 공리주의는 많은 사람이 행복한 것이 옳은 것이라고 보는 사상이야. 그걸 흔히 최대 다수의 최대 행복이라고 표현하지.

진단순　많은 사람이 행복한 게 옳다고요? 그거 단순하네. 근데 이렇게 단순한 것도 사상이 되나 보죠?

벤　담　물론이죠. 진리라는 것은 어쩌면 그렇게 복잡한 게 아닐 지도 모릅니다. 저는 '최대 다수의 최대 행복'이라는 이 단순한 원칙으로 많은 사람들을 매료시켰으니까요.

그런데 벤담 님. 공리주의에서는 처벌의 목적을 뭐라고 생각하나요?

혹시 '최대 다수의 최대 행복'이 처벌의 목적인가요?

벤　담　네, 맞습니다. 앞에서 칸트 님은 처벌 그 자체가 의미 있는 것처럼 말씀하셨지만 저는 그런 것은 믿지 않고요. **처벌 또한 사회적 이익이 커지는 데 기여해야 한다**는 게 제 생각입니다.

진단순　사회적 이익이요? 벤담 님, 단순한 거 좋아하시죠? 좀 쉽게 설명해 주세요.

벤　담　예. 그럼, 정말 단순하게 생각해서 일단 이것부터 생각해 보죠. 범죄가 왜 나쁩니까?

장공부 그거야 범죄는 다른 사람에게 피해를 주니까…….

벤 담 맞습니다. 범죄는 다른 사람에게 피해를 주죠. 게다가 그런 범죄자들이 마구 돌아다니게 되면 사람들은 불안해할 것이고 결국 사람들이 불행해집니다. 그래서 범죄가 나쁜 겁니다.

모의심 뭐, 그렇다고 할 수 있죠. 그런데요?

벤 담 그렇다면 우리가 범죄자를 처벌하는 이유는 무엇이겠습니까? 이렇게 많은 사람들에게 피해를 줄 수 있는 범죄를 줄이기 위해서라고 할 수 있지요.

 즉, 범죄를 예방하는 것. 이것이야말로 가장 중요한 처벌의 목적입니다.

진단순 **처벌의 목적은 범죄를 예방하는 것**이다. 오호! 그럴듯한데요. 오늘 설명해 주시는 분들은 단순해서 좋네요.

장공부 처벌의 목적이 범죄 예방이라는 취지는 충분히 공감이 되는데요. 구체적으로 처벌이 어떻게 범죄를 예방할 수 있는지 좀 더 자세하게 설명해 주세요.

벤 담 네, 처벌을 통해 범죄를 예방하는 것은 두 가지 차원에서 설명할 수 있습니다. 하나는 범죄자에 대한 예방이고, 다른 하나는 일반인에 대한 예방이지요.

장공부 하나씩 말씀해 주세요.

벤 담 범죄자를 처벌해서 감옥에 가두고 사회에서 격리시키면 그는 더 이상 범죄를 저지를 수 없지요. 게다가 강한 처벌을 받은 범죄자는 아무래도 다시는 범죄를 저지르지 않아야겠다고 생각하겠죠. 이것이야말로 가장 직접적으로 범죄를 예방하고 사회적 선을 증진시키는 방법입니다.

모의심 **범죄자를 가두고 처벌하는 것이 범죄를 예방하는 가장 직접적인 조치**라는 점은 동의하지만 좀 가혹한 것 같아요.

진단순 범죄자들인데, 뭐 어때.

모의심 그럼, 일반인이 범죄를 저지르는 것을 예방한다는 건 어떤 의미죠?

벤 담 이건 사실 더 쉬운 건데요. 많은 사람들이 범죄를 저지르지 않고 되도록이
면 사회규범을 지키며 살아가려고 노력하는 이유가 뭐라고 생각하세요?

진단순 그거야 규칙을 지키지 않으면 부모님이랑 선생님한테 야단을 맞으니
까…….

벤 담 맞습니다. 사람들은 처벌받고 고통받는 것을 싫어하지요. 그렇다면 잘못
된 행위에 대해 엄격하게 처벌할수록 더 많은 사람들이 처벌을 두려워할
것이고, 그런 두려움만큼 범죄도 덜 저지르게 된단 말입니다. 자연스럽게
범죄가 예방되지 않겠어요?

장공부 벤담 님의 그 유명한 **팬옵티콘**(panopticon)도 그런 생각으로 만드신 건가요?

팬옵티콘(panopticon)

팬옵티콘은 벤담이 고안한 원
형 감옥으로 중앙의 감시탑에서
한 명의 간수가 모든 죄수들을
감시할 수 있도록 만들어졌다.
이 원형 감옥에서 죄수들은 간
수를 볼 수 없고, 간수만 죄수들
을 볼 수 있도록 고안하여 말 그
대로 최소 비용으로 최대의 감
시 효과를 가져 온다. 특징적인
것은 팬옵티콘의 감시탑은 일요

팬옵티콘 방식으로 지은 감옥의 모습입니다.

일이 되면 대중들이 방문하는 예배당으로 기능한다는 사실이다. 예배당에 와서 죄수
들을 지켜본 대중들은 큰 공포심을 갖게 되고 이는 범죄 예방으로 이어진다는 점에
서 팬옵티콘은 상당히 중첩적인 의미를 지니고 있다.

벤 담 아, 내가 말한 팬옵티콘도 알고 있나보네요.

진단순 팬옵……. 뭐? 장공부, 또 잘난 척이야.

감옥 하나도 이렇게 세심하게 설계하시다니! 팬옵티콘을 통해 더 많은 사회적 선을 산출하려고 하신 거네요.

그래? 여전히 뭔가 공포를 조장하는 느낌이어서 난 별로 맘에 들진 않는데…….

벤 담 모의심 학생은 계속 내 입장이 맘에 안 드는 모양인데, 쉽게 생각해서 처벌 역시 사회 제도 중 하나지요. 모든 제도는 사회적 선을 증진시키기 위해 존재합니다. 마찬가지로 **처벌 제도 역시 사회적 선을 증진시키기 위해 필요하다**는 게 바로 제 주장의 핵심입니다.

사회샘 벤담 님 말씀처럼 공리주의적 입장은 실제 형벌 제도에 많이 적용되고 있고, 여전히 많은 사람들이 형벌 제도를 옹호하는 강력한 근거로 작용하고 있단다. 벤담 님, 설명 감사합니다.

벤 담 예. 저도 다음에 다시 나와서 제 입장을 강력하게 변호해 보죠. 조금 있다가 봅시다. (벤담 사라진다.)

학생들 예.

교화주의 : 처벌은 범죄자들을 바로 잡아 주는 역할을 해야 한다

모의심 범죄를 예방해서 사회적 선을 증진시킨다는 벤담 님의 의도는 이해하지만 좀 불만이에요.

처벌을 하는 건 범죄자를 바로잡아 준다거나, 그런 취지여야 하지 않나요? 저는 지금까지 처벌에 대한 설명들이 뭔가 부족한 느낌이에요.

진단순 뭐가 부족해. 잘못을 저질렀으면 교도소에 갇혀 있는 게 당연하지.

사회샘 그럴까? 선생님은 의심이 지적도 상당히 타당해 보이는데? 사실 감옥이라는 말을 쓰지 않고 교도소라는 명칭을 쓰는 것만 해도 그렇잖아.

진단순 감옥이나 교도소나 뭐가 달라요?

장공부 요즘은 감옥이라는 말은 쓰지 않지. 감옥은 단순히 가둬 두는 곳을 말하고, 교도소는 사회에 복귀할 수 있도록 돕는 곳이라는 뜻이잖아.

사회샘 맞아, 공부가 잘 말해줬어. 의심이가 말한 것처럼 처벌이 범죄자를 바로잡아 주는 역할을 해야 한다는 입장도 있단다. **교화주의**나 **교육형주의**라고 하는데 안 그래도 막 설명하려던 참이었어. 자, 이제 오셨을 텐데? (리프만이 조용히 등장한다.)

리프만 안녕하세요? 리프만이라고 합니다.

모의심 리프만? 이름이 독일 분 같은데요?

리프만 네, 맞습니다.

장공부 독일이면 법률이 발달한 곳으로 유명하잖아요. 우리나라 법에도 많이 영향을 주었다고 들은 것 같은데.

리프만 네, 저도 그렇게 알고 있습니다마는……

사회샘 리프만 님이 주장하시는 교화주의를 학생들에게 설명해 주세요.

리프만 저는 형벌을 통해 범죄자에게 고통을 주는 것을 당연시하는 현실이 너무 안타까웠습니다.

> 알다시피 형벌이라는 것이 당하는 사람 입장에서는 얼마나 끔찍한 행위입니까? 그런데 이런 행위를 아무런 거리낌 없이 한다는 것이 저는 너무 비인간적이라고 생각합니다.

진단순 아니, 이상한 분이시네. 형벌은 말 그대로 벌이잖아요. 벌이 끔찍하고 받기 싫은 게 당연하지. 벌이 좋은 거면 그게 벌이겠어요? 참……

리프만 그런 생각도 근본적으로 다시 생각해 볼 필요가 있습니다.

모의심 어떻게요?

리프만 범죄자들이 저지르는 범죄가 다른 사람들에게 고통을 주기 때문에 나쁘다고 한다면, 사실 형벌 또한 범죄자들에게 고통을 주는 것이지 않습니까? 우리는 **다른 사람들의 고통을 줄이는 것만큼 범죄자들의 고통도 줄이기**

위해 노력해야 합니다. 무조건 벌이니까 고통을 주고 강해야 한다는 것은 다시 생각해 봐야 합니다.

장공부 리프만 님의 견해는 상당히 인도주의적인 것 같다는 생각이 드네요.

모의심 그래도 처벌이 필요하긴 할 텐데……. 리프만 님은 도대체 범죄자들을 어떻게 대우하는 것이 옳다고 생각하시죠?

리프만 제가 생각하는 형벌은 범죄자를 교화하고 개선해서 범죄를 저지르지 않는 선량한 시민으로 만들어야 한다는 것입니다. 그래서 범죄자가 사회에 정상적으로 복귀하도록 돕는 역할을 해야 한다는 거죠.

장공부 아, 그래서 교육형이라는 말이 나오게 된 것이군요?

리프만 네, 그렇습니다.

모의심 저도 교육을 강조하는 것에 찬성은 하지만 정말 나쁜 짓을 한 범죄자들도 많은데, 범죄자들이 잘못에 대한 대가를 치러야 한다고 주장하는 사람들이 많잖아요. 리프만 님은 어떻게 생각하시나요?

리프만 잘못에 대한 대가라고요? 그 잘못이 모두 범죄자 개인의 책임은 아니지 않습니까?

진단순 아니, 그럼 또 누구에게 잘못이 있나요? 범죄를 저지른 그 사람에게 책임을 물어야죠.

리프만 음, 꼭 그렇게 생각할 수는 없습니다. 진단순 학생은 태어날 때부터 범죄자인 사람이 있다고 생각하나요?

진단순 뭐, 태어날 때부터 범죄자가 될 사람이야 없겠지요. 그런데요?

리프만 그렇습니다. 원래부터 범죄자는 없어요. 그 말은 **범죄자가 범죄를 저지르게 된 데는 그 개인의 책임뿐만 아니라 사회의 책임도 있다**는 거지요.

모의심 범죄에 대해 사회도 책임을 져야 한다?

리프만 네, 그렇습니다. 여러 조사에 따르면 소득이나 교육 수준이 낮은 지역에서
　　　 범죄가 더 많이 일어난다고 합니다. 이것이 무엇을 의미할까요? 바로 열악
　　　 한 환경에서 자라난 사람들이 범죄자가 될 가능성이 더 높다는 겁니다. 그
　　　 렇다면 이 범죄를 꼭 개인의 책임으로 돌릴 수 있을까요?

장공부 범죄자가 범죄를 저지르게 된 데는 사회의 책임도 있다는 점에서 무조건
　　　 개인에게 엄한 처벌만을 할 게 아니라 그들을 교화시키는 게 중요하다는
　　　 거네요.

사회샘 실제 리프만 님이 말씀하시는 것처럼 **현대 형벌 이론은 범죄자에 대한 교
　　　 정이나 교화를 강조**하고 있어. 특히 나이가 어린 범죄자들의 경우에는 직
　　　 접적인 처벌보다는 교육이 중요하다는 데 많은 사람들이 동의하고 있지.
　　　 그리고 이런 교화를 중심으로 하는 교도 행정이 효과가 있다는 사례들도
　　　 있고 말이야.

> 　　노르웨이 바스토이 섬의 교도소에 수감된 죄수들은 다른 교도소의 죄수들과 달리
> 매우 자유롭고 안락한 생활을 누리는 것으로 유명하다. 죄수들의 숙소에는 유선 텔레
> 비전, 사우나 시설, 영화관, 테니스 코트가 마련되어 있고, 공중전화도 곳곳에 설치되
> 어 있다. 물론 죄수들은 이곳에서 안락한 생활을 누리는 대신 사회 구성원으로서 자
> 신의 책임을 다해야 하는 훈련을 받고 있다.
> 　　중요한 것은 이 교도소의 출소자들의 재범률이 매우 낮다는 것이다. 유럽 전체에
> 서 출소자들의 재범률이 70~75%에 달하는 데 비해 이곳 출신 재소자들의 범죄율은
> 그 5분의 1 수준인 16%에 불과하다. 노르웨이가 세계에서 복지 체계가 가장 잘 갖춰
> 져 있고 국민들 가운데 재소자 비율이 가장 낮은 국가라는 점을 감안해도 이는 매우
> 낮은 수준이다. 노르웨이에는 사형 선고가 없을 뿐 아니라 법정 최고형이라 해도 징
> 역 21년형에 불과하다.

모의심 전에도 노르웨이 교도소가 매우 시설이 좋다고 배웠던 것 같은데, 인간적
　　　 인 대우를 하면서도 이렇게 효과까지 있다니 대단하네요.

진단순 정말 신기하네.

리프만 처벌을 단순하게 고통을 가하는 것으로 생각하지 않고 범죄자들의 자존감을 높여 주고 사회에 잘 복귀할 수 있도록 도움을 주었기 때문에 이런 결과가 있지 않았나 생각합니다.

장공부 이런 증거가 많다면 정말 교화를 통한 접근이 실제로 범죄 예방에 효과가 있다고 말할 수 있겠네요.

리프만 네, 그렇습니다. 앞으로 이런 사례들이 늘어날 거라고 생각합니다. 그런 점에서 여러분들도 범죄자라고 너무 처벌만 생각하지 마시고 늘 그들의 인권과 교화까지 생각해 주시길 부탁드립니다.

사회샘 이 정도면 교화주의에 대한 설명도 충분하겠네요. 리프만 님도 조금 있다가 다시 나와 주실 거죠?

리프만 예. 제 작은 힘이라도 보태야지요. 나중에 다시 봅시다. (리프만 사라진다.)

학생들 예!

보상 이론 : 피해자를 생각하는 처벌이 중요하다

진단순 선생님, 이제 끝이죠? 정말 더 이상 계속 배우는 건 제게 형벌이나 다름없다고요.

사회샘 그래? 단순이의 아픔도 공감을 해줘야 하는데, 어쩌지? 처벌적 정의와 관련해서 아직 더 배워야 할 입장이 남아 있는데 말이지.

모의심 응보주의, 공리주의, 교화주의……. 이 정도면 정말 처벌과 관련해서는 충분히 공부한 것 같은데 아직도 이야기하지 못한 부분이 있나요?

사회샘 음……, 지금까지의 논의는 처벌적 정의에서 범죄를 저지른 사람에 대해 어떤 조치를 부과할 것이냐 하는 것에 초점을 맞추었지.

진단순 처벌은 당연히 범죄를 저지른 사람에게 초점을 맞춰야죠. 그럼 범죄를 당한 사람에게 초점을 맞추는 처벌 이론도 있다는 건가요?

사회샘 맞아, 단순아. 바로 그건데…….

진단순 예? 정말이요?

장공부 선생님, 혹시 **피해자 중심의 처벌 이론**에 관해 말씀하시는 건가요?

사회샘

> 그래, 맞아. 흔히 피해자 중심의 처벌 이론 또는 **보상 이론**이라고 말하지.

모의심 처벌을 피해자 중심으로 한다? 선생님, 자세히 좀 설명해 주세요.

사회샘 그래, 일단 다음 기사를 한번 볼래?

'왕따로 인한 자살' 학교 폭력 가해자 솜방망이 처벌

임○○(56)는 2005년 *월 **일 아들 △△군을 잃은 직후 학교와 경찰로부터 "학생들 사이에 괴롭힘은 없었고, 성적 비관이 이유"라는 말을 들어야 했다.

그러나 임 씨는 이후 1년 반 동안 아들의 친구와 가해자 등 30명을 직접 만나며 100장이 넘는 진술서를 받아냈다. 진술서에는 '가해 학생들이 △△이에게 욕을 하고 침을 뱉고 때렸다'는 내용이 고스란히 담겨 있었다.

어머니 임○○ 씨의 노력으로 2007년 경찰 재수사가 이뤄지면서 가해 학생들을 기소할 수 있었다. 하지만 가해학생들은 보호관찰, 사회봉사 판결로 바로 풀려났다.

– △△신문 –

진단순 이런 말도 안 돼! 왕따 때문에 괴로워서 자살했는데, 가해자는 사회봉사로 풀려나다니! 저런 나쁜 아이들은 왕따 당한 아이의 고통을 똑같이 느껴 봐야 해요.

장공부 정말 너무하네요. 가해자들이 나이가 어리다는 이유로 너무 약하게 처벌한 것 같아요. 하지만 이런 경우는 강하게 처벌해야 해요. 그래야 친구를 괴롭히는 행동을 하지 않죠.

모의심 저도 좀 화가 나네요. 물론 무조건 강하게 처벌하는 건 그렇지만, 근본적으로 저 학생들이 다시는 저런 행동을 하지 않도록 확실한 조치를 취해야 할 것 같아요.

사회샘 그래, 너희들이 응보주의, 공리주의, 교화주의를 공부하면서 확실히 처벌의 목적을 명확하게 이해한 것 같구나. 하지만 너희들이 빠뜨리고 있는 게 있단다.

진단순 그게 뭐죠?

장공부 좀 전에 피해자 중심이라고 말씀하셨는데, 피해자 얘기인가요?

사회샘 그래, 맞아. 지금 신문 기사에서도 그렇고, 또 너희들의 얘기에서도 그렇고, '이 학교 폭력의 가해자가 어떤 대우를 받아야 한다.', 또 '이들에 대해 어떤 처벌을 내려야 한다.' 이런 식의 얘기는 많지만 정작 이 학교 폭력을 당한 피해자에 대한 이야기는 전혀 나타나고 있지 않잖아.

모의심 그야, 처벌이 일단 가해자에 관심을 두는 거니까 그런 거 아니에요?

사회샘 음. 피해자 중심의 보상 이론은 바로 그 점을 바로잡고자 하는 거야.

장공부 선생님, 구체적으로 말씀해 주세요.

사회샘 기존에 처벌들은 보통 가해자의 관점에서 '누가 어떤 행동을 했는지'에만 초점을 맞추었지. 이것이야말로 가해자 중심의 처벌 이론이라고 할 수 있단다.

하지만 우리가 더 관심을 가져야 할 것은 이러한 **범죄로부터 피해를 입은 사람들이 지금 어떤 상태에 처해 있는가** 하는 점이야. 이게 바로 피해자 중심 처벌 이론의 출발점이지.

진단순

피해자에 초점을 맞추면 어떤 것이 달라지나요?

사회샘 일단 가해자에게 어떤 처벌을 내리느냐보다 더 중요하게 생각해야 할 것이 **범죄로부터 고통을 겪은 피해자들을 어떻게 원래 상태로 되돌릴 수 있을까** 하는 점이야. 가해자에게 아무리 강한 처벌을 하더라도 결과적으로 피해자의 상태가 회복되는 것은 아니니까 말이야.

모의심 하긴, 사실 피해자 입장에서 생각해 보면 정작 이들은 범죄로 인해 권리를 침해당하고, 재산을 잃고, 소중한 무엇을 빼앗기고, 경우에 따라서는 목숨을 잃기도 한 거잖아요. 그런데 이들이 처벌 제도를 통해서 얻을 수 있는 것이라고는 단지 가해자들을 감옥에 보내는 것뿐이니…….

사회샘 그래, 그런 점에서 보상 이론은 처벌을 할 때 피해자의 상황에 더 세심한 관심을 기울여야 한다고 말하는 거란다.

모의심 그런데 피해자에게 더 관심을 기울이는 것이 구체적으로 어떻게 하자는 건가요? 취지는 좋지만 제가 보기에는 어떻게 해결하자는 건지는 좀 불분 명한 것 같은데요.

사회샘 예를 들면 미국 혁명기 이전에 범죄인들은 피해자에게 피해액의 세 배를 보상해야 했어. 그리고 만약 그렇게 하지 못하면 그 피해액을 벌 수 있을 만큼 노예로 지내야 했지.

진단순 우리나라에서 그렇게 노예로 지낸다는 이야기는 들어 보지 못한 것 같은 데요.

사회샘 물론 현대 사회에서 노예제는 말이 안 되지.

대신 오늘날에는 **보상 이론에 따라서 범죄 피해자가 범죄자로부터 절차에 따 라 보상을 받게 되어 있어.**

특히 이 돈을 청산할 때까지는 범죄자가 일한 대가인 임금의 상당 부분을 보상 금액으로 먼저 내도록 하고 있지.

모의심 하지만 범죄자가 그렇게 돈을 갚을 능력이 없는 경우도 있을 수 있잖아요. 만약 범죄자가 돈을 못 갚을 게 뻔해 보이는 상황이라면 피해자는 전혀 보 상받을 수 없을 것 같은데요.

사회샘 물론 그럴 수 있지. 그래서 우리나라에서는 **범죄피해자보호법**을 통해서 범죄 피해를 보상받기 어려운 사람들과 그 가족에 대해 국가가 나서서 일 정 금액을 보상할 수 있도록 하고 있단다.

범죄피해자보호법

제1조 이 법은 범죄 피해자 보호 · 지원의 기본 정책 등을 정하고 타인의 범죄 행위로 인하여 생명 · 신체에 피해를 받은 사람을 구조함으로써 범죄 피해자의 복지 증진에 기여함을 목적으로 한다.

제7조 ① 국가 및 지방 자치 단체는 범죄 피해자의 피해 정도 및 보호 · 지원의 필요성 등에 따라 상담, 의료제공(치료비 지원을 포함한다), 구조금 지급, 법률구조, 취업 관련 지원, 주거 지원, 그 밖에 범죄피해자의 보호에 필요한 대책을 마련하여야 한다. 〈개정 2014. 12. 30.〉

제16조 국가는 구조 대상 범죄 피해를 받은 사람이 다음 각 호의 어느 하나에 해당하면 구조피해자 또는 그 유족에게 범죄 피해 구조금을 지급한다.

　　1. 구조피해자가 피해의 전부 또는 일부를 배상받지 못하는 경우
　　2. 자기 또는 타인의 형사 사건의 수사 또는 재판에서 고소 · 고발 등 수사단서를 제공하거나 진술, 증언 또는 자료 제출을 하다가 구조피해자가 된 경우

장공부 범죄 피해자나 가족들이 이러한 경제적인 보상에 의해 어느 정도 아픔을 치유할 수 있다는 점에서 상당히 긍정적인 것 같네요. 이마저도 없다면 범죄 피해자들은 너무 억울하겠죠.

모의심 하지만 선생님, 보상 이론의 취지는 충분히 이해하지만 모든 것을 다 돈으로 처리한다는 느낌이 드는 건, 저뿐인가요?

피해자의 입장에 관심을 가진다는 것이 돈으로만 되는 것은 아니잖아요.

사회샘 그래, 의심이가 좋은 것을 지적했구나. 분명 피해자 중심의 처벌이라는 것이 단순히 '돈만 주면 된다.' 라는 식으로 이해되는 것은 문제가 있지.

진단순 에이, 뭐니 뭐니 해도 돈이지. 돈 말고 다른 방식으로 위로하는 게 쉽지는 않을 것 같은데?

사회샘 물론, 단순이의 의견도 상당히 현실적이야. 하지만 돈 말고도 고려하는 것

들이 더 있단다.

범죄자를 처벌하는 과정에서 피해자의 의견을 듣는다거나 직접적인 처벌 이후에 범죄자에 의한 2차 피해가 일어나지 않도록 예방하는 등 여러 가지 조치들이 고려되고 있어.

장공부 어쨌든 중요한 것은 가해자뿐만이 아니라 피해자에게도 더욱 관심을 가져야 한다는 거네요.

사회샘 그래, 그 정도로 정리하면 보상 이론의 취지는 충분히 설명된 것 같구나.

처벌은 얼마나 강해야 하는가?

장공부 선생님, 처벌적 정의와 관련된 전반적인 내용을 이해한 것은 좋지만 오히려 어떤 처벌이 바람직한지에 관해 말하기가 더 어려워진 것 같아요.

사회샘 그래. 보상 이론은 피해자에게 초점을 맞추는 거니까 별도로 생각한다 하더라도 응보 이론, 공리주의, 교화주의는 확실히 주장하는 바가 서로 충돌하는 측면이 있지. 물론 각각의 이론이 나름 타당한 측면도 있고 말이야.

진단순 저는 그냥 응보주의가 좋아요. 잘못을 저지른 사람은 그에 맞는 처벌을 받는다. 얼마나 단순해요?

장공부 글쎄, 저는 공리주의 쪽이 좀 더 매력이 있는 것 같아요. 아무래도 처벌을 하는 것 역시 사회적으로 많은 사람에게 이득이 되어야 의미가 있을 테니까요.

모의심 하지만 범죄인이 다시는 범죄를 저지르지 않고 사회에 잘 복귀하는 게 제일 중요하지 않을까요? 그런 면에서 저는 교화주의가 가장 강조되어야 한다고 보는데…….

 난 응보주의.   난 공리주의.   난 교화주의.

사회샘 그래, 너희들도 이렇게 의견이 다 다르구나. 그럼 이제부터는 각각의 입장을 대표하는 분들을 불러서 어떤 점들이 충돌하는지, 그리고 그 부분을 어떻게 해결해 가는 것이 좋을지 살펴보도록 하자. (소환기를 작동한다.)

칸　트 안녕하세요? 또 나왔습니다. 응보주의를 주장하고 있는 칸트라고 합니다.

벤　담 훌륭한 칸트 님을 여기서 뵙네요. 저는 공리주의적 입장에 있는 벤담이라고 합니다.

리프만 저야말로 이런 대선배들을 만나 뵙게 되어 영광입니다. 저는 교화주의적 입장을 강조하는 리프만이라고 합니다.

사회샘 네, 시간이 많지는 않겠지만……. 충실한 논쟁을 통해서 학생들이 처벌적 정의에 대해 깊이 있게 생각할 수 있는 기회를 주시길 부탁드리겠습니다.

진단순 저 복잡한 거 딱 질색인데, 간단하게 딱 하나만 물어 볼게요.

도대체 처벌을 얼마나 강하게 해야 하죠? 전 그게 궁금해요.

장공부 오늘 수업 처음 시작할 때 처벌은 너무 강해도 안 되고 또 너무 약해도 안 된다고 배웠는데, 정말 단순이 질문처럼 얼마나 강하게 처벌해야 하는지 궁금하네요.

칸　트 먼저 저부터 대답하도록 하지요.

앞에서도 강조했지만 처벌이라는 것은 범죄에 대한 응분의 대가라고 할 수 있지요. 그러니까 범죄자가 저지른 범죄의 정도에 맞게 처벌하는 것이 중요합니다.

모의심 아, 눈에는 눈, 이에는 이. 그게 칸트 님 입장이었죠?

칸　트 네, 그렇습니다. 스스로에게 한 번 질문해 보세요. 작은 잘못을 저지른 사람과 큰 잘못을 저지른 사람 중에 누가 더 큰 벌을 받아야 할지 말입니다. 답은 너무 당연하지 않습니까?

진단순 맞아요……. 큰 범죄는 처벌도 강하게, 작은 범죄는 처벌도 약하게.

벤 담 작은 잘못에 크게 처벌하는 것은 최소 비용의 최대 효과라는 경제적 원칙에 어긋나는 것이죠. 그런 점에서 큰 범죄를 저지른 사람에게 더 강한 처벌을 해야 한다는 생각에는 저도 동의합니다.

 하지만 단순히 범죄의 경중이 처벌의 경중을 결정한다는 생각에는 동의하기 어렵네요.

진단순 아니, 또 뭔 복잡한 말씀을 하시는지?

벤 담 앞서 저는 처벌이 사회적 선을 늘리기 위한 수단임을 강조했습니다. 칸트 님은 자꾸 처벌 그 자체가 옳은 것처럼 말씀하시는데, 죄를 저지른 사람을 처벌만 하면 끝입니까? 그래서 얻는 게 뭐가 있다고요? 저는 이 부분에 문제가 있다고 생각합니다.

장공부 범죄의 경중이 처벌의 경중을 결정해서는 안 된다면, 그럼 벤담 님은 처벌의 경중을 결정하는 핵심적인 요소가 뭐라고 생각하시나요?

벤 담 처벌을 할 때 그것이 사회적으로 미치는 효과나 영향이야말로 가장 핵심적으로 고려해야 할 것들이지요.

모의심 처벌의 사회적 효과?

벤 담 네, 쉽게 한 번 생각해 봅시다. 잘못을 저지른 사람을 그냥 단순히 처벌하는 데 집중하는 것은 사회적으로 아무런 도움이 되지 않습니다. 특히 범죄자를 아무도 모르는 곳에 데려다 놓고 처벌해 봤자 사회적으로는 그게 무슨 의미가 있겠습니까?

진단순 그럼, 공개적으로 처벌해야 하나요?

벤 담 그렇습니다. 범죄자가 공개적으로 처벌받는 것을 보면서 사람들은 처벌을 무서워할 것이고 범죄를 저지르지 않아야겠다는 생각을 하겠지요. 이것이야말로 의미 있는 사회적 효과가 아니겠습니까?

장공부 벤담 님의 의견대로라면 사람들이 무서워서 범죄를 저지르지 않는 효과가 나타날 정도로 강하게 처벌해야 하겠네요.

벤 담 네, 그렇습니다.

칸 트 나와 입장이 다른 줄은 알았지만 이건 좀 심하지 않소?

벤 담 왜 그러시죠?

칸 트 사회적 효과에 따라 처벌을 하다니, 그게 사람들의 직관에 부합한다고 생각하시오?

장공부 저는 벤담 님의 생각이 상당히 직관에 부합한다고 보는데요.

범죄를 예방하고 더 많은 사람들에게 이익이 되는 방향으로 처벌하는 것이 뭐가 잘못이죠?

칸 트

과연, 그럴까요? 사회적 효과가 가장 핵심적인 기준이라면, 사회적 효과만 있다면 범죄자가 아닌 사람을 강하게 처벌해도 된다는 얘기 아닙니까? 또 반대로 사회적 효과가 없다면 아무리 나쁜 범죄자라도 처벌할 이유가 없어지는 것이고요. 저는 사람들이 이런 처벌을 정의롭게 생각하지 않을 거라고 확신합니다.

진단순 어, 그러네요. 범죄자가 아닌 사람을 처벌하는 건 안 되죠. 그럼, 그 사람이 억울하잖아요.

모의심 확실히 처벌에 대한 결정적 기준이 사회적 효과라면 그런 불합리한 처벌이 가능할 수도 있겠군요.

벤 담 제 주장에 대한 매우 극단적인 반론이네요. 하지만 저도 죄가 없는 사람을 처벌하자고 하지는 않습니다. 기본적으로는 범죄자를 처벌해야 하겠지만 제가 강조하는 것은 어쨌든 처벌이 무언가 사회적으로 좋은 효과를 가져와야 한다는 점입니다.

칸 트 내 얘기는 결국 그런 효과는 부수적인 거고, 결국 처벌의 핵심이 아니라는 거요. 단순하게 생각합시다. 잘못을 했으면 처벌을 받는다. 그리고 큰 범죄를 저질렀으면 강하게 처벌받고, 작은 범죄를 저질렀으면 약하게 처벌받는다. 명쾌하잖아요.

리프만 이쯤에서 저도 한마디를 해야겠네요. '범죄에 따라 처벌이 달라진다?' 그냥 추상적으로 생각할 때는 칸트 님의 말씀이 맞겠지만 구체적인 상황으로 들어가면 …… 글쎄요. 똑같은 범죄를 저질렀다고 하더라도 상황에 따라서는 처벌이 달라질 수가 있지요.

진단순

상황에 따라서 처벌이 달라질 수 있다고요?

장공부 리프만 님도 벤담 님처럼 사회적 상황을 말씀하시는 건가요?

리프만 아니요. 제가 말하는 것은 범죄를 저지르는 사람을 둘러싼 상황이랍니다.

진단순 아니, 범죄를 저지르는 사람의 상황을 왜 고려하나요?

리프만 예를 들어서 약국에서 약을 훔친 행위는 절도에 해당하는 범죄지요. 하지만 똑같이 약을 훔쳤다고 하더라도 돈을 벌기 위해 훔친 사람과 아픈 동생을 구하기 위해 훔친 사람은 다르게 처벌받아야 하지 않겠습니까?

장공부 아무래도 아픈 동생을 구하기 위해 어쩔 수 없이 약을 훔쳤다면 그런 부분은 고려가 되어야 할 것 같은데요.

리프만 흔히 "법에도 눈물이 있다."라고 하지요. 단순히 범죄 행위를 저질렀기 때문에 처벌해야 한다고 생각하는 것은 너무나 비인간적입니다.

우리는 범죄자가 왜 범죄를 저질렀는지, 그리고 이 사람이 어떻게 다시 범죄를 저지르지 않고 정상적인 사회 구성원으로 복귀할 수 있는지에 더 관심을 가져야 하는 것입니다.

모의심

확실히 청소년 범죄나 학교에서 일어나는 잘못의 경우에는 청소년들이 좋은 쪽으로 변할 가능성을 염두에 두는 게 중요하다고 생각해요.

리프만 네, 맞습니다. 사람들이 범죄에 분노하는 게 당연하긴 하지만 그러한 분노 때문에 자꾸 강한 처벌로만 가서는 안 됩니다. 어쨌든 그 사람이 교정될 수 있는 수단을 찾기 위해 노력할 필요가 있습니다.

인간을 존중하는 처벌이란?

벤 담 저도 리프만 님 말씀처럼 처벌을 통해 범죄인을 교화시키는 것이 중요하다고 생각합니다. 하지만 그와 함께 다른 사람들이 처벌을 두려워하여 범죄를 저지르지 않도록 하는 것도 중요하지요. 이를 통해 사회 전체를 보호할 수 있으니까요.

칸 트 벤담 님은 지나치게 처벌의 사회적 효과를 강조하십니다. 그런 식으로 처벌하고 대우하는 것은 인간을 인격체로서 존중하지 않는 것이라서 문제가 많습니다.

진단순 인간을 존중하지 않는 처벌이라고요?

장공부

벤담 님은 범죄를 예방해서 사회적으로 더 많은 사람에게 이득이 돌아가도록 하자는 건데 그게 왜 인간을 존중하지 않는 처벌이라는 거죠?

칸 트

인간을 수단으로 다루는 것이 결국 그를 무시하는 것이지요. 사회적 효과라니, 결국 다른 사람들이 범죄를 저지르지 않도록 범죄자를 본보기로 처벌하겠다는 거 아닙니까? 이거야말로 범죄인들을 수단으로 취급하는 거라고 할 수 있지요.

모의심 공리주의에서 처벌은 사회적으로 좋은 결과를 가져오는 게 일차적인 목적이니까. 확실히 범죄인들을 수단화하는 측면이 있겠네요.

벤 담 물론 그런 식의 존중을 말씀하신다면 솔직히 제 입장에서 반박하기는 어렵습니다. 하지만 이미 범죄가 벌어진 상황에서 이 범죄를 어떻게 수습하는 것이 사회적으로 바람직한지 고민하는 게 잘못인가요? **정작 범죄인을 존중하다가 나머지 사람들을 존중하지 못한다면 누가 책임질 겁니까?**

리프만 벤담 님. 범죄인이 아닌 다른 사람들도 당연히 존중해야 하고 그들에게 피해가 가지 않도록 노력하는 것도 필요합니다. 그 점을 부인하는 사람은 없어요. 중요한 것은 칸트 님도 말씀하셨지만 벤담 님의 주장이 사회적으로 아무리 좋은 결과를 가져오더라도 범죄인들을 수단이나 도구로만 다루고 인간으로 존중하지 않는다면 이것은 분명 문제입니다.

진단순 어? 리프만 님도 칸트 님처럼 범죄인을 수단화하면 안 된다고 보시는군요.

리프만 네, 범죄인을 수단으로 취급하면 안 되지요. 우리는 범죄인도 한 명의 인간으로서 존중할 수 있도록 노력해야 합니다. 제가 말하는 교화주의가 바로 그런 겁니다.

범죄인이 스스로 잘못을 깨우치고 올바른 사회 구성원으로 되돌아가도록 노력하는 거죠. 그 사람의 개선 가능성을 믿는 것 그게 바로 존중입니다.

칸 트 잠깐만요, 리프만 님! 다른 사람들에게 혼란을 주기 전에 분명하게 해야 할 게 있네요. 범죄인을 교화하는 것이 그를 인간으로서 존중하는 거라는 건가요?

리프만 네, 그렇습니다만…….

칸 트 그런 식으로 범죄인을 대우하는 것도 그를 수단으로 보는 것에 불과합니다. 인간을 그 자체로 존중하는 것은 아니지요.

모의심 칸트 님. 리프만 님의 말씀이 뭐가 문제지요?

칸 트 음, 제가 보기에는 벤담 님이나 리프만 님이 처벌에 대해 말하는 것을 보니 인간 존중의 의미를 충분히 이해하지 못한 것이 아닌가 하는 생각이 듭니다.

진단순 왜 그렇지요?

칸 트

인간을 존중한다는 것은 누구는 존중하고 누구는 존중하지 않고 그런 식의 문제가 아닙니다. 인간을 존중한다는 것은 그 사람 자체를 존중해야지 그를 수단으로서 다루어서는 안 되는 겁니다.

장공부 칸트 님, 벤담 님의 입장이야 사회 전체를 위해서 범죄인을 수단으로 다룬다고 생각되지만 범죄인의 개선 가능성을 믿고 그를 올바른 방향으로 이끌려고 하는 리프만 님의 입장도 범죄인을 수단으로 보는 것이라니 쉽게 이해가 되지는 않는데요.

칸　트　제 주장은 인간이 자율적이며, 합리적이고 올바른 판단을 내릴 수 있다는 믿음에 기반하고 있습니다. **교화니 뭐니 하면서 그 사람을 자꾸 교정하려고 외부에서 조정하는 것은 그 사람의 자율성을 침해하는 것**이 아니겠습니까?

리프만　아니, 꼭 그렇게까지 보실 필요가 있겠습니까? 어쨌든, **교화주의는 범죄자가 사회에 정상적으로 복귀할 수 있는 것을 돕겠다는 것**인데 저는 칸트 님이라면 저를 지지해 주실 줄 알았는데 말입니다. 상당히 실망스럽네요.

칸　트　다시 말하지만 그런 식의 대우가 그 사람을 진정으로 존중하는 게 아니라는 겁니다. 리프만 님은 자꾸 그 사람을 사회에 복귀시키는 것이 최고의 목표인 것처럼 이야기하는데 그건 어떤 수단을 쓰더라도 그 사람을 바르게 고쳐 놓기만 하면 된다는 거 아닙니까?

모의심　
범죄자를 바르게 고쳐 놓는 게 뭐가 잘못이죠?

칸　트　
그게 바로 그 사람을 수단으로 만드는 겁니다. 우리가 생각하는 정의로운 사회라는 목적을 상정하고 그 목적을 위해 그 범죄자를 수단으로 다루는 것이지요. 계속해서 강조하는 말이지만 우리는 사람 그 자체를 목적으로 존중해야 합니다.

사회샘　칸트 님의 설명이 조금 어려울 수 있을 텐데, 다음 영화에 나온 사례가 설명에 도움이 될 것 같네요. 다 같이 한번 볼까요?

〈클락웍 오렌지〉

　　과실치사죄로 살인을 저지른 주인공은 14년 형을 받고 감옥에 가게 된다. 감옥에서 알렉스는 흉악범 교화 프로그램을 통해 여러 가지 비인간적인 실험의 대상자가 된다. 이 실험에서 알렉스는 선한 행동을 하도록 철저하게 조종당한다. 예를 들면 선정

영화 〈클락웍 오렌지〉의 한 장면입니다.

적이거나 폭력적인 장면을 강제로 반복해서 보면서 이런 상황에 처하게 되었을 때는 구토나 역겨움에 괴로워하도록 학습된다. 또한 약물 치료를 통해서 어쩔 수 없이 착한 행동만을 하도록 세뇌당하고 결국 자신의 본성은 사라져간다. 결국 교화를 통해서 만들어진 알렉스의 모습은 자율적으로 행동하는 인간이 아니라 파블로프의 개와 마찬가지로 자극에 일차원적으로 반응하는 비인간적 존재가 된 것이다. 이 영화는 교화라는 이름으로 사람들의 범죄를 막는 것이 훨씬 비인간적일 수 있음을 잘 보여 주고 있다.

진단순 교화라는 게 결국 인간을 동물처럼 다룬다는 거야?

장공부 좀 심한 표현이지만 그런 셈이네.

교화가 결국 인간을 세뇌하는 것에 불과하다면 인간을 존중하는 방식이라고는 보기 어렵겠네.

칸　트 제가 말하는 게 바로 그 점입니다. 우리는 모든 인간에게 최대한 자유를 주고, 대신 그러한 자유를 잘못 사용하면 엄격하게 처벌해야 합니다. 그것이야말로 그 사람을 온전하게 존중하는 것입니다.

범죄를 예방하는 최선의 방법은?

벤　담 존중에 대한 칸트 님의 생각은 좋습니다만. 도대체 우리가 지금 그런 얘기

를 왜 하고 있는 겁니까?

처벌을 통해서 범죄를 막아야 한다는 점에 대해 반대하실 분이 있습니까? 존중이니 하는 그런 말로 제가 말하는 초점을 흐리는 것이 저는 가장 큰 불만입니다.

장공부 저도 벤담 님의 생각에 동의해요. 인간 존중도 중요하지만 결국 범죄를 예방하는 것이 처벌의 가장 중요한 기능 아닌가요? 솔직히 요즘 학교에서 인권 존중이니 하면서 학생들 존중한다고 처벌도 제대로 안 하고 그래서 학교 분위기가 나빠진 것도 사실이에요.

진단순 야, 무슨 소리 하는 거야? 네가 처벌 안 받아 봐서 그렇지. 요즘도 학생부 같은 데 가면 엄청 심하게 야단맞는다고.

장공부 솔직히 이건 저같은 모범생들이 주로 하는 생각이기는 하지만 학교에서는 매번 사고치는 애들만 신경 쓰고 규칙을 잘 지키는 학생들에게는 별 관심도 없어요. 정작 불량한 학생들은 문제를 일으키고도 학교를 활보하고 다닌다고요.

저는 범죄를 예방하기 위해 좀 더 강력한 처벌을 할 필요가 있다고 생각합니다.

모의심 공부의 생각에 전적으로 동의하는 것은 아니지만 **어쨌든 처벌은 범죄 예방에 관해서도 무언가 말을 할 수 있어야 한다**는 점은 설득력이 있는 것 같은데요.

벤　담 네, 맞습니다. 그런 점에서 칸트 님. 존중 얘기는 접어 두시고, 처벌이 범죄 예방을 어떻게 할 수 있는지 말해 보시죠.

칸　트 물론 그렇게 질문한다면 대답하기가 좀 어려운 측면이 있네요. 저는 분명 처벌과 범죄 예방은 별개의 문제라고 생각하니까요. 범죄에 대한 형벌은 정의라는 목적 이외에 다른 목적을 가지는 게 아닙니다. 그 자체로 옳은 것이라고요.

벤　담 그 자체로 옳은 것이라……. 그 알 수도 없는 정의라는 것 때문에 세상 사람들이 엄청난 피해를 입더라도 그건 내 알 바가 아니다……. 이런 거 아닙니까? **세상은 망해도 정의는 세워라.** 제가 제일 싫어하는 말이죠. 저는 세상을 구할 수만 있다면 제게 더 많은 비난이 쏟아지더라도 제 갈 길을 갈 것입니다.

모의심 벤담 님, 물론 선생님의 견해가 범죄 예방을 통해 사회적으로 더 큰 이익을 가져오는 것에 맞춰져 있다는 건 알겠어요. 하지만 칸트 님처럼 처벌하는 것이 꼭 세상을 망하게 하는 일이라고 할 수 있나요? 뭐, 실제 처벌에서는 크게 달라지는 것도 없는 것 같은데요.

장공부 사형 제도 같은 경우는 어떤가요? 칸트 님은 사형 제도에 찬성하시나요?

칸　트 네, 저는 사형 제도를 찬성합니다. 잘못을 했으면 처벌을 받아야지요. 그 잘못이 무척 커서 다른 방식으로 죗값을 치를 수 없다면 사형도 받아야 한다고 생각합니다.

사회샘 흔히 칸트 님이 존중을 강조하셔서 사형 제도에 반대했다고 생각하는 경우가 많지만 사실 칸트 님은 사형 제도를 강력하게 옹호하신 분이란다. 다음 글을 보면 좀 더 분명하게 알 수 있지.

> 설령 한 시민 사회가 구성원 모두의 동의하에 사회를 해체하기로 결정한 경우(예를 들어 한 섬에 사는 주민들이 섬을 떠나 세상 여기저기로 흩어지기로 결정한 경우)에도 감옥에 남아 있는 마지막 살인자는 그전에 반드시 처형해야 한다. 그래야만 모든 사람들은 자신들이 범죄를 저지르면 어떤 값을 치르게 될지 알 수 있게 되며, 또한 아직 처형하지 않은 국민들에게 죄악이 남아 있지 않도록 할 수 있다. 왜냐하면 살인자를 처벌하지 않는 것과 같이 공공연히 정의를 위반하는 일에 국민도 동참했다고 볼 수 있기 때문이다.
>
> – 칸트, 『도덕 형이상학』 제2부 1장 –

진단순 그럼, 벤담 님은요?

벤　담　물론 저도 사형 제도가 필요하다고 봅니다. 사람들이 가장 중요하게 생각하는 것이 자신의 생명 아니겠습니까? 그리고 그러한 생명을 잃을지도 모른다는 공포감이나 위협감이야말로 건전한 사회를 유지하는 데 가장 중요한 동력이지요.

모의심　그럼 실제 처벌을 내릴 때는 차이가 없는 것 아닌가요? 둘 다 사형 제도도 찬성하는 거면…….

벤　담　아니요. 실제 처벌에서도 달라지지요. 똑같은 형량으로 처벌한다고 하더라도 칸트 님은 그냥 처벌을 하기만 하면 되겠지만 저는 그런 처벌을 할 때 실제 이 처벌이 효과가 있는지를 냉정하게 판단하고, 그러한 효과를 극대화하기 위해 노력하겠지요.

장공부　팬옵티콘 설명할 때 나온 것처럼 흉악범을 강력하게 처벌하고, 그런 처벌을 많은 사람들에게 알려서 절대 그런 범죄를 저지르지 않도록 위협하는 방식이 되겠네요.

벤　담　네, 그렇습니다. 그런 위협 없이는 범죄를 예방할 수 없답니다.

리프만　저도 한마디 해야겠군요. 자꾸 처벌에 관한 논의의 초점이 범죄자에 대한 처벌 그 자체에만 맞춰지는 것이 안타깝네요. 제가 이런 얘기하기는 그렇지만 칸트 님의 생각도, 또 벤담 님의 생각도, 현대 형벌 이론에서는 상당히 구시대적인 것으로 평가받고 있다는 사실을 아서야 합니다.

진단순　칸트 님이랑 벤담 님 생각이 낡았다고요?

리프만

　　　　네, 그렇습니다. 현대 형벌 이론은 응보주의나 일반인에 대한 범죄 예방 이론에서 벗어나 제가 말한 교화주의를 강조하는 경향으로 나아가고 있지요.

모의심　**범죄자의 인권을 강조하고 그들을 사회에 재적응시키기 위해 상담이나 치료 등을 강조하는 움직임**을 보면 분명 그런 경향이 있는 것 같기는 하네요.

장공부　하지만 리프만 님, 벤담 님이 말씀하신 것처럼 일단 처벌은 그 자체가 옳고 그름을 떠나서 범죄 예방의 효과가 있어야 하는 거잖아요. 그런 점에서 보면 벤담 님 생각이 낡았다거나 문제가 있다. 이런 식으로 말할 수는 없을 것 같은데요.

리프만　그럴까요? 정작 그런 위협적인 처벌의 범죄 예방 효과가 아직까지도 분명하게 밝혀지지 않았다는 점을 알아야 합니다.

진단순　예? 무서운 처벌을 해도 그게 범죄를 예방하는 효과가 없다고요?

사회샘 이 부분은 제가 좀 더 추가 설명을 하지요. 엄하고 강력한 처벌이 범죄를 예방하는 효과가 있다는 얘기는 리프만 님도 말씀하셨지만 확실한 것은 아니란다. 특히 흉악범들의 강력 범죄 같은 경우는 처벌의 효과가 미미하다고 알려져 있거든.

모의심　어? 흉악범들을 강력하게 처벌해야 그런 범죄가 없어진다는 주장을 하는 경우가 많잖아요.

사회샘　물론 그래. 그런데 강력한 처벌이 범죄를 막을 거라는 생각은 사실 범죄자들이 범죄로 저지르는 이익과 범죄를 저질렀을 때 받게 되는 불이익을 비교할 거라는 생각에 기반하고 있단다. 즉, 범죄를 저질렀을 때 불이익인 처벌이 무척 크면 범죄자들은 아예 범죄를 저지르지 않을 거라고 생각하는 거지.

장공부　그럼, 실제로는 그렇지 않은가 보죠?

사회샘　사실 강력 범죄를 저지르는 흉악범들의 경우에는 그런 계산 자체를 하지 않는단다. 즉, 충동적인 범죄를 저지르는 경우거나 아니면 아무리 처벌이 강하더라도 그것을 무릅쓰고 범행을 저지르겠다는 경우가 대부분이지. 두 경우 모두 처벌의 강도를 계산하고서 범죄를 저지르는 게 아니지. 그래서 **강력한 처벌이 범죄를 예방하는 데 크게 도움이 되지 않는다**는 견해가 힘을 얻고 있단다.

리프만　네, 맞습니다. 정작 범죄 예방 효과도 없는데 범죄자 처벌에만 신경을 쓰는 것은, 글쎄요……. 결국 범죄자에 대한 보복 이상의 의미를 지니기가 어렵지요.

진단순 하지만 리프만 님이라고 해서 별다른 뾰족한 수가 있나요?

리프만 제가 말하는 교화주의는 범죄자가 자신의 잘못을 반성하고 다시 사회로 복귀할 수 있게 돕는 것 아니겠습니까? 사실 이 것만큼 효과적인 범죄 예방 방법이 뭐가 있을지 의문이네요.

벤 담 그게 말은 좋지만 사람이 원래 쾌락이나 고통에 반응하는 존재인데, 그런 식의 교화로 정말 범죄 예방이 되겠습니까?

칸 트 공리주의든 교화주의든 범죄 예방에 별로 효과가 없는 것은 마찬가지 아 닌가요? 리프만 님처럼 교화주의를 채택하더라도 범죄인들이 재범할 확률 이 70% 이상이라는 결과도 있던데, 어설픈 범죄 예방에 신경을 쓰느니 그 냥 처벌 본래의 의미에 충실하는 게 나을 것 같소만……

모의심 하지만 노르웨이 교도소 경우를 보세요. 선진적인 교도 행정으로 범죄인 들에게 좋은 환경을 갖추어 주니 재범률이 오히려 떨어졌잖아요.

리프만 예. 의심이 학생이 저를 도와주네요. 실제 교화주의를 통해 좋은 결과가 나타났다는 사례들이 많이 있습니다. 물론 저도 제 방법이 완벽하다고 말 하는 것은 아닙니다.

 하지만 범죄인들의 인권을 존중하면서 그들을 사회에 복귀시키기 위한 노력을 지속하다 보면 점점 더 좋은 결과가 나올 것임을 저는 확신합니다.

사회샘 범죄인들을 재사회화하려는 노력 중요하지. 하지만 칸트 님이나 벤담 님 의 견해 역시 여전히 중요하게 여겨지고 있단다. 교화 과정 그 자체가 인 권 침해적 요소가 더 강할 수도 있고, 또 처벌이 일반인에 대해 갖는 효과 역시 검증이 어려울 뿐 현실에서 작동하고 있음을 부정하기는 어려울 것 같아.

진단순 역시 단순하게 말할 수 없구나.

모의심 학자님들마다 주장하시는 내용이랑 근거가 모두 달라서 쉽게 결론을 내리기 힘드네요.

사회샘 네, 여러 선생님들 나와 주셔서 치열하게 논쟁해 주신 것이 학생들에게 많은 도움이 된 것 같습니다. 다시 한 번 감사드립니다. 또 다음에 기회가 되면 뵙도록 하겠습니다. 그럼…….

학생들 안녕히 가세요. (열띤 논쟁을 벌인 칸트, 벤담, 리프만 사라진다.)

처벌이라는 것, 많은 고민이 필요하다

사회샘 오늘 여러 학자들이 나와서 조금 혼란스러웠을 수도 있을 것 같은데, 처벌적 정의에 대해 충분히 이해가 되었는지 모르겠구나.

진단순 정말, 오늘은 너무 많은 학자들이 나왔어.

모의심 사람이 사람을 처벌하는 중대한 문제이니 아무래도 단순하게 답을 내리긴 어렵겠지.

장공부 나도 의심이 생각에 동의해. 어떤 처벌이 옳은지 감정적으로만 말하는 경우가 많은데……. 확실히 오늘 논의를 통해서 처벌의 목적이 무엇이냐를 고민하는 것이 우선이라는 점을 알게 된 것 같아.

진단순 뭐야, 나도 오늘 열심히 했다고……. 그 어렵다는 칸트 님의 논의까지도 완전히 이해했어. 잘못을 저질렀으면 처벌을 받아야 한다. 맞지? 근데 이게 무슨 입장이라고 했더라.

모의심 응보주의잖아.

진단순 아, 맞다. 하하.

장공부 나는 처벌을 통해 범죄를 예방하고 사회적 선을 극대화해야 한다는 벤담 님의 공리주의가 제일 인상적이었어.

모의심 나는 좀 달라. 제일 중요한 건 범죄자가 다시 범죄를 저지르지 않도록 이끄는 거라고 봐. 그런 점에서 보면 교화주의가 바람직하지.

사회샘 그래, 너희들이 얘기한 입장에 피해자의 입장을 고려하는 보상이론까지 포함하면 처벌적 정의에 대해서는 충분히 이해한 것 같구나.

진단순 선생님, 이렇게 많은 입장이 있고, 그렇게 똑똑하다던 학자들까지 나와도 결론이 안 나는데 도대체 어떻게 처벌해야 하죠?

사회샘 사실 나도 어떤 주장이 옳다고 말할 수 없구나.

> 하지만 오늘 우리가 배운 입장들을 기준으로 생각하면 똑같은 처벌을 한다고 하더라도 어떤 것이 잘 되었는지, 어떤 점이 부족한지를 판단할 수 있을 거야. 이를 바탕으로 우리가 조금씩 더 좋은 방향으로 개선해 간다면 그거야말로 최선의 처벌적 정의가 아닐까 싶은데.

장공부 네, 선생님. 저는 더 열심히 공부해서 지금까지 이야기한 처벌적 정의보다 더 좋은 방안을 찾아볼래요.

모의심 그래? 그럼, 나는 공부가 내놓은 방안을 더 철저히 의심해 봐야지.

진단순 뭐야, 다들 모범생 티내기는! 너희들은 처벌적 정의에 대해 더 연구해. 나는 나쁜 사람들 잡아 올 테니까. 그리고 일단은 그 전에 조금 쉬어야지. 너무 열심히 해서 머리가 아프다고요! 선생님, 이제 끝내 주세요.

사회샘 그래, 알았어. 세상이 더 정의로워지도록 그리고 올바른 처벌이 내려질 수 있도록 우리 모두 계속 노력하자꾸나.

학생들 네.

일상에서 처벌적 정의를 만들어 가기

장공부 그나저나 강한이와 순수는 어떻게 되려나? 학교 폭력 대책위원회까지 갔으니 처벌은 피하기 어렵겠지.

진단순

> 순수는 좀 억울하겠다. 하지만 아무래도 죄의 대가를 생각한다면 강한이가 더 심하게 처벌받아야겠지? 만약 안 그러면 내가 응보주의를 내세워서 강력하게 항의할 거라고.

장공부

> 우리 학교에 더 이상 학교 폭력이 발생하지 않으려면 어떻게 처벌하는 게 좋을지 생각해 봐야지. 공리주의를 주장하는 벤담 님이 그러셨잖아.

모의심 강한이가 나름 사정이 있을지도 모르니까, 사정을 잘 들어 봐야지. 강한이도 원래 나쁜 아이는 아닐 거야. 이번 기회에 착한 아이가 되도록 도와줘야지. 아직 학생이니까 앞으로 좋은 사람이 될 가능성이 많이 있다고.

장공부 우리 정말 처벌적 정의의 전문가가 된 것 같아. 이 기회에 우리가 학생 자치 법정을 만들어 보는 게 어떨까?

진단순 학생 자치 법정?

모의심 학생들이 학교에서 일어나는 여러 가지 분쟁을 해결하는 거 말이지? 직접 판사나 변호사, 배심원이 되어서 하는 거?

장공부 맞아! 학생 자치 법정을 통해서 우리도 할 수 있다는 걸 보여 주면 좋잖아.

진단순 그러면 강한이처럼 나쁜 행동을 한 아이들을 우리 손으로 야단칠 수 있는 거야?

모의심 뭐, 그런 셈이지. 물론 억울한 아이들에게는 더 좋은 기회를 줄 수도 있고.

진단순 와, 그거 어떻게 해야 하는데?

장공부 학생자치부에서 공고한 학생 자치 법정 참여 안내문 못 봤어? 알림장 좀 제대로 보라니까.

진단순 받자마자 제대로 보지도 않고 버렸는데, 그런 게 있었단 말이야?

모의심 아직 늦지 않았겠지?

진단순 늦었어도 하게 해달라고 말씀드려야지. 나는 학생자치부로 간다!

장공부 단순아, 같이 가!

모의심 나도!

플라톤, 『고르기아스』

　정의롭고 경건한 삶을 영위한 자의 영혼은 축복받은 곳으로 간다. 그러나 사악한 자의 영혼은 지옥으로 응보의 판결 장소로 던져진다. 정의로운 판결은 영혼이 땅 위의 삶의 족쇄에서 자유로워질 때 된다. 영혼은 그것이 이끌어온 삶에 따라서 마땅히 받아야 할 몫이 제대로 결정되어야 하고 이 결정에 따라 영혼은 보답을 받거나 처벌된다. 이것이 정의이다.

벤담, 『도덕과 입법의 원리서설』

　처벌이 개과천선에 기여하는 정도는 처벌의 양에 비례한다. 그 이유는 큰 처벌을 받을수록 그 사람에게서 그 처벌의 원인이 된 위법 행위를 향한 혐오감을 유발시키는 경향이 더욱 더 강해지기 때문이다. 이러한 경향은 다른 위법 행위에 대해서도 마찬가지이다. 그러나 처벌의 질을 근거로 하여 결과를 발생시키는 특이한 처벌들이 있다. 이런 경우는 위법 행위의 원인이 되는 동기의 성격에 의존하게 된다. 개과천선에 가장 크게 기여하는 처벌은 동기의 힘을 무력화시킬 만큼 가장 잘 계산된 처벌이 된다.

칸트, 『윤리 형이상학 정초』

　범죄인을 처벌하는 이유는 그가 타인의 자유를 침해하지 않을 약속을 위반하고 실천이성의 지상명령을 위반하여 국민으로서의 자격을 상실했기 때문이다. 형벌은 정의라는 목적 외에 다른 목적을 갖지 않고 그 자체로 선한 것이다. 외과 수술을 받는 사람이 고통을 느끼지만, 그와 모든 사람이 이성에 의해 그 수술이 선하다고 하는 것처럼 선량한 사람을 괴롭히는 사람이 처벌을 받을 때에 사람들은 고통스러운 감정을 느끼지만 모든 사람이 그것을 찬성하고 더 이상의 다른 결과가 없더라도 그 처벌 자체를 선한 것으로 여긴다. 마찬가지로 형벌은 그 자체에 목적이 있고 그 자체로 선한 것이다. 따라서 형벌은 범죄에 의해서만 산정되어야 하고, 다른 이익을 위한 수단으로 사용될 수 없다. 왜냐하면 어떤 사람도 다른 사람의 목적을 달성하기 위한 수단으로 다루어져서는 안 되기 때문이다.

베카리아

처벌의 목적은 감정이 있는 생명체를 고문하거나 괴롭히는 것이 아니다. 또한 이미 저질러진 범죄를 돌려 놓으려는 것도 아니다. 정치 조직은 개개인의 격정을 차분히 가라앉히고 쓸모없는 잔인성을 품으면 안 된다. 비참한 사람의 울부짖음이 이미 저질러진 것을 되돌려 놓고 시계를 거꾸로 돌려놓을 수는 없다.

세사레 베카리아
(Cesare Beccaria)

활동지

사형에 대한 찬반론

3
장

〈자료 1〉 국제 사면 위원회(앰네스티) "전 세계 국가의 10%만 사형 집행"

2012년 기준 '완전 폐지국' 97개, 10년 전 80개국에서 늘어나,

한국은 '사실상 사형 폐지국'

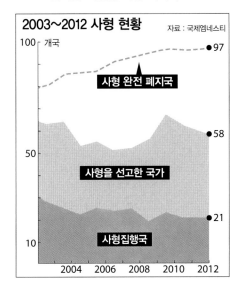

지난해 적어도 21개 나라에서 사형이 집행됐다. 적어도 682명이 형장에서 목숨을 잃었다. 사형 제도를 완전히 폐지한 나라는 97개국이다. 10년 전 그 수치는 80개국이었다. 한국은 '사실상 사형 폐지국'으로 분류됐으나, '사형 완전 폐지국'의 대열에는 합류하지 않았다.

이런 내용을 담은 '2012 사형선고와 사형 집행' 보고서를 10일 국제 사면 위원회가 발표했다. 영국 런던에 본부를 둔 국제 사면 위원회는 1977년 "범죄 성격, 가해자 특성, 집행 방법이 무엇이건 모든 사형을 반대한다."라고 선언한 이후 세계 사형 현황에 대한 연례 보고서를 작성해 왔다.

<자료 2> 책임에 대한 두 가지 입장

  "책임이 없으면 형벌이 없다."라는 명제가 있는데, 여기에서 책임의 본질에 대하여 두 가지 입장이 대립한다. 먼저 (A) 책임의 본질을 행위자에 대한 비난 가능성으로 보는 고전적인 입장과, (B) 책임의 본질을 형벌 목적을 고려하여 결정해야 한다고 보는 입장이다. 즉, 전자는 인간은 자유의지를 가지고 있으므로 형벌이란 어떤 목적을 달성하기 위하여 행해지는 것이 아니라 행위자의 행위 자체에 대한 비난과 연결되어 있다고 본다. 그래서 논리적으로 당연히 죗값을 치러야 하는 사람에게 형벌을 부과하는 것은 그 자체로 정당하다. 반면 후자는 형벌의 정당성은 형벌이 실제 하는 기능에 따라 판단되어야 한다고 본다. 이 입장에 따르면 형벌이 사회 질서 유지에 유용한 기능을 한다면 정당한 것이 된다.

1. 〈자료 1〉에 나타난 사형 폐지 움직임에 대해 〈자료 2〉의 (A)와 (B)의 입장에서는 각각 어떤 주장을 펼칠지 말해 보자.

2. 처벌에 있어서 (A)와 (B) 외에 고민해야 할 부분이 있다면 무엇인지 말해 보자.

3. 〈자료 1〉과 〈자료 2〉의 논의를 바탕으로 사형 폐지에 대한 자신의 입장을 서술해 보자.

04
관용

맘에 안 드는 친구가 있어요

장공부 단순아, 저기 있는 저 아이 알아? 우리 학교 유명한 왕따잖아.

진단순 아, 그게 쟤야? 딱 보니 왕따 당할 만하네.

장공부 머리 좀 봐. 완전 깍두기 모양에다가 눈도 흐리멍텅한 게 완전 맘에 안 든
다니까…….

모의심 조금 특이하게 보이긴 하네.

진단순 지난 번에는 혼자 엉뚱한 얘기를 해서 분위기를 확 깨더라니까. 도대체 무
슨 생각으로 사는 거지?

장공부 아무 생각이 없는 게 아닐까? 생각이 있으면 저러겠어? 생각을 해야 사람
이지. 단순아, 너도 명심해.

진단순 야, 나도 쟤는 싫거든. 보고 있으면 이상하게 나까지 기분이 우울해진다니
까…….

장공부 단순이까지 그럴 정도라면 왕따를 당할 만하네.

모의심

근데 ……, 쟤가 우리한테 딱히 피해 준 것도 없는데…….
우리가 너무 심하게 얘기하는 건 아닐까?

장공부 모의심! 너 지금 쟤 편드는 거야? 의심할 걸 의심해야지. 너는 쟤가 좋은 거야?

모의심 아니, 나도 딱히 좋지는 않은데…….

진단순 야, 왜 싸우고 그래. 그냥 모른 척 하고 살면 되지. 괜히 얘기해 가지고…….

장공부 아니, 정확하게 짚고 넘어가야지. 저렇게 다니는데 어떻게 모른 척하냐? 같은 학교 다니면 계속 마주칠 텐데, 신경을 안 쓸 수가 없지.

모의심 그래도 뭔가 그러면 안 될 거 같기는 한데. 참…….

장공부 그렇게 대우받기 싫으면 남들처럼 하면 되잖아. 남들이랑 똑같이 안 하고 다니니까 그런 거잖아. 자기는 뭐가 그리 특별하다고 다르게 살려고 그러는지, 정말. 저렇게 튀는 애들은 정말 아닌 것 같아.

진단순 그래, 튀면 안 돼. 세상은 다른 사람들이랑 비슷하게 단순하게 살아야지.

다른 게 잘못일까?

사회샘

완전 튀는 애들끼리 모여서 뭐가 튄다고 그렇게 열변을 토하고 있니?

진단순 튀는 건 우리가 아니고요. 옆 반 왕따……!

장공부 단순아, 무슨 얘기니? 선생님, 저희는 사람들이 사회에서 함께 살아가기 위해 갖추어야 할 태도에 대해 이야기하고 있었습니다. 애들아, 그렇지?

모의심, 진단순 아, 예. 맞아요.

장공부 요즘 너무 자기 생각만 하는 사람들이 많아서요……. 다른 사람들 생각에 맞춰 가면서 화합하는 태도가 필요하다고 결론을 내리는 중이었어요.

사회샘 그랬구나. 그런 생각을 할 수도 있겠지. 요즘 일부 학생들이 왕따 등으로 많은 피해를 입고 있어서 안 그래도 수업 시간에 관련된 얘기를 좀 하려던 참이었는데 잘됐네. 이거 수업 시간에 함께 들어 보려고 준비한 노래인데 듣고 각자 생각을 말해 보자.

학생들 예.

> ### 자우림, 〈낙화〉
>
> 모두들 잠든 새벽 세 시 나는 옥상에 올라왔죠.
> 하얀색 십자가, 붉은빛 십자가
> 우리 학교가 보여요.
> 조용한 교정이, 어두운 교실이
> 엄마, 미안해요.
> 아무도 내 곁에 있어 주지 않았어요.
> 아무런 잘못도 나는 하지 않았어요.
> 왜 나를 미워하나요? 난 매일 밤 무서운 꿈에 울어요.
> 왜 나를 미워했나요? 꿈에서도 난 달아날 수 없어요.
>
> 사실은 난 더 살고 싶었어요.
> 이제는 날 좀 내버려 두세요.
>
> 모두들 잠든 새벽 세 시 나는 옥상에 올라왔죠.
> 하얀색 십자가, 붉은빛 십자가
> 우리 학교가 보여요.
> 내일 아침이면 아무도 다시는 나를, 나를……

진단순 선생님, 좋은 노래인데, 뭔가 공포 분위기가 느껴져요. 꿈에 무서운 거라
도 나왔나……. 새벽에 옥상까지 올라가고.

장공부 야, 넌 도대체 뭘 들은 거야? 이거 왕따 때문에 괴로워하며 자살까지 생각
하는 아이의 얘기잖아. 선생님, 노래를 들으니 그동안 관심을 갖지 못했던
친구들한테 좀 더 잘해 줘야겠다는 생각이 들어요. 좀 더 따뜻한 마음을
가져야겠어요.

모의심 장공부, 너 뭔가 앞뒤가 안 맞는 거 같은데.

장공부 뭐가 안 맞아? 나는 항상 사회의 화합을 중요하게 생각하는 사람이란 말
야. 그런 화합을 깨뜨리는 사람은 내가 절대 용서 못 해!

사회샘 화합도 중요한데, 어떻게 화합할 것인지가 더 중요하지 않을까? 나와 중요하게 생각하는 가치나 생각이 다른 사람을 어떻게 대해야 하는지 말이야.

진단순 나와 다른 사람이요? 난 정의의 편인데 나와 다르면 악당이잖아요. 만화영화에서처럼 정의를 외치는 주인공이 악당들을 물리쳐야 하는 거 아닌가요?

사회샘 단순아. 세상이 그렇게 단순하지 않아. 지금 말하는 건 선악의 문제가 아니라 그냥 다른 거니까. 그냥 다른 것일 뿐인데 선악으로 바라보니까 상대방을 없애야 한다고 생각하는 거잖아. 그런 시각 때문에 노래에서처럼 학생들이 자살하는 경우까지 생기는 거야. 전에 다원주의 공부할 때 각자가 가진 생각이나 가치관은 존중해야 한다고 배우지 않았니?

모의심 그런데요, 선생님. 존중하기 힘든 생각도 있잖아요. 어제 뉴스를 보니까 주체사상인가? 북한 사람들과 생각이 비슷한 사람도 있다고 하던데요. 설마 그런 생각까지 존중해야 하나요?

앵 커 : 오늘 검찰은 경기 지역 한 시민 단체의 대표를 「국가보안법」 위반으로 검거했습니다. 이들은 북한의 주체사상을 신봉하고 이를 적극적으로 주장한 것으로 알려져 충격을 주고 있습니다. ○○○ 기자 나와 주시죠.

기 자 : 네, 최근 종북 논란이 심화되는 가운데 경기 지역에 있는 한 시민 단체 대표가 전격적으로 구속되었습니다. 검찰에 따르면 이 단체는 과거부터 북한의 주장에 동조하는 모습을 보여 왔고 최근에도 인터넷이나 시위 등을 통해 활동해 왔다고 합니다. 특히 이 단체의 대표는 구속되는 순간에도 주체사상을 옹호하는 발언을 한 것으로 알려져 충격을 주고 있습니다.

시민1 : 저런 생각을 가진 사람이 우리 사회에 있다니 어디 무서워서 살겠어요?

시민2 : 이것은 국민들의 생각에 완전 어긋나는 거지요. 저런 생각을 하는 사람들은 뿌리를 뽑아야 한다고 생각합니다.

기 자 : 국민들의 불안이 가중되는 가운데 오늘부터 시청에서는 '사상의 자유'를 주장하는 시민 단체들의 시위가 있을 예정이어서 귀추가 주목됩니다.

진단순 아, 나도 봤어. 완전 이상한 사람들이야. 어떻게 그런 생각을 할 수가 있지?

장공부 생각보다 우리 사회의 민주주의를 해칠 수 있는 불온한 사상을 가진 사람들이 많은 것 같네요. 우리 사회의 안정을 위해서라면 이런 사람들은 강력하게 처벌해야 할 것 같아요.

사회샘 물론 주체사상을 가진 사람들이 어떤 잘못을 했는지 따져 봐서 실제로 잘못이 있다면 법에 따라 처벌하는 것은 당연하지.

그런데 단순히 많은 사람들과 생각이 다르다는 이유만으로 처벌하는 것이 과연 옳은 걸까?

장공부 선생님, 많은 국민들의 생각과 다르다는 건 문제가 되지 않을까요? 그런 사람들이 섞여 있으면 우리 사회의 통합이 어려워지잖아요.

진단순 그래그래. 튀는 건 문제라고 엄마가 늘 나서지 말고 남들이랑 비슷하게 있으라고 했어.

모의심

그런데 다르다는 것 자체가 정말 문제일까? 사실 세상 사람들은 다 다르잖아.

사회샘 그래, 맞아. 여기 있는 학생들도 하나하나 살펴보면 다 개성이 뚜렷하잖아. 세상에 똑같은 사람은 없으니까.

장공부 맞아요. 저는 의심이처럼 의심 많은 애는 처음 봤다니까요.

모의심 야, 너처럼 완전 모범생 흉내 내는 것도 흔한 건 아니거든.

장공부 뭐라고? 너 지금! 어휴, 잘난 내가 참아야지.

진단순 선생님, 그러면 저처럼 특별한 거 없으면 괜찮은 거죠? 저는 괜찮죠?

장공부 야, 너의 단순함도 상당히 특별한 수준이거든.

진단순 너희들 혹시 나까지 왕따시키려고 하는 건 아니겠지? 그러면 안 돼.

사회샘 선생님 얘기는 다른 것 자체가 잘못은 아니라는 거야. **차이는 그냥 차이일 뿐**이지. 오히려 문제는 모습이나 생각이 다르다고 해서 그 사람을 적대시할 때 나타나지. 역사를 보면 차이를 서로 인정하지 않았을 때 항상 끔찍한 결과가 나타났었거든.

모의심 선생님, 그 얘기는 왕따로 자살하는 것과 같은 일들이 예전에도 많았다는 건가요?

진단순 야, 모의심 너는 그 정도도 생각을 못하냐? 왕따가 요즘만 있겠어? 예전에도 있었겠지. 단순하게 생각해도 그 정도는 알겠다.

장공부 선생님, 그럼 역사적 사건들을 소개해 주시는 건가요?

사회샘 그래, 맞아. 지난 역사를 돌이켜보면 우리는 각자가 가진 생각이 절대적으로 옳다고 생각하고 상대방을 인정하지 않아서 엄청난 희생을 치렀어. 수많은 사람들이 학살되고 전쟁까지도 벌어졌지.

진단순 학살이나 전쟁이요? 뭐 그런 걸로 싸워요? 완전 오버인데. 선생님 어떤 일이 있었나요?

사회샘 그럼, 몇 가지 사례를 살펴볼까? 이제 오실 때가 되었는데…….

(소환기를 통해 소크라테스가 나타난다.)

자유로운 생각과 표현을 가로막아서는 안 된다

소크라테스 허허. 조금 늦었습니다. 기원전 그리스 시대부터 여기까지 오느라 조금 오래 걸렸어요. 세계 4대 성인 중 한 명으로 불리는 소크라테스라고 합니다.

진단순 할아버지가 성인이요? 완전 잘난 척이네. 등장부터 맘에 들지 않는걸.

장공부 단순아, 예의는 갖춰야지. 소크라테스 님은 서양 철학 공부할 때 항상 제일 먼저 나오는 분이신데, 매우 훌륭한 인물인 것은 사실이라고.

모의심 근데, 그런 성인께서 왜 나오셨죠? 설마 성인이 왕따를 당하신 건가요?

소크라테스 왕따라니? 꼭 그런 것은 아니고…… 저는 그냥 지나가는 사람들을 붙잡고 진리가 무엇인지 그리고 사람들의 생각이 뭐가 잘못된 것인지를 계속

이야기했을 뿐입니다. 물론 스스로 많은 것을 안다고 하는 사람들도 저와 이야기하다가 보면 자신의 무식이 탄로 나기도 했지요. 그러다 보니 의도 하지 않았지만 제가 제일 현명한 사람이 되더라고요.

진단순 역시, 왕따를 당할 만하시네요.

모의심 조금 심하긴 하셨네요. 그런데 그게 다인가요?

소크라테스 물론 더 중요한 일이 몇 가지 있었지요. 당시 아테네 사람들은 과거 부터 내려온 여러 가지 규범들을 맹목적으로 받아들이고 있었어요. 저는 그게 큰 불만이었죠. 그래서 저는 당시 아테네 사람들이 믿는 신과 그 신 의 말씀이 타당한지를 날카롭게 질문했습니다. 그런 저를 보고 사람들은 나라가 믿는 신을 거부하고 다른 신을 믿는다고 싫어했어요. 게다가 제가 젊은 사람들을 나쁜 길로 이끈다나……. 저를 싫어했던 많은 사람들이 저 를 법정에 고발해 버렸답니다.

소크라테스가 당시 아테네 청년들을 가르치는 장면입니다.

관용 **181**

장공부 당시 사회로서는 소크라테스 님과 같은 분을 받아들일 수가 없었겠네요. 소크라테스 님을 내버려 두면 사회가 혼란스러워질 수밖에 없었을 테니까요.

소크라테스 물론, 사회가 조금 혼란스러워질 수는 있겠지요. 하지만 다른 사람들이 자유롭게 생각하는 것을 가로 막고, 어떤 것을 강제로 믿도록 명령할 수는 없지요. 인간은 누구나 자신의 양심을 지키고 살아가야 합니다. 그래서 저는 법정에서도 당당하게 주장했습니다. 어떤 문제든 찬성과 반대를 철저히 검토하여 바른 결론에 이를 수 있어야 하고, 그러기 위해 우리는 어떤 문제를 논의하는 데 있어서도 전적으로 자유로워야 한다고 말입니다. **검토되지 않은 삶은 살 가치가 없는 것** 아닙니까?

모의심 그래서 판결이 어떻게 내려졌는데요?

소크라테스 뭐, 제 얘기를 듣고 좀 설득되는 사람들도 있었던 것 같기는 한데……. (긁적긁적) 별로 결과가 좋진 않았어요. 배심원들은 앞으로 제가 입 다물고 조용히 살겠다고 하면 봐주겠다고 얘기했죠. 하지만 제가 여기서 굽힐 수는 없잖아요. 제가 잘못한 것도 아니고, 저는 잘못을 인정할 수 없다고 했습니다. 그리고 앞으로도 제 양심에 따라서 누구든 붙잡고 계속해서 진리를 탐구하겠다고 크게 선언했습니다. 진짜 멋있게 말했는데…….

진단순 에이, 너무 꼬장꼬장하시네요. 조금만 양보하면 될 걸. 괜히 더 화나게 해서 큰 벌을 받으신 거 아니에요?

소크라테스 정말 배심원들이 더 화났나 봅니다. 저한테 사형을 선고하더라고요. 결국 저는 몇 달 뒤 독이 든 술을 먹고 죽고 말았지요. 그렇게 죽은 게 아쉽기는 하지만 그래도 그 덕분에 아직까지 성인으로 기억되고 있으니 한편으로는 다행스런 일이죠.

사회샘 소크라테스 님이 조금 특이하기는 하지만 그래도 사형은 심한 처분이었지. 생각이 다르다고 사람을 죽이기까지 하는 건……. 하여튼 소크라테스

님, 오늘 자세히 설명해 주셔서 고맙습니다.

소크라테스 네, 그럼 먼저 갑니다. 저의 억울함을 널리널리 알려 주세요. 안녕.

(소크라테스는 사라지고, 볼테르가 나타난다.)

종교가 다르다는 이유로 수많은 사람이 희생되기도 했다

볼테르 안녕하십니까? 소크라테스 님이 살던 때라면 한참 옛날인데, 그 시대도 참 야만적이었네요. 저는 18세기에 살았던 볼테르라고 합니다. 하하.

진단순 18세기면 200년도 지난 옛날이잖아요. 똑같이 구시대인데…….

장공부

볼테르 님이라면 "나는 당신이 하는 말에 찬성하지는 않지만, 당신이 그렇게 말할 권리를 지켜주기 위해서라면 내 목숨이라도 기꺼이 내놓겠다."라는 그 유명한 말을 한 그 분인가요?

볼테르 아, 그 말은 제가 한 것처럼 알려져 있지만 그것은 사실이 아닙니다. 그래도 제가 그런 생각으로 살았던 것은 맞고요.

모의심 볼테르 님도 왕따를 당했나요?

볼테르 아니에요. 저는 왕따를 당한 게 아니라 그런 왕따를 막기 위해 노력했던 사람입니다. 생각이 다른 사람이라고 해서 그 사람을 죽이거나 억압해선 안 된다고 주장했던 게 바로 접니다.

볼테르(Voltaire)

진단순 선생님이 살았던 시대에도 소크라테스 님을 죽인 것과 같은 일이 있었다고요?

볼테르 부끄러운 일이지만 더 심한 일도 많았지요. 제가 살던 당시에는 종교 문제로 많은 사람들이 갈등을 하고 있었습니다. 특히 구교인 로마 가톨릭을 믿는 사람들과 여기에 반대하면서 등장한 신교인 개신교를 믿는 사람들 간에 갈등이 심했지요. 어느 종교가 옳으냐를 두고 수십 년 동안 싸우면서 많은 사람들이 죽었지만 여전히 정신을 못 차리고 있었죠.

장공부 아, 종교 전쟁을 말씀하시는군요.

볼테르 네, 그렇습니다. 제가 살던 당시 **종교 전쟁**은 어느 정도 마무리되었지만 여전히 구교를 믿는 사람들과 신교를 믿는 사람들 사이의 차별이나 갈등은 빈번하게 일어나고 있었죠.

제가 특히 화가 났던 건 종교가 다르다는 이유로 사람의 기본권을 유린하는 행위였답니다.

모의심 무슨 일이 있었는지 자세히 설명해 주세요.

볼테르 네, **장 칼라스 사건**이라는 유명한 사건이 있었지요. 당시 프랑스 남부 툴루즈 시는 가톨릭 신자들이 대부분이어서 개신교 신자들이 차별을 받고 있었습니다. 당시 장 칼라스는 개신교를 믿었는데 그의 첫째 아들인 마르크 앙투앙은 개신교를 믿는다는 이유로 직장을 구하는 데 많은 제약을 받아야 했습니다. 이런 문제로 마르크 앙투앙이 창고에서 목을 매고 자살하게 되는데 이 사건을 보게 된 이웃들이 장 칼라스에 대해

장 칼라스가 처형당하는 장면을 그린 그림입니다.

나쁜 소문을 퍼뜨리기 시작합니다. 즉, 장 칼라스가 자신의 아들 앙투앙이 가톨릭으로 개종하려고 하자 이를 막으려고 죽였다는 소문이 난 것이죠.

장공부 아들이 죽은 것만도 마음이 아플 텐데……. 자신이 죽였다는 얘기까지 들었으니 정말 힘들었겠네요.

볼테르 네, 그렇지요. 당시 경찰들은 여론을 의식하여 가족 전부를 체포했고 극악한 범죄자로 취급했습니다. 조금만 자세히 조사해도 앙투앙의 죽음이 자살이라는 것을 알 수 있는 상황이었는데 말이죠. 도시의 시민들은 앙투앙을 순교자로 취급하면서 장 칼라스를 악마로 몰아갔습니다. 결국 장 칼라스에게 유리한 증언들은 전적으로 무시되고 장 칼라스는 고문당한 뒤 몸이 찢기는 형을 받게 됩니다.

진단순 고문까지요?

볼테르 네, 그렇습니다. 정말 끔찍한 고문이었지요. 고문실에 매달려 몸이 분리될 정도였고, 엄청나게 많은 물을 먹어서 몸이 두 배로 불어나기까지 했답니다. 그래도 장 칼라스가 죄를 인정하지 않자 결국 그의 팔다리를 부러뜨리면서 교살형에 처했다고 합니다.

자기와 종교가 다르다고 악마로 몰아 버린 것입니다. 정말 슬픈 일이죠.

모의심 볼테르 님이 종교 갈등에 분노했던 이유를 알 수 있을 것 같아요.

볼테르 네, 이 정도면 제 얘기는 충분한 것 같네요. 저는 이만 물러갑니다. (형상이 희미해지며 볼테르 사라진다.)

다른 민족을 인정하지 않는 태도가 불러온 참사, 아직도 끝난 일이 아니다

진단순

선생님, 정말 끔찍한 일이 많네요. 그래도 옛날이니까 이런 일이 가능했겠죠? 설마 아직까지도 이렇게 다르다는 이유만으로 사람을 죽이진 않겠죠?

사회샘 단순이 말대로 그런 일이 없어야 할 텐데, 이런 비극은 오늘날까지도 이어지고 있어. 이번에 소개할 사례가 그중 하나지.

앵커 : 2011년 7월 노르웨이에서 벌어졌던 연쇄 테러를 기억하실 것입니다. 이번에 해당 사건에 대한 판결이 내려졌습니다. ○○○ 기자를 연결합니다.

기자 : 노르웨이 역사상 가장 끔찍한 사건으로 알려진 오슬로 연쇄 테러 사건의 범인에 대한 판결이 내려졌습니다. 당시 테러에서 범인은 무려 77명을 살해한 것으로 알려졌고, 지금까지도 범인은 자신의 행위가 옳은 것이라고 주장하고 있습니다. 오슬로 지방 법원은 살인 및 테러 혐의로 기소된 범인이 범행 당시 정신 상태가 온전했다며 징역 21년형의 판결을 내렸습니다. 징역 21년은 사형제 및 종신형제를 폐지한 노르웨이의 형법상으로는 최고의 형량입니다. 범인이 그동안 '항소하지 않을 것'이라고 말해 온 것에 비춰 볼 때 노르웨이 역사상 최악의 범죄였던 이 연쇄 테러 사건은 이렇게 마무리될 것으로 보입니다. 노르웨이 특파원 ○○○였습니다.

진단순 연쇄 테러요?

장공부 이 사건은 **오슬로 사건**이라고 예전 수업에서 다룬 적이 있었잖아요.

사회샘 이 일에 대해 좀 더 자세하게 들어 보려고 당시 참사 현장에 있었던 분을 초청했어. 얘기를 한번 들어 보도록 하자. (소환기를 조작하자 노르웨이인 사념파가 형상화된다.)

뭉 크 안녕하세요? 저는 노르웨이에서 온 뭉크라고 합니다.

사회샘 끔찍한 일을 겪고 마음이 많이 아프실 거라 생각합니다. 힘드시겠지만 당시 테러 사건에 대해 우리 학생들에게 알려 주셨으면 합니다.

뭉 크 네, 말씀드리지요. 이런 일로 우리 노르웨이를 소개하게 되어 무척 가슴이 아픕니다. 사실 우리나라는 세계에서도 손꼽히는 살기 좋고 행복한 나라인데 말이죠. 저로서는 이 테러 사건을 다시 떠올리기 싫지만 이런 일이 다시는 없어야 한다는 생각에 용기를 내보도록 하겠습니다.

모의심 도대체 무슨 일이 있었나요?

뭉 크 2011년 7월이었죠. 저는 당시 한 정당에서 주최하는 캠프에 참여하고 있었어요. 그 캠프는 노르웨이의 한 섬에서 열리고 있었는데, 캠프 중간에 경찰복을 입은 사람 한 명이 와서는 사람들을 불러 모으는 거예요. 우리나라 수도인 오슬로에서 폭탄 테러가 있었다며, 사람들을 대피시켜준다고 불러 모은 거죠. 사람들은 그가 경찰인 줄 알고 의심 없이 시키는 대로 몰려갔죠. 그런데 갑자기 그 사람이 총을 꺼내더니 사람들을 향해 마구 쏘는 거예요. 그 자리에서 많은 사람들이 죽었고, 일부 사람들만 도망갈 수 있었죠. 그 경찰 옷을 입은 사람은 놀라서 달아나는 사람을 천천히 쫓아가면서 총을 쏘고, 심지어 쓰러진 사람들에게 다가가서 죽었는지 확인하면서 총을 쏘기까지 했답니다.

진단순 아니, 어떻게 그럴 수가 있어요? 완전 끔찍하네요.

모의심 그 사람은 도대체 왜 그런 짓을 했답니까?

뭉 크 저도 나중에 안 사실인데 그 사람은 평소 행적만 보면 다른 사람들과 별로 다를 것이 없는 평범한 사람이었다고 하네요. 특별한 범죄 경력도 없었고요. 그런데 그 사람이 범행을 저지르기 두 시간 전인가 선언문을 발표했었다는 게 나중에 알려졌어요. 그 사람은 선언문에서 유럽에 다양한 민족이 어울려 사는 것을 반대한다고 말했어요. 우리 노르웨이는 종교와 문화가 다른 이슬람권 이민자들을 되도록 포용하는 정책을 펼치고 있었는데 그 사람은 그게 싫었던 거죠.

장공부 다른 민족을 인정하지 않고 자기 민족만이 중요하다는 거군요. 자기 민족이 아니면 다 죽어야 한다는 건가? 정말 나쁜 사람이네요.

뭉 크 사실 최근 유럽에 이민자들이 늘어나면서 민족들 간에 갈등이 늘어나고 있기는 해요. 대부분의 사람들은 그런 갈등에도 불구하고 최소한 서로의 존재를 인정하려고 하지만 그렇지 않은 사람들도 간혹 있어서 문제가 된답니다. 특히 극단적인 입장을 취하는 사람들은 상대방을 인정하지 않고 테러 등의 방식으로 그들을 죽이거나 완전히 쫓아내려고 하죠. 하지만 그렇게 한 번 테러가 시작되면 상대방은 더욱 증오하게 되고 계속해서 테러와 죽음이 이어질 뿐입니다. (소환 시간이 다 되어 사념파가 사라진다.)

장공부 정말 최근까지도 이런 일이 있었다는 것은 참 안타까운 일이네요. 어쨌든 테러는 나쁜 일이니까요.

진단순 우리나라도 요즘 외국인들이 많이 늘어났는데 괜찮을까요? 걱정이네요.

모의심

그러니까 나와 다르다고 해도 최소한 서로를 인정하고 존중하는 게 중요하다는 거지. 민족이나 종교가 다르다고 서로를 적대시해서는 안 되는 거라고.

사회샘 자, 이제 서로 다른 사람들이 각자를 인정하지 않을 때 어떤 일이 있을 수 있는지 모두 알겠지?

장공부 네, 선생님. 하지만 서로 다른 생각을 가진 사람들이 평화롭게 지내는 게 그렇게 쉽지는 않을 것 같아요.

사회샘 그래서 서로 다른 사람들이 평화롭게 지내기 위해 어떤 태도가 필요한지 알아보자는 거야.

사회에는 서로 다른 사람들이 함께 살아가고 있다

사회샘 앞에서 우리가 여러 가지 사건들을 살펴봤는데 이런 일이 일어난 이유가 뭘까?

진단순 사람들이 착하지 않아서 그래요. 저처럼 착한 사람이면 그런 일은 안 했을 거예요.

모의심 단순아, 단순하게 착하다, 나쁘다의 문제가 아닐 수도 있어. 우리가 보기에는 나빠 보이지만 그 사람들도 나름 소신을 가지고 한 일일 수도 있다고.

장공부

선생님, 제 생각엔 일단 사람들이 모두 다르기 때문인 것 같아요.

앞에서 소크라테스 님은 아테네 사람들과 생각이 달랐고, 칼라스 사례에서는 종교가 달랐잖아요. 노르웨이 연쇄 테러의 경우는 민족의 차이에서 발생한 문제라고 볼 수 있고요.

사회샘 그래. 공부가 잘 지적했구나. 우리가 살펴본 사례들은 일단 **사람들이 다르다**는 점에서 시작되지.

여기 있는 너희들만 보더라도 서로 많이 다르잖아. 성실한 태도로 공부를 열심히 하는 장공부, 항상 더 깊게 생각하고 의문을 품는 모의심, 조금 단순하지만 새로운 시각을 보여 주는 진단순. 이처럼 세상에는 무척 다양한 사람들이 함께 살아가고 있어. 겉으로 보이는 모습만 보더라도 키가 큰 사람이 있는가 하면 작은 사람도 있고, 피부색이 검은 사람도 있지만 하얀 사람도 있는 거지. 그뿐만 아니라 각자가 가진 생각이나 좋아하는 것, 가치관 같은 것들은 더욱 다양하기 마련이야. 커피를 좋아하는 사람이 있는가 하면, 차를 좋아하는 사람이 있을 수 있고 인생에서 사랑이나 안정감을 중요하게 생각하고 살아가는 사람이 있는가 하면, 돈이나 명예를 소중하게 생각하는 사람들도 있는 거지. 그래서 사람들이 다양하고 차이가 나타난다는 것은 너무나 자연스러운 거야.

모의심 선생님. 그러면 그렇게 당연한 얘기는 왜 하는 거예요? 사람들이 다 다른 거야 뻔한 사실인데요.

사회샘 문제는 서로 다른 사람들이 **사회에서 함께 살아가야 한다**는 거야. 우리가 다른 사람들을 전혀 신경을 쓰지 않고 혼자서 살아갈 수 있다면야 다른 사람들이 어떻게 생각하든지, 또 어떻게 행동하든지 별로 상관이 없겠지. 그냥 다른 사람에게는 무관심한 채 각자 하고 싶은 대로만 하고 살면 될 테니까. 하지만 인간은 다른 사람들과 어울려 함께 살아가고 있고 또 그렇게 살 수밖에 없다는 걸 너희들도 잘 알고 있잖아.

진단순 선생님, 저는 집에서 텔레비전이랑 컴퓨터만 보면서 혼자 살 수 있는데요.

장공부 으이구, 그 집은 누가 지었어? 텔레비전 방송은 누가 보내 주고? 먹는 건 또 어떡할 건데? 너는 나 없으면 숙제도 못하잖아.

진단순
아, 그렇구나! 선생님, 혼자 살 수는 없는 것 같아요.

사회샘 그래. 특히 오늘날에는 사회가 매우 복잡하게 얽혀 있어. 이런 상황에서 다른 사람들에게 의존하지 않고 혼자 살아가는 것은 더욱 불가능하지. 결국 사람들은 함께 살아갈 수밖에 없어. 그런데 사람들은 서로 다르기 마련이고, 이러한 **차이 때문에 사람들 사이에 갈등이 일어나니까** 문제가 되는 거야. 특히 자신의 생각을 소중히 여길수록 그러한 생각에 어긋나거나 반하는 생각을 가진 사람과 함께하는 것이 더욱 불편하고 힘들게 느껴지겠지.

모의심
사람들은 모두 다르다. 그런데 사람들은 함께 살아간다. 그러다보면 갈등이 생길 수 있다. 이런 거군요?

사회샘 그래, 맞아. 그런데 단순히 내가 불편하고 힘들다는 이유만으로 다른 사람들이 가진 차이를 무시하거나 배척하고 또 적대시한다면 어떻게 될까? 내가 공부하기 싫다고 열심히 공부하는 아이를 미워한다거나, 내가 궁금한 게 없다고 질문을 많이 하는 아이를 싫어하고, 내가 단순한 게 싫다고 단순하게 생각하는 아이를 멀리한다면 도대체 어떻게 되겠니?

학생들 그러면 안 되죠.

사회샘 그렇게 나와 생각이 다르다고 상대방을 부정하게 되면 아마 우리 사회는 하루도 평화로울 날이 없을 거야. 아마 갈등이 끊이질 않겠지. 그리고 그렇게 싸운 결과로 한쪽이 승리한다고 해도 문제는 끝나지 않아. 아마도 승리한 하나의 생각만이 옳은 것으로 여겨지고 이와 다른 생각들은 용납될 수 없는 사회가 되겠지. 이렇게 하나의 생각만 받아들여지고 차이가 존재하지 않는 사회를 진정한 '사회'라고 할 수 있는지도 의문이기는 하지만 말이야. 어쨌든 우리가 바라는 사회의 모습이 이런 것은 아니잖아.

적어도 **민주적인 사회라고 하면 다양한 사람들의 생각이 그 자체로 존중될 수 있어야** 하니까 말이지.

장공부 민주적인 사회란 차이를 존중하는 사회라는 말씀이군요?

사회샘 그렇지.

관용이란 무엇일까?

모의심

선생님, 사람들이 함께 살아갈 때 각자가 가진 차이 때문에 불편하다고 하셨잖아요? 그런데 그 차이를 존중해야 한다고요? 역시, 또 좋은 얘기만 하시는군요.

사회샘 그런 게 아니고 실제 우리가 처해 있는 상황이 그렇다는 거야.

진단순 선생님, 그래서 도대체 어떻게 해야 한다는 거예요? 자꾸 복잡하게 말씀하시지 마시고요.

사회샘 그래. 이제 정말 본론으로 넘어가 보자. 이렇게 서로 다른 사람들이 각자의 차이를 존중하면서 함께 살아간다는 것은 말처럼 쉽지 않아. 그래서 우리는 함께 살아가기 위한 원칙을 정할 필요가 있는데 가장 많이 주장되는 것 중에 하나가 바로 관용이야. 너희들은 **관용**이 어떤 태도를 말하는 건지 혹시 알고 있니?

진단순 관용……. 그거 좋은 거잖아요.

장공부 국어사전을 보면 관용은 '관대한 태도' 또는 '너그러운 마음'이라고 나오네요.

모의심 뭐, 다른 사람을 대할 때 관대해라. 너그러운 마음을 가져라. 이런 건가요? 역시 또 이상적인 말씀을 하시는 거네요.

사회샘 꼭 그런 건 아니야. 흔히 많은 사람들이 관용을 너그러운 마음 정도로 생각하는 경우가 많긴 하지. 하지만 이런 이해만으로는 "그냥 착하게 살아라." 그 이상으로 해줄 말이 없게 되고……. 그렇게 되면 관용을 제대로 실천할 수도 없게 된단다. 그래서 우리는 관용이 정확하게 '어떤 너그러움'인지를 좀 더 분명하게 이해할 필요가 있어.

진단순 선생님, 그러니까 도대체 관용이 뭐냐고요?

사회샘 관용의 의미를 이해하기 위해서는 먼저, 조금 복잡하지만 관용의 어원을 살펴보는 게 좋겠구나. 관용은 영어로는 toleration이나 tolerance라고 해. 이 두 단어의 동사는 tolerate인데 '참다, 견디다'를 뜻하는 'tolere'에서 비롯된 말이지. 우리가 좋아하는 것에 대해 참는다는 표현을 쓰지는 않겠지? 즉, 관용은 **반대**(objection)와 **용납**(acceptance)이라는 두 가지 요소의 결합으로 이루어진 말이라고 할 수 있어. 부정적인 표현으로서의 반대와 긍정적 태도로서의 용납이 동시에 이루어질 때 이를 관용이라고 부르지. 즉, 어떤 사람이 어떤 것에 대해 심리적으로든 아니면 논리적으로든 그것을 인정하지 않고 반대함에도 불구하고 이를 용납할 때 그가 그 대상에 대해서 관용을 실천하고 있다고 말할 수 있는 거야.

장공부

음. 싫지만 받아들이는 것. 그게 관용이라는 거죠?

사회샘 그래. 공부가 정리를 잘해 주었구나. 관용은 반대하지만 용납하는 것, 조금 쉽게 말하면 **싫지만 받아들이는 것**이라고 할 수 있지. 이렇게 생각하면 무조건 너그럽다고 관용이 되는 것은 아니야. 관용이 성립하려면 적어도 다음과 같은 두 가지 조건을 만족시켜야 해. 첫째, **둘 이상의 의견이나 행위가 매우 중요한 점에서 충돌**을 일으켜야 해. 즉, 의견이 서로 다르다고 하더라도 사소한 문제여서 한쪽이라도 크게 관심을 갖지 않는다면 관용은 성립할 수 없지. 그리고 둘째, 관용이 성립하기 위해서는 관용을 행하는 사람이 다른 의견에 대해 인정하지 않으면서 동시에 **그것을 하지 못하도록 막거나 제거할 수 있는 실질적인 힘을 갖고 있어야** 해. 만약 반대 의사를 행동으로 표시할 수 있는 힘이 없어서 인정한다면 이는 이미 관용이 아

독일에 있는 조각물로 서로 다름의 차이를 인정하는 '관용'의 정신을 상징하고 있습니다.(출처 : 위키피디아)

니라 묶인 또는 복종이지. 그래서 저항할 수 있는 힘이 있음에도 불구하고 자발적으로 그 행위에 반대하는 부정적 행동을 하지 않을 때 비로소 관용이라고 말할 수 있지.

모의심

관용을 하려면 일단 충돌이 있어야 하고 싫어하는 대상을 제압할 힘이 있어야 한다는 거네요.

진단순 관용도 힘이 있어야 하는 거다……, 하하. 드라마 대사 같은데.

사회샘 일단 이 정도면 관용이 무엇인지는 대략적으로는 이해한 것 같구나.

관용은 어떻게 등장하게 되었는가?

장공부

선생님. 관용은 처음에 어떻게 등장했나요?

사회샘 좋은 질문이구나. 사실 서로 다른 사람들이 살아가는 세상에서 충돌이나 갈등이 일어나는 것이 당연해. 그러니까 관용과 같은 생각도 사실 매우 일찍 나타났단다. 예를 들면 성경의 출애굽기(22:21)에서도 "너는 이방 나그네를 압제하지 말며 그들을 학대하지 말라. 너희도 애굽 땅에서 나그네였음이니라."라고 했지.

진단순   나그네한테 잘해 주라는 거군요. 그런데 그게 관용이랑 무슨 관계가 있나요?

모의심   단순아. 그게 아니고 누구나 사회적으로 약자가 될 수 있으니까 괴롭히지 말라는 거잖아.

진단순   아, 그렇구나. 그런데 관용이랑 밀접하게 관계가 있는 것은 아닌 것 같은데…….

사회샘   넓은 의미에서 자신과 다른 사람들에게도 잘 대해 주는 것이 중요하다는 생각은 일찍부터 있었다는 거야. 관용이라는 개념이 본격적으로 등장하게 된 것은 바로 종교 전쟁과 관련해서야. 혹시 종교 전쟁에 대해서는 들어 본 적 있니?

장공부   아까 볼테르 님도 얘기해 주셨지만, 원래 유럽에서는 교황을 중심으로 하는 가톨릭이 대세였잖아요. 하지만 가톨릭에 반발하는 신교가 탄생하면서 두 종교 사이에 갈등이 심해졌고 결국 전쟁까지 벌어지는데 그게 종교 전쟁이죠.

사회샘   역시, 공부가 잘 알고 있구나. 당시 가톨릭은 자신의 종교만이 절대적이고 유일한 정당성을 가진다고 주장하면서 자신들과 다른 신을 믿거나 다른 방식으로 성경을 해석하는 일을 엄격하게 금지했어. 그래서 이러한 금지를 어기고 새로운 종교적 생각을 말하는 사람들을 이단(異端)이나 이교도(異敎徒)로 규정하고 이들을 철저하게 억압했지.

그래서 다른 종교를 믿는 사람들을 '마녀재판'을 통해서 마녀로 몰아가기도 하고, 사람들이 지켜보는 가운데 불에 태워 죽이기까지 했던 거야.

모의심 당시 신교를 믿는 사람들 입장에서는 관용이 절실했겠군요.

사회샘 그렇지. 최초의 종교 개혁가로 알려져 있던 루터 님은 1523년 〈세속의 권위에 대하여〉에서 다른 종교를 믿는 사람들에 대해 정부가 강제력을 사용해서 신앙을 강요해서는 안 된다고 주장했어. 사실상 관용을 주장한 것이지. 이런 관용에 대한 생각이 공식적으로 선언된 것은 1562년 프랑스의 **생제르맹 칙령**을 통해서야. 이 칙령은 이른바 **관용 칙령**이라고도 하는데, 신교를 믿는 사람들을 일단 인정하고 종교적 자유를 허락한 것으로 알려져 있어. 하지만 로마 교회는 이 칙령을 인정하지 않았고 결국 대규모의 종교 전쟁이 벌어졌지.

진단순 많은 사람이 죽었겠네요?

사회샘 그래. 서로 자기가 믿는 신이 옳다고 하면서 싸우는데 결론이 날 리가 없지. 수많은 종교 전쟁이 일어났고, 그중 대표적인 것이 30년 전쟁이야.

장공부 종교가 다르다는 이유로 30년씩이나 전쟁을 했다는 거군요. 참 끔찍하네요.

사회샘 이렇게 전쟁으로 수많은 사람들이 죽고 나서야 사람들은 서로의 종교를 인정하는 것이 필요하겠다고 생각하게 되었지. 물론 그 이후에도 여전히 종교 간의 차별이나 갈등이 지속되었지만 적어도 이 전쟁을 통해 사람들

30년 전쟁을 그린 그림입니다. 종교를 빌미로 일어난 30년 전쟁의 여파로 주로 전투가 벌어졌던 독일 땅은 황폐해졌고 많은 사람들이 죽었습니다.

은 차이를 다루는 태도에 대해 생각해 보는 계기를 갖게 되었던 거야. 즉, **내가 싫어하는 입장이라고 하더라도 이를 참고 견딜 수 있어야 서로 다른 사람들이 공존할 수 있고 사회도 유지된다**는 것을 깨닫게 되었어. 비로소 관용에 눈을 뜬 것이지. 특히 영국에서는 1689년 **관용법**(Toleration Act)을 통해 공식적으로 영국국교회를 따르지 않는 신교도들에게도 신앙의 자유를 보장해 주었지. 그렇게 18세기를 거치면서 관용이 중요한 가치로 자리 잡게 된 거야.

모의심 아, 그렇게 된 거군요.

사회샘

> 그리고 하나 기억해 두면 좋은 게 있는데, 이렇게 관용이라는 생각이 자리 잡게 된 데에는 존 로크 님의 역할이 지대했다는 거야.

장공부 로크 님이라면 사회 계약설을 주장한 학자로 예전에 수업할 때도 오셨잖아요.

사회샘 그래, 맞아. 로크 님은 정치를 공부할 때 여러 부분에서 언급되는 학자지. 관용과 관련해서 로크 님은 1685년경 네덜란드에서 『관용에 관한 편지』를 쓴 것으로도 잘 알려져 있단다. 이 책을 쓰던 당시 영국과 프랑스에서는 신교를 믿는 사람들을 박해하려고 할 때였는데, 로크 님은 자신의 책에서 어느 교회나 스스로는 정통이고 다른 교회는 잘못된 교회 또는 이단으로 생각한다는 것을 지적했어. 이런 상황에서 종교적 다양성에 반대하고 자기 종교만을 강요하는 불관용은 오히려 사회를 불안하게 만든다고 강력하게 비판을 했던 것이지.

진단순 와, 멋있다.

사회샘 이런 로크 님의 주장을 통해서 사람들은 관용에 대해 좀 더 깊이 있게 생각할 수 있게 되었단다. 결국 오늘날 관용이 보편적인 원리로 자리 잡는 데 로크 님이 어느 정도 기여하게 된 것이지.

왜 관용해야 할까?

모의심 선생님 말씀은 잘 알겠는데요. 제가 선생님을 싫어한다고 의심하지 마시고 좀 들어주세요. 솔직히 관용이 왜 중요한지, 관용이 어떻게 받아들여지게 되었는지는 이제 이해가 돼요. 하지만

정말 싫은 사람도 있는데, 그런 사람까지 꼭 받아들여야 하는 걸까요?

사회샘 좋은 질문이야. 그럼, 관용을 해야 하는 이유, 관용의 근거에 대해 좀 더 이야기해 보자. 관용의 근거로는 한 네 가지 정도를 이야기할 수 있어.

먼저 관용을 받아들여야 하는 **첫 번째 이유는 바로 인간이 가진 한계**에 있어. 즉, 인간은 누구나 잘못할 가능성을 가지고 있기 때문에 관용이 필요하다는 것이지.

진단순 누구나 잘못할 수 있다고요? 선생님도요?

사회샘 선생님이라고 항상 옳을 수는 없지. 누구나 잘못할 수 있는 거야. 따라서 무조건 내가 옳고 상대방이 잘못이라는 태도는 바람직하지 않지. 내가 잘못이고 상대방이 옳을 수 있다는 것을 인정해야 한다는 거야. 사실 역사상 진리인 것처럼 말해졌던 주장들이 오늘날에는 잘못된 것으로 드러난 경우가 많이 있잖아.

장공부 예전에는 수많은 사람들이 천동설이 옳다고 생각했지만 오늘날에는 대부분 지동설이 옳다고 생각하는 것이 그 예가 되겠네요.

사회샘 맞아. 마찬가지로 지금 우리가 옳다고 생각하는 지식도 언젠가 잘못된 것으로 판명될 수 있어. 따라서 우리는 **우리의 주장이 잘못된 것일 수 있고, 반대로 상대방의 주장이 옳을 수 있다**는 것을 인정해야 하는 거야. 물론 그렇다고 해서 우리가 상대방의 주장을 무조건 수용할 필요는 없겠지. 즉, 우리의 생각이나 신념이 옳다고 생각할 수 있지만 동시에 이러한 내 생각이 잘못일 수 있다는 것, 그래서 잘못이 드러나게 되면 이를 수정할 수도 있다는 열린 자세를 취하는 것이 중요하지. 이런 열린 자세가 바로 관용이고.

장공부 인간이 누구나 잘못된 생각을 할 수 있고 그렇기 때문에 관용을 해야 한다는 것이군요.

사회샘 그래, 맞아.

모의심 일단, 이해는 되는 것 같습니다. 선생님, 관용을 해야 하는 다른 이유도 말씀해 주세요.

사회샘 관용을 주장하는 **두 번째 이유는 우리가 이미 살펴본 것처럼 관용하지 않았을 때 그 대가가 너무 크다**는 거야. 쉽게 말하면 이익이냐 손해냐를 따져보면 관용을 하는 것이 더 이익이라는 거지. 왜냐하면 관용하지 않을 경우 드는 비용이 너무 많거든.

진단순 그럼 관용하면 돈을 절약할 수 있나요?

사회샘 비용이 단순히 돈만 이야기하는 것은 아니야. 우리가 관용하지 않을 경우에는 억압이나 간섭을 할 수밖에 없는데, 이 과정에서 여러 가지 대가를 치러야 한단다. 앞에서 살펴본 것처럼 가톨릭은 신교를 억압하는 과정에서 전쟁을 치르고 수많은 사람을 죽여야 했지. 이것은 돈으로 환산할 수 없는 엄청난 비용이라고 할 수 있어.

모의심 사실 오늘날 많은 사람들이 전쟁만큼은 일어나면 안 된다고 생각하는 이유가 바로 전쟁이 가져오는 피해 때문인 것 같아요.

사회샘 그래. 전쟁이 초래하는 여러 가지 비용은 수많은 사람들이 전쟁을 반대하는 중요한 근거야. 그런 의미에서 보면 관용하지 않았을 때 드는 비용이 크기 때문에 관용해야 한다는 주장을 할 수 있는 거지.

진단순 선생님, 그러면 비용만 적게 들면 관용하지 않아도 된다는 거네요?

관용하지 않는다고 꼭 전쟁이 나는 것은 아니잖아요. 그리고 경우에 따라서는 관용할 때 비용이 더 들 수도 있잖아요?

사회샘 단순이가 상당히 중요한 지적을 했어. 꼭 돈 문제는 아니지만 **비용을 근거로 관용해야 한다**는 생각은 일종의 **실용주의적 정당화**라고 할 수 있지. 그래서 단순이가 지적한 것처럼 이런 이유라면 비용을 계산하는 방식에 따라 관용하지 않는 쪽을 선택할 수도 있어. 비용이 적게 든다면 얼마든지 억압하거나 불관용할 수 있는 거니까. 그런 점에서 이렇게 비용을 근거로 관용해야 한다는 주장은 다소 한계가 있긴 해. 하지만 역사적으로 관용하지 않아서 많은 피해가 생겼다는 점을 감안한다면 많은 사람들이 관용을 받아들이는 실제적인 이유가 이런 비용 때문이라는 점은 두말할 여지가 없겠지.

장공부 사실 많은 사람들이 참는 것도 그런 이유 때문이긴 한 것 같아요. 그러면 관용을 받아들여야 하는 또 다른 이유는 무엇인가요?

사회샘 관용을 받아들여야 하는 **세 번째 이유는 우리가 참된 진리에 도달하기 위해서야.**

진단순 선생님, 저는 진리 같은 것에 관심 없는데요.

사회샘 물론 그렇게 말하는 사람들이 많이 있을 거야. 흔히 진리라고 하면 학자들이나 찾는 것 같지만 사실 지금 우리가 이렇게 이야기하는 것도 뭐가 옳은 것인지 생각해 본다는 점에서 일종의 진리탐구라고 할 수 있어. 그런 의미에서 우리가 진리에 전혀 관심이 없다는 것은 사실이 아니야.

진단순 그렇다고 해두죠.

사회샘 관용이 진리를 찾기 위해 필요하다는 주장은 밀 님이나 포퍼 님 같은 학자들이 제시했어.

모의심 진리 얘기를 하는 걸 보니 역시 학자들이기는 하네요. 그런데 싫은 것을 참는 거랑 진리탐구랑 도대체 무슨 관계가 있는 거죠?

사회샘 관용이랑 진리랑 무슨 관계가 있냐 하면 말이지……. 이 주장은 앞에서 얘

관용 **199**

기했던 인간의 오류 가능성과 관련되어 있어. 이미 말한 것처럼 인간은 누구나 잘못을 저지를 가능성을 가지고 있잖아. 그래서 우리가 다른 사람의 의견을 관용하지 않으면 옳을 수도 있는 의견을 억압하게 되고 결국에는 진리에 도달하기 어려워질 거야. 관용을 바탕으로 자유로운 토론을 하는 과정에서 우리는 우리의 불완전함을 수정할 수 있고 진리에 더 가까이 갈 수 있는 거지.

장공부 선생님, 그런데 딱 봐도 잘못된 것 같은 의견도 있잖아요. 그런 의견을 참아 준다고, 또 같이 토론해 준다고 해서 진리에 가까이 갈 수 있을지는 의문인데요.

사회샘 꼭 그렇지는 않아. 어떤 생각이 지금 사회에 터무니없게 보이는 경우라고 해도 이를 관용하고 자유롭게 토론하는 것이 중요해. 특히 많은 사람들이 받아들이는 생각일수록 토론의 자리에서 왜 그 생각이 옳은지를 설득하는 과정이 필요하단다. 그런 설득 과정에서 더 좋은 근거를 발견하고 지금 생각이 왜 좋은 것인지가 더욱 분명해질 수 있을 테니까 말이야. 그래서 어떤 사상이 현재 체제에 반대하고 불온하다고 하여 이를 불관용하고 억압해서는 안 되는 거야. 오히려 이러한 반대 사상의 도전은 현재 체제나 사람들의 생각을 건강하게 유지하고 발전시키는 데 필수적이지. 이러한 **비판을 이겨 내고 살아남은 이론만이 진리에 가까운 참된 이론**이라고 할 수 있을 테니까.

장공부 관용을 통해서 진리에 가까워질 수 있다는 말이 어느 정도는 이해가 되네요. 그럼 관용을 해야 하는 마지막 이유는 뭔가요?

사회샘 마지막은 조금 어려운 건데, 관용을 해야 하는 **마지막 이유는 바로 관용의 대상이 되는 사람의 권리나 가치**에 있단다.

진단순 아, 권리, 가치……. 복잡하고 어려운 말뿐이구나.

사회샘 그렇게 어렵지는 않으니 잘 들어 봐. 여기 공부도 있고, 의심이도 있고, 단순이도 있는데 누구나 자기가 살고 싶은 삶을 살 수 있는 권리가 있다는 것은 다 동의하지?

진단순 그렇죠. 저는 이렇게 단순하게 살 권리가 있죠.

모의심 뭐, 저는 의심하며 살 권리가 있는 것이고…….

장공부 저는 열심히 공부하면서 살 권리가 있죠.

사회샘 그래. 보통 우리는 인간이라면 누구나 자기가 선택한 삶의 방식대로 살 수 있는 권리가 있다고 생각하지. 그리고 바로 이런 의미에서 누구나 가치 있고 소중한 존재라고 할 수 있어. 그런데 이렇게 생각하면 내 권리가 소중한 것처럼 다른 사람의 권리도 소중한 거야. 따라서 **내가 살고 싶은 대로 사는 것을 인정해야 하는 것처럼 다른 사람들이 살고 싶은 대로 사는 것 역시 인정**해 줘야 한다는 것이지.

진단순   나의 생각을 인정받고 싶으면 다른 사람의 생각도 인정해라. 이런 거군요.

사회샘 그렇지. 이런 식으로 관용을 정당화하게 되면 단순히 참는 것을 넘어서 다른 사람의 권리가 침해되지 않도록 노력해야 한다는 주장도 가능해. 즉, 앞에서 말한 근거들에 비해서 좀 더 적극적으로 관용을 주장할 수 있게 되지.

모의심 하지만 그래도 이해가 안 되는 게 있어요. 내가 살고 싶은 방식이랑 다른 사람이 살고 싶은 방식이 충돌할 때는 어떻게 해야 하죠? 내 권리를 존중해야 해요, 아님 다른 사람 권리를 존중해야 해요? 이때도 관용해야 하나요?

사회샘 역시 날카로운 지적이구나. 사실 이 마지막 정당화 방식의 한계가 바로 의심이가 말한 대로야. 즉, 나의 권리와 상대방의 권리가 본질적인 측면에서 충돌하게 되면 이때는 답을 하기 어려워. 그래서 상대방의 권리를 관용하는 것이 나의 권리를 침해하는 것일 때는 관용을 이야기하기 어렵지.

진단순 아, 관용을 정당화하는 게 쉽지가 않네요. 뭐가 이렇게 복잡한 거야?

사회샘 조금 복잡할 수도 있어. 그래도 이렇게 검토해 보면서 평소에 관용에 대해 피상적으로 생각했던 것보다는 조금 더 깊이 있게 이해할 수 있는 계기가 되면 좋겠구나.

소극적인 의미의 관용과 적극적인 의미의 관용이 있을 수 있다

장공부 선생님, 저는 방금 얘기에서 '좀 더 적극적으로 관용을 주장할 수 있다'는 말을 좀 더 자세히 설명해 주셨으면 좋겠어요.

관용에도 여러 가지가 있는 건가요?

사회샘 안 그래도 **두 가지 의미의 관용**을 설명하려던 참인데 잘 됐네. 앞에서 말한 것처럼 관용은 '싫어하는 행위에 대해 참고 견디는 것'으로 정의할 수 있어. 그래서 일반적으로 관용은 자신이 타인을 간섭하지 않는 행위로 이해되는 경우가 많아. 하지만 단순히 자신이 간섭을 하지 않는 것을 넘어서 다른 사람이 간섭하지 못하도록 하는 것도 관용이 될 수 있어. 전자가 자신이 간섭하지 않는다는 점에서 **소극적인 의미의 관용**이라면, 후자는 다른 사람의 반대나 간섭을 막기 위해 어떤 조치를 취한다는 점에서 **적극적인 의미의 관용**이라고 할 수 있지.

모의심

내가 안 하는 것은 소극적 관용, 남이 안 하도록 내가 무언가를 하는 것은 적극적 관용이군요?

사회샘 의심이가 잘 정리해 줬어.

진단순 에구, 다른 애들은 정리가 되나 본데. 저는 벌써 머리가 엄청 아프다고요. 하나씩 천천히 설명 좀 해주세요.

사회샘 그래. 먼저 **소극적 관용**부터 살펴볼까? 흔히 **소극적 관용**은 **영어로는 toleration**이라고 쓰는데 이미 말한 것처럼 다른 사람에게 간섭하는 행위

를 하지 않는 것을 말해. 말 그대로 그냥 내버려 두는 것이지. 이것은 국가에 대해서도 동일하게 말할 수 있어. 즉, 국가도 국민 개개인에게 이래라저래라 간섭하지 말고 그냥 내버려 두라는 거지.

진단순 아, 이 소극적 관용 좋은데요. 부모님이나 선생님이나 자꾸 간섭하는 게 문제잖아요. 이게 제가 바라던 거였어요.

사회샘 그런데 문제는 우리가 관용을 말하는 상황을 보면 한쪽이 힘이 세고, 다른 한쪽이 힘이 약한 상황이라는 거지. 즉, 사회적으로 주류이고 강한 힘을 가진 쪽이 있는가 하면, 상대적으로 비주류이고 약자인 쪽이 있는 불균형적인 상황이 바로 관용을 얘기하는 상황이라는 거야. 그런데 이런 상황에서 단순히 '있는 그대로 내버려 두고 간섭하지 않는' 소극적 관용을 실행한다면 어떻게 될까? 과연 이런 약자들의 권리가 잘 존중될 수 있을까?

모의심 오히려 관용이 약자들을 더 힘든 상황으로 밀어 넣을 수 있다는 거네요.

사회샘 맞아. 약자들의 권리는 내버려 두면 오히려 침해될 가능성이 높으니까. 만약 단순이가 평소 단순하게 말하는 것 때문에 친구들에게 이상한 아이라고 오해받은 상황이라면 어떻게 하는 게 좋을까? 선생님이 이 상황을 그냥 내버려 두어도 괜찮은 걸까?

진단순 선생님, 그러면 안 되죠. 선생님이 오해를 풀어 줘야죠. 제가 그런 복잡한 오해를 어떻게 풀겠어요?

사회샘 그렇겠지. 실제로 미국과 같은 크고 복잡한 사회에서 인디언을 비롯한 여러 소수민족이 자신의 문화를 유지하기란 매우 힘든 일이야. 왜냐하면 애당초 문화적 힘의 차이가 엄청 크기 때문에 그냥 내버려 두었을 때 자연스럽게 밀려드는 외부의 문화적 압력을 소수민족의 문화가 감당할 수 없기 때문이지. 이 경우 소수민족의 문화는 사실상 사라지게 될 것이고, 이렇게 내버려 두는 식의 소극적 관용은 오히려 약자의 권리를 인정하기보다는 짓밟는 수단이 될 수도 있어. 그래서 **만약 관용되는 대상이 매우 취약한 지위에 놓여 있는 경우에 소극적 관용은 오히려 이들을 무관심하게 방치하고 버리는 것이나 다름없어.** 이것은 소수자들을 배제시킨다는 점에서 또다른 의미의 불관용이 될 수도 있는 거지.

장공부 선생님. 그럼 적극적 관용은요?

사회샘 **적극적 관용**은 흔히 영어로는 tolerance라고 쓰는데, 주로 프랑스어로 **톨레랑스(tolérance)**라고 표현하는 경우가 많아. 이것은 앞에서 살펴본 **소극적 관용처럼 단순히 '그냥 내버려 두는 것'이 아니라 불관용적 상황에 저항하는 적극적인 행위**를 의미하지.

모의심 적극적이라는 것이 정확히 뭘 말하는지 모르겠어요.

사회샘 앞에서 관용하는 자와 관용되는 자 사이에 힘의 불균형이 있다고 했잖아. 적극적 관용의 목표는 바로 그런 불균형을 조정하는 거야. 힘 있는 쪽이 힘없는 쪽을 무관심하게 방치하거나 불쌍한 마음에 시혜를 베풀 수도 있겠지만 이런 행동으로 힘의 불균형 상황을 바꿀 수는 없어. 오히려 약자들은 영원히 약자의 지위에서 벗어나지 못할 수도 있지. 그래서 적극적 관용은 **다양한 차이를 적극적으로 존중하고 인정하면서 약자들도 동등한 입장에 설 수 있도록 노력하는 것**을 의미해. 이런 점에서 보면 소수민족의 문화가 소멸하는 것을 그냥 방관하는 것은 제대로 된 관용이라고 할 수 없지. 오히려 이들 문화의 가치를 적극적으로 존중하고 이들이 자신들의 문화를 잘 발전시킬 수 있도록 지원하는 것이 관용이라고 할 수 있어.

진단순 그럼, 제가 친구들에게 이상한 아이라고 오해받은 상황이라면 선생님이 적극적으로 제 편을 들어주시는 게 적극적 관용인 거네요.

사회샘 뭐, 말하자면 그렇지.

진단순 그럼, 저는 적극적 관용할래요.

모의심 진단순, 이랬다저랬다 하기는……

장공부 선생님, 어쨌든 적극적 관용은 다양한 차이를 지켜 내기 위해 적극적으로 노력한다는 점에서 소극적 관용보다 좋다고 볼 수 있겠네요?

사회샘 일단, 용어도 그렇지만 소극적 관용보다 적극적 관용이 훨씬 긍정적인 의미를 담고 있는 것은 사실이야. 특히 오늘날에는 사회 곳곳에서 여러 가지 힘의 불균형이 존재하기 때문에 적극적 관용을 주장하는 사람들이 많이 있단다.

모의심

그럼, 적극적 관용을 하면 되지. 소극적 관용은 왜 얘기 했어요? 별로 좋은 것도 아닌 것 같아 보이는데…….

사회샘 선생님 역시 적극적 관용이 필요하다고 생각하지만 그렇게 단순하게 말할 수는 없어. 사실 싫은 것을 참기만 하는 소극적 관용도 무척 힘든 거니까. 소극적 관용을 넘어 적극적인 관용까지 행해야 한다는 것이 말로는 쉬울지 몰라도 실제로 받아들이고 행하기는 쉽지 않아. 특히 소극적 관용의 경우에는 단순히 싫은 것을 피하고 단지 참기만 하면 됐지만 **적극적 관용을 택할 경우에는 싫어하는 것을 더 적극적으로 인정해야 하는 문제에 부딪칠 수밖에 없지.** 이런 점에서 어떤 관용이 더 바람직한가의 문제와 별개로 관용은 원래 소극적인 의미로 해석되어야 한다고 주장하는 사람들도 여전히 있어.

진단순 역시 결론은 관용이 복잡하다는 거네요…….

장공부 그래도 관용의 의미를 좀 더 풍부하게 이해할 수 있게 된 것 같아요.

자신을 반대하던 사람들까지 받아들였던 카이사르

모의심 선생님, 관용이 좋은 태도라는 것은 알겠는데요. 현실적으로 잘 실현될 수 있을지는 의문이네요. 당장 우리들만 해도 맨날 자기가 옳다고 막 싸우는데 말이죠.

사회샘 그래. 의심이가 말한 것처럼 관용은 말로 이해하는 것보다 실천하는 것이 훨씬 더 어려울 거야. 하지만 실제 관용을 실천한 사람도 역사 속에서 종종 발견할 수 있어. 관용의 사례를 한번 살펴볼까? (소환기를 조작한다.)

카이사르　안녕하세요? 카이사르입니다.

진단순　우와. 포스가 장난이 아닌데요. 카이사르 님이라고요? 뭐하는 분이세요?

카이사르　아니, 나를 모른다고요? 정말 카이사르를 몰라요?

장공부　단순이가 카이사르 님을 알 리가 없죠. 제가 카이사르 님을 잠깐 소개할게요. 카이사르 님은 로마의 대장군으로 수많은 전쟁에서 승리해서 로마 영토가 넓어지는 데 크게 기여한 분이야.

사회샘　선생님이 덧붙이자면, 카이사르 님은 나중에 거의 황제 역할까지 했던 분이야. 흔히 '시저'라고 하는 황제의 호칭도 사실 카이사르라는 이름에서 생긴 거야. 그만큼 카이사르 님은 로마 역사에서 매우 중요한 역할을 했지.

율리우스 카이사르
(Julius Caesar)

카이사르　하하하. 잘 설명해 주셔서 감사합니다.

모의심　근데 카이사르 님이 관용 좀 했나 봐요? 황제면 제일 높은 사람이라 굳이 싫은 것을 참을 필요는 없었을 텐데…….

카이사르　하하. 그 설명을 하려면 내가 살던 시대 상황을 조금 설명해야겠네요. 당시에는 전쟁이 무척 많았고, 전쟁에서 이긴 쪽은 진 쪽을 학살하거나 노예로 만드는 경우가 많았죠. 게다가 당시 로마는 귀족과 평민 사이에 갈등도 심해서 한쪽이 권력을 잡으면 다른 한쪽을 완전히 없애는 경우도 무척 많았답니다. 실제 나 이전에 대장군 위치에 있었던 사람들은 귀족이나 평민 한 편에서 다른 편에 있는 사람들을 숙청해 버렸으니까요.

진단순　와, 완전 살벌한 시대였네요.

카이사르　그렇지요. 하지만 나는 다른 사람과 달랐어요. 꼭 내 자랑은 아니지만 내가 얼마나 관용을 베풀었으면 심지어 '**카이사르의 관용**'이라는 말까지 생겼겠어요?.

장공부

> '카이사르의 관용'이요? 도대체 어떻게 하셨길래요?

카이사르 내가 전쟁을 좀 잘 해서 많은 승리를 거두었는데, 우리 군대는 가장 맹렬하게 저항했던 적이라고 해도 전쟁이 끝난 후에는 용서해 주고 자유를 주었어요. 특히 다른 도시나 지역을 점령했을 때에도 약탈이나 학살 같은 것은 거의 하지 않았지요. 그래서 많은 지역의 시민들이 나를 무척 좋아했답니다. 하하.

모의심

> 적을 용서하는 게 쉽지는 않았을 텐데. 무슨 다른 생각이 있어서 그랬던 거 아니에요?

카이사르 뭐, 일단은 내가 훌륭한 사람이어서 그렇기도 하지만, 만약 내가 그렇게 사람들에게 관용을 베풀지 않았다면 그 넓은 지역을 점령하는 게 쉽지는 않았을 거예요. 사람들은 내가 다른 장군들과 달리 관용적이라는 것을 알고 나의 통치를 순순히 받아들이기도 했으니까요.

진단순 아, 그런 거에요? 그럼 자기 좋으려고 그런 거네요…….

카이사르 아니, 그렇게 하는 게 쉽지가 않다니까요. 참, 그리고 나의 관용은 그것만이 아니에요. 전쟁이 끝나고 로마에 돌아왔을 때 내가 최고의 자리에 올라가는 것을 반대하는 사람들이 있었거든요. 나는 그 사람들과 전쟁을 해서 승리했고 결국 로마를 장악했죠. 하지만 나는 나를 반대했던 사람들을 너그럽게 용서했답니다. 심지어 나를 반대했던 사람들이 높은 자리에 오르는 것도 허용해 줬으니까요. 나보다 앞서 로마를 장악했던 사람들은 귀족이나 평민 한쪽 편에 붙어서 다른 쪽을 완전히 죽이려고 혈안이 되었었는데 그에 비하면 내가 얼마나 관용적이었는지 알 수 있겠죠?

모의심 왠지, 그것도 뭔가 계산된 행동 같은데요?

장공부 설마, 카이사르 님은 그런 행동을 통해서 로마 사람들의 지지를 얻고 황제 자리까지 가려고 한 것 아닌가요? 그렇다면 상당히 무서운 분인데?

진단순 뭐야, 그런 거야? 그렇다면 카이사르 님은 그렇게 착한 사람은 아닌 거잖아요.

카이사르 뭐, 자꾸 그런 식으로 몰아가면 곤란해요. 솔직히 그런 생각이 없었던 것은 아니지만 그래도 관용을 실천하는 게 쉽지가 않았다는 걸 알아줬으면 좋겠어요.

사회샘 동기야 어쨌든 비슷한 환경에서 로마를 장악했던 다른 사람들에 비해서 카이사르 님이 관용을 베풀었다는 것은 인정할 수 있겠지요. 우리는 그 사실에만 주목하면 되겠네요. 그럼 괜찮겠죠?

카이사르 네, 그럼 관용을 실천한 카이사르는 이만 가보겠습니다. 안녕. (카이사르의 형상이 희미해진다.)

사회샘 관용을 상당히 실용적으로 실천한 분이지만 어쨌든 당시 카이사르 님이 아주 극한 상황을 만들지 않으려고 노력했다는 것은 분명하지.

붕당으로 분열된 조선 사회에서 관용을 실천한 영조

장공부

> 선생님, 외국 말고 우리나라에도 관용을 실천한 사례가 있나요?

영조

사회샘 물론이지.

(소환기를 조작하자 영조의 사념파가 형상화된다.)

영 조 잘들 지냈는가? 짐, 영조가 왔네.

진단순 어, 할아버지. 말투가 그게 뭐예요? 옷도 어디 텔레비전 드라마에서 많이 본 것 같은데, 어디서 봤더라?

모의심 이거 왕이 입는 옷이잖아. 할아버지 폼이 딱 왕이네.

사회샘 영조는 조선의 제21대 왕이야. 18세기 조선의 혼란한 상황을 바로 세우기 위해 노력했던 인물로 조선 시대 훌륭한 왕 중 한 명으로 기억되는 분이지.

장공부 단순이 네가 본 것은 아마 텔레비전에 정조가 주인공으로 나오는 드라마일 거야. 정조의 할아버지가 바로 이 분이거든.

진단순 아, 그렇구나. 정조는 진짜 훌륭한 왕이잖아. 완전 멋있던데. 그런데 정조가 바빠서 할아버지가 대신 나오셨나봐요.

영 조 허허, 무엄하다. 매번 내가 나올 때마다 내 손자인 정조를 말하는데, 내가 정조에게 밀릴 게 하나도 없는데 말이야. 사실 정조 때 나라가 잘 발전할 수 있었던 것도 내가 50여 년 동안 나라의 기초를 잘 세웠기 때문인데 백성들이 그걸 몰라주다니. 참, 통탄할 노릇이구나.

모의심 50년이요? 왕을 진짜 오래하셨네요? 어쩐지 나이 좀 들어 보이시더라.

영 조 사람을 나이로 평가하면 안 되네. 나도 젊은 시절에는 훨씬 더 멋있었지. 뭐, 지금 카리스마도 보다시피 대단하지만……. 허허.

장공부 그런데 영조 할아버지는 관용이랑 무슨 관계예요? 얼른 설명해 주세요.

영 조 내가 왕으로 즉위하던 당시에는 **붕당이라고 해서 조선의 정치가 파벌로 나뉘어 무척 심하게 다투고 있을 때**였네. 특히 **노론과 소론**이라고 해서 자기 쪽 세력이 권력을 잡기 위해 상대방을 모함해서 처형하는 일이 수도 없이 많았지. 솔직히 내가 왕이 되는 과정에서도 말이 상당히 많았고……. 지금에 와서 하는 고백이지만 당시 노론이 나를 돕지 않았다면 왕이 되는 것도 쉽지는 않았을 것이야.

진단순 에이, 그럼 할아버지도 그쪽 편이네요.

영 조 노론의 도움을 받은 것은 사실이지만 내가 훌륭하다고 평가받는 것은 그 다음이지. 당시 왕이 되는 과정에서 내가 느낀 것은 이렇게 당파가 나뉘어서 서로 죽이기 위해 싸우는 상황에서는 나라를 올바르게 운영할 수 없다는 것이었네. 붕당의 갈등을 완화하고 줄여야 조선이 더 발전할 수 있다고

관용 **209**

본 것이지. 그래서 초기에는 노론을 등용하고, 나에게 반대하던 소론을 내몰긴 했지만 이후에는 노론 중에서도 소론을 완전히 없애려고 하는 과격한 인물들을 내치기 시작했던 것이네.

사회샘

이것이 이른바 영조의 탕평책이야.

진단순 탕수육이요?

장공부 탕수육이 아니고 **탕평책**. 한쪽에 치우치지 않고, 파벌을 만들지 않으면서 나라를 다스리는 것을 말하는 거야.

영 조 자네가 잘 설명했네. 나는 당시 노론과 소론에서 제일 높은 위치에 있는 사람들을 불러들여서 화목하게 지낼 것을 권유하고 이에 따르지 않는 신하들은 관직에 등용하지 않고 배척하였네. 또한 관직을 임명할 때에도 노론과 소론을 섞어서 배치하여 결과적으로는 파벌에 관계없이 능력 있는 사람이 일할 수 있는 분위기를 만든 것이네.

영조가 탕평책을 표방하며 세운 탕평비로 성균관대학교에 있습니다.

모의심 근데 드라마에 보면 할아버지는 별로 좋은 사람으로 안 나오던데요. 뭐……. 아들을 굶겨 죽였다나? 그런 얘기를 들은 것 같은데.

영 조 그 얘기는 언급하지 말게. 나도 가슴이 아프다고. 나도 잘해 보려고 했지만 나 혼자서 그런 갈등을 없애는 게 쉬운 것은 아니었으니까. 나도 피해자라는 것을 감안해 주게.

사회샘 영조 말기에 왕위 계승과 관련해서 문제가 있었던 것은 사실이야. 하지만 오늘의 주제인 관용에 초점을 맞추면 영조가 왕이 되고 나서 탕평책을 통해 서로 다른 파벌끼리 지나치게 싸우는 것을 막았다는 점은 분명히 높게 평가할 부분이지.

영 조 내가 하고 싶은 얘기가 바로 그것이네. 요즘도 보니까 국회에서 국회의원들이 서로 다른 입장이라고 치고받고 싸우고 하던데, 뭐 갈등이 없을 수는 없겠지만 그래도 최대한 서로 인정하면서 합리적인 해결책을 찾기 위해 노력하는 태도를 가져야 하지 않겠나. 내가 바라는 것은 그뿐이라네.

진단순 오! 할아버지 마지막 얘기는 멋있어요. 서로 다른 입장이어서 싫겠지만 그래도 인정하는 관용이 중요하다는 거죠?

영 조 그렇다네. 그럼 내 얘기는 이만해도 되겠구먼. 그럼 잘들 있게나. (영조 사라진다.)

학생들 안녕히 가세요.

불관용도 관용해야 할까?

사회샘 이제 관용에 대해 조금 이해가 되니?

장공부 선생님, 정말 관용이 중요한 가치라는 것을 알게 되었어요. 내가 싫어하는 대상이라고 하더라도 함께 살아가기 위해서는 참고 인정하는 태도가 필요한 것 같아요.

모의심 선생님. 하지만 조금 궁금한 게 있어요. 만약 누군가가 관용에 반대하는 생각을 제시하면서 이것도 관용해 달라고 하면 어떻게 되죠?

진단순 뭐야? 모의심 너는 또 이상한 걸 질문하는구나. 그냥 관용하면 될 것이지.

사회샘 단순이도 의심이를 너무 미워하지마. 특히 이번에 의심이가 제대로 의심한 것 같으니까 말이지. 불관용의 관용은 매우 중요한 논점이란다. 여기에 대해서는 좀 더 깊이 있는 설명이 필요하겠구나. (소환기를 조작한다.)

로 크

관용하면 떠오르는 인물 로크입니다.
무엇을 말씀드릴까요?

장공부 아! 예전에도 나오셨죠?『관용에 관한
편지』를 쓰셨다고 들었어요. 불관용
도 관용할 수 있는 건지 설명 좀 해주
세요.

로 크 **불관용에 대한 관용**이라······. 아주
흥미로운 질문이네요. 흔히 **관용의 역
설**이라는 말로 얘기되는 주제인데요.
결론부터 이야기하면 불관용은 관용
할 수 없습니다. 잘 모르는 사람들은
모든 것을 다 관용할 수 있다고 생각
하는데 이것은 잘못이에요. 관용을 무

A
LETTER
CONCERNING
Toleration :
Humbly Submitted, &c.

LICENSED, Octob. 3. 1689.

LONDON,
Printed for Awnsham Churchill, at the Black
Swan at Amen-Corner. 1689.

1689년에 출간된 존 로크의『관용에 관
한 편지』입니다.

한히 확대하다 보면 어느 순간부터는 악을 인정하거나 그 자체가 악으로
변하는 역설적 상황이 생길 수 있지요. 즉, 타인을 관용하지 않는 자들까
지 관용하다 보면, 우리는 불관용의 공격에서 관용을 지켜낼 수가 없습니
다. 따라서 우리는 '**불관용을 관용하지 않을 권리**'가 있습니다.

진단순

로크 님 얘기대로면 불관용은 불관용으로
대해야 하는군요.

로 크 그렇습니다. 예를 들어 어떤 사람이 상대방에게 종교적으로 매우 중요한
인물을 의도적으로 비하하고 헐뜯는 영화를 만든다고 생각해 봅시다. 실
제로 얼마 전에도 유럽에서 기독교 신자가 이슬람교의 성인인 마호메트를
희화화하는 일이 있기도 했지요. 그런데 이런 일을 하면서 이런 자신의 생
각도 다양한 가치 중 하나니 관용해 달라고 주장한다면 이게 가능하겠습
니까?

종교의 다양성을 부정하는 종교적 생각까지 관용한다면 애당초 관용을 통해 지키려고 했던 종교적 자유는 사라질 수밖에 없지요.

모의심 그렇다고 해도 좀 이상해요. 로크 님은 관용을 주장하신다면서 결국 불관용도 필요하다고 하시는 거잖아요? 뭐가 이래요?

장공부 맞아요. 의심이 얘기처럼 전에 일부 이슬람 테러 세력이 미국에서 대폭발 테러 사건(9 · 11 테러)을 저질렀잖아요. 이것은 분명 잘못이죠. 하지만 그 결과로 미국은 이들 세력을 없애겠다는 생각으로 전쟁을 일으켰어요.

이처럼 관용을 지키기 위해 불관용을 택하게 되면 이것이 또 다른 불관용을 부르고 이것이 반복되면 결국 계속적인 투쟁만 남게 되는 것 아닌가요?

그렇게 되면 애당초 관용을 주장했던 게 함께 평화롭게 잘 살기 위해서인데 그게 불가능해지잖아요. 저도 조금 문제가 있다는 생각이 들어요.

진단순 아, 뭐가 이리 복잡해……

로 크 학생들 지적처럼 관용을 주장하면서 일정 범위에서는 불관용을 인정하는 것이 모순처럼 생각될 수도 있겠습니다. 하지만 이것은 **관용의 의미가 원래 그렇게 모순되는 요소를 담고 있기 때문입니다.** 그래서 어쩔 수 없는 거예요. 관용은 원래 개인의 자유를 지키기 위한 것이에요. 이런 자유를 억압하는 독재자에 대한 관용까지 관용이라는 생각에 포함할 수는 없는 것이죠. 실제 현실에서도 관용을 기반으로 성립된 바이마르 공화국에서 최악의 독재자인 히틀러가 등장하기도 했었지요. 이런 독재자까지 허용하는 것은 관용이라고 할 수 없습니다.

사회샘

로크 님의 말처럼 관용의 개념상 불관용을 관용한다는 것은 불가능할 것 같습니다. 만약 불관용까지 관용하게 되면 관용 개념 자체가 살아남기 힘들 테니까요.

로 크 그렇습니다. **관용은 기본적으로 양심, 사상, 표현의 자유 같은 것을 지키기 위한 수단입니다.** 따라서 어떤 사람이 나와 다른 생각을 주장한다고 하더라도 그런 주장 자체를 막아서는 안 되는 것입니다. 하지만 만약 그 사람이 그런 주장을 하는 것을 넘어서 다른 사람의 자유를 억압하게 된다면 이것에 적극적으로 대항하는 것이 관용이지요.

사회샘 로크 님 주장은 분명 일리가 있습니다. 하지만 우리가 불관용을 참지 않고 불관용으로 대응한다고 할 때, 우리가 어디까지 강하게 행동해야 할 것인가는 여전히 불분명하고 어려운 부분이 있기는 합니다. 게다가 생각해 보면 로크 님처럼 개인의 자유를 중요하게 생각하지 않는 사람이라면 관용에 대한 생각도 달라질 수 있을 것 같다는 생각도 드네요.

로 크 뭐, 그럴 수도 있겠죠. 저는 제 입장에서 관용을 이야기하는 것이니까요. 이 정도면 불관용에 대한 관용은 충분히 이야기된 것 같으니 저는 이만 물러갑니다. (로크의 형상이 사라지고, 마르쿠제의 사념파가 형상화된다.)

관용이 정말 바람직한 가치인가?

마르쿠제 저는 좀 다른 의견이 있는데 이야기해도 될까요?

모의심 선생님은 누구세요?

마르쿠제 저는 자본주의와 현대 산업 사회에 비판적인 입장을 지닌 사상가 중 한 명인 마르쿠제라고 합니다.

진단순 마르쿠제요? 어째 마르크스 님이랑 이름도 비슷하고 비판적인 사상가라는 게……. 마르쿠제 님도 좀 삐딱하게 생각하는 분인가요?

마르쿠제 그렇다고 볼 수도 있겠네요. 허허.

헤르베르트 마르쿠제
(Herbert Marcuse)

장공부 마르쿠제 님도 관용에 대해 이야기해 주실 게 있나요?

마르쿠제 네, 그렇습니다. 사실 관용은 제가 관심 있는 덕목은 아니에요. 저는 원래 관용이 좋은 덕목이라고 생각하지 않거든요. 그래서 안 끼어들려고 했는데 관용을 너무 찬양하는 분위기여서 그냥 지나갈 수가 없더라고요.

진단순

아니. 그럼 마르쿠제 님은 관용이
나쁘다는 건가요?

마르쿠제 네, 적어도 제 입장에서는 그렇습니다. 아까 로크 님 얘기를 들으니 불관
용은 관용할 수 없다고 하면서 끝까지 관용을 옹호하던데 제가 보기에 이
것은 관용이라는 가치를 역설적인 상황에 빠뜨리지 않기 위한 몸부림에
불과합니다. **애당초 관용이 그렇게 지킬만한 가치가 있는 것인지 진지하
게 따져볼 필요가 있어요.**

사회샘 마르쿠제 님, 조금 자세히 얘기해 주세요.

마르쿠제 제가 보기에 관용은 현대 사회에서 억압적인 현 상태를 그대로 인정하려
는 **지배자들의 도덕**에 불과합니다. 왜냐하면 오늘날 자유주의 사회에서
는 주로 이론이나 말의 영역에서만 관용을 허용할 뿐이지 행위의 영역까
지는 관용을 허용하지 않기 때문입니다. 아까 로크 님 얘기하는 것도 들어
보니 양심, 사상, 표현의 자유 같은 것만 얘기하더라고요.

모의심 아니. 그러면 마르쿠제 님은 양심, 사상, 표현의 자유 같은 것은 중요하지
않다는 말인가요?

마르쿠제 그렇게 말하니 내가 마치 전체주의자 같네요……. 제 말은 관용이 이론
이나 말의 영역에서만 주장될 뿐이어서 실제로 사회를 바람직한 방향으로
개선하는 데 아무런 도움이 안 된다는 것입니다. 이것은 사회 구조상 약자
의 위치에 설 수밖에 없는 사람들 입장에서 생각해 보면 더 분명하지요.
예를 들면 구조적으로 가난할 수밖에 없는 노동자들은 부정의나 부패, 부
의 편중, 착취 등에 대해 행동으로 저항함으로써만 자유로울 수 있습니다.
하지만 앞에서 말한 관용은 이러한 행동을 불관용으로 규정하고 허용하지
않지요. 즉, **관용은 기존 질서에 자리 잡은 폭력이나 억압을 정당화하는
역할을 할 뿐입니다.**

마르쿠제 님 얘기는 결국 관용이 구조적인 문제를 해결하는 데는 한계가 있다는 거네요.

마르쿠제 그렇죠. 그리고 그러한 구조적인 부분에서 오는 폭력이 진짜 더 큰 폭력이라니까요. 조금 더 강하게 말하면 관용은 강자들이 약자들을 존중하라는 게 아니에요. 반대로 약자로 하여금 강자들에게 억울한 것이 있어도 참으라고 하는 것에 불과하죠.

진단순 듣고 보니 그럴듯하네요.

사회샘 마르쿠제 님 얘기도 많은 도움이 되네요. 하지만 관용이 그런 문제가 있다고 하더라도 관용의 정신이 사라지고 힘으로만 해결하려고 한다면 결국 폭력이나 전쟁이 발생하고 결국 평화를 위협할 수 있습니다.

마르쿠제 물론 그렇습니다. 하지만 **폭력이나 전쟁 없이 평화롭다고 다 좋은 것은 아니죠. 억압과 착취를 받는 상황을 진정한 평화라고 볼 수 있을지도 의문**이고요. 그래서 그런 가짜 평화를 유지하려는 관용을 제가 싫어하는 겁니다.

사회샘 네, 마르쿠제 님의 주장은 확실히 관용이 어떤 한계가 있는지를 잘 보여 주는 것 같네요. 하지만 그렇다고 관용을 쉽게 포기할 수도 없는 거니까……. 이 부분에서 갈등이 있겠네요. 어쨌든 좋은 얘기 감사합니다.

마르쿠제 그럼, 저는 이만……. (마르쿠제 사라진다.)

관용이 가능하기는 한가?

모의심

선생님, 저는 계속 얘기하다 보니 관용에 대해 더 혼란스러워지는 것 같아요. 정말 관용이 실제로 가능하긴 한 건가요?

진단순 모의심, 그거 내가 하려던 질문인데, 내가 보기에는 이렇게 복잡한 걸로 봐서 관용은 불가능하다고 봐. 애당초 싫어하는 것을 진심으로 참고 받아들인다는 게 이상했어.

장공부 그래도 관용이 불가능한 것은 아니지. 실제 관용 사례도 있었고…….

모의심 아니, 그런 사례에서 **관용하는 사람이 진짜 참고 받아들인 것이냐** 하는 것이 의심이 된다는 말이야.

사회샘 지금 의심이가 한 얘기도 무척 중요한 부분이야. 진정한 관용이 실제로 가능한가 하는 것이지. 관용의 의미에 따르면 관용하기 위해서는 어떤 대상을 싫어하지만 그럼에도 불구하고 우리는 그러한 싫어하는 대상에 대해서 부정적인 행위를 하면 안 되는 거야. 싫어함에도 불구하고 부정적인 행위를 하지 않고 받아들인다…… 이것은 정말 엄청난 인내를 요구하는 거야. 특히 **싫어하는 것을 받아들이기 위해 자신의 욕구나 경향, 이익에 어긋나는 행동을 한다는 것**은 정말 어려운 일이지.

장공부

선생님, 그런데 어렵긴 하지만 역시 가능하기는 하잖아요.

사회샘 물론 그렇게 생각할 수도 있어. 하지만 이렇게 자신의 욕구와 경향, 자기 이익에 어긋나는 행동을 하는 것은 **결국에는 자신을 부정하는 쪽으로 가게 되지.** 즉, 내가 나이기를 포기하게 된다는 거야. 공부가 공부 열심히 하는 것을 포기하고, 의심이가 의심하는 것을 포기하고, 단순이가 단순한 것을 포기한다는 게 가능할까?

즉, 관용은 모든 사람에게는 아니라고 하더라도 일부 사람에게는 이렇게 힘든 **자기부정**을 강요하는 것일 수 있다는 점에서 문제가 될 수 있지.

진단순 제가 단순한 것을 포기한다니 정말 끔찍하네요. 그건 정말 불가능할 것 같아요.

모의심 저도 마찬가지예요. 가만히 있어도 의심이 되는데 이것을 포기하라니요.

장공부 그러면 관용은 결국 포기해야 하는 건가요? 안 되는 것을 할 수는 없는 거잖아요.

사회샘 글쎄, 그렇게 말하기도 어려워. 이렇게 관용의 어려움을 이야기하는 것은 관용이 얼마나 어려운 것인지를 분명히 인식하기 위해서야. 머릿속으로만 관용하겠다고 하고서 실제 상황에서는 관용하지 못하는 경우가 많거든. 관용의 어려움, 즉 관용의 한계는 결국 관용의 개념 속에 원래 포함되어 있는 구조적 한계라고 할 수 있어. 이런 관용의 한계를 잘 알게 되면 당장은 아니라도 언젠가는 관용을 넘어서는 다른 덕목을 생각하고 실천하는 것도 가능하지 않을까?

우리 사회에는 더 많은 관용이 필요하다

사회샘 이제 우리가 처음에 고민했던 게 어느 정도 해결되었니?

장공부

네, 나와 다르다는 이유로 무조건 배척하거나 억압해서는 안 된다는 거죠. 그런 식의 태도는 끔찍한 결과를 가져올 수도 있고요.

진단순 단순하게 말하면 관용하자는 거잖아요.

모의심 어휴, 단순아! 관용이 그렇게 단순한 게 아니었잖아.

진단순 나도 안다고. 관용은 서로 다른 의견이 충돌하는 상황에서 상대방이 맘에 들지 않지만 참는 거잖아. 물론 이때 참는 건 힘은 있지만 자발적으로 참는 것을 말하는 거고.

사회샘 그래. 단순이도 졸지 않았구나.

장공부 관용의 등장 배경이 종교 전쟁이라는 것도 공부했었죠. 오랫동안 자기 생각만 옳다고 싸우다보니 결론이 나지 않았고 결국에는 싫지만 현실적으로 서로 인정할 수밖에 없었던 거죠. 물론 이러한 생각을 로크 님 같은 분이 관용이라고 잘 정리한 것이고요.

모의심

관용해야 하는 이유도 여러 가지가 있었어요.

일단 누구나 잘못된 주장을 할 수 있는 가능성이 있다는 것, 그리고 관용하지 않았을 때 그 대가가 엄청 클 수 있다는 것, 관용을 통해서 진리에 도달할 수 있다는 것, 모든 사람들이 자율적인 존재로서 권리를 가지고 있다면 관용할 수밖에 없다는 것. 이런 것들이 모두 관용을 정당화하는 근거들이죠.

진단순

> 관용에는 소극적 관용과 적극적 관용이 있다는 것도 배웠어요.

소극적 관용이 내가 싫어하는 것을 그냥 참는 것이라면 적극적 관용은 싫어하는 대상의 권리를 적극적으로 존중하기 위해 노력하는 것이죠.

사회샘 다들 잘 말했어. 정말 모두들 이 정도면 관용에 대해서는 정말 전문가나 다름없구나. 지금 얘기한 것 말고도 관용과 관련해서 여러 가지 논쟁들이 있었지. 불관용을 관용할 수 있는가, 관용이 바람직한가, 관용이 가능한가와 같은 질문들은 여전히 논쟁 중이라고 할 수 있어. 하지만 무엇보다도 오늘 배움에서 우리가 중요하게 생각해야 할 것은 그렇게 관용에 대해 아는 것보다 관용을 실천하는 것이라고 할 수 있지.

장공부 네, 맞아요. 특히 관용은 실천하기가 어려운 것 같아요.

진단순 그래도 뭐 노력해야죠.

모의심 그러고 보니 예전에 신문에서 우리 사회가 특히 관용이 부족하다는 내용을 읽은 적이 있어요.

○○ 일보

20○○년 ○○월 ○○일

우리 사회 관용 부족해

최근 한 조사 결과에 의하면 우리 국민들의 60%는 자신들이 가장 싫어하는 집단에 대해서는 가두 행진을 허용하지 않겠다고 대답했다. 그뿐만 아니라 이런 혐오 집단에 대해서는 공공 연설이나 공직 출마도 금지해야 한다고 생각하는 사람들이 50%를 넘어서고 있는 것으로 나타났다.

사회샘 그래. 중요한 지적이야. 우리 사회가 상당히 민주화되었지만 여전히 사회 갈등은 심각한 편이지. 정치적인 생각의 차이도 크고, 빈부 격차도 크고, 지역 간의 대립도 존재하는 상황이니까 말이지.

그러고 보니 우리 시작할 때 주체사상을 옹호하는 사람들 관련 얘기도 했던 것 같은데 관용의 입장에서 보면 우리가 이 문제를 어떻게 푸는 게 좋을까?

장공부 관용은 싫어하더라도 참고 받아들이는 것이잖아요. 주체사상을 주장하는 사람들에게 동의하진 않지만 그래도 그런 주장을 하는 사람들도 사회의 일원으로 받아들이고 인정할 필요가 있겠네요.

진단순 하지만 무조건 인정하는 것은 안 돼요. 우리나라는 분단 상황이잖아요. 주체사상을 인정해 주다가 그 사람들이 우리나라 안보에 위협이 되는 일을 하면 어떡해요?

모의심 그렇지. 로크 님이 불관용은 관용하면 안 된다고 했잖아.

로크 님에 따른다면 주체사상을 주장하는 것까지는 인정하지만, 그러한 주장이 명백히 다른 사람의 자유를 해치는 것이라면 이것을 관용하면 안 되지.

장공부 하지만 그것은 로크 님 생각이고 다른 사람의 자유라는 게 어디까지인지, 그리고 해를 끼친다는 게 어떤 건지도 생각해 봐야 할 것 같아. 물론 어떤 경우에도 의심이 네가 말한 자유를 해치는 것에 해당하지 않는다면 관용하는 것은 필요할 것 같아.

진단순 그래, 어쨌든 관용은 평화를 위한 거니까.

사회샘 정말 다들 잘 이해했어.

관용은 우리가 함께 살아가기 위해서 가져야 할 최고의 덕목은 아니라고 해도 최소한의 덕목이라고 할 수 있어.

관용이 없다면 사람들 각자가 가진 다양성이 억압될 수밖에 없고 결국 갈등이 무척 심해질 수 있으니까. 관용을 바탕으로 우리 사회가 더 나은 모습을 향해 나아갈 수 있도록 함께 고민해 보자.

학생들 예.

사회샘 그럼, 선생님도 이제 다음 수업 준비하러 갈게.

우리 주변에서 관용을 실천하자

진단순 관용까지 배웠는데 누구를 왕따시키는 건 좀 아닌 것 같아.

장공부 솔직히 나도 싫기는 한데 그래도 참아야겠지?

모의심 그래, 나도 좀 반성이 되네. 왕따를 당하는 애 입장에서는 얼마나 힘들겠 냐? 혹시 걔가 극단적인 선택이라도 하면…….

진단순 그런 끔찍한 일은 막아야지.

장공부 에이, 아까 말한 것처럼 주체사상을 옹호하는 사람도 관용하자는 얘기가 나오는 판에 외모나 성격 가지고 왕따를 시키는 것은 문제가 있겠네. 나는 그냥 모른 척하고 살아야지.

모의심 어, 그거. 소극적 관용 하겠다는 거야?

장공부 오, 소극적 관용도 알고 모의심 많이 배웠는데…….

모의심 하하. 나는 적극적 관용할래. 언제가는 내가 의심이 많다고 왕따를 당할 수도 있잖아. 왕따가 생기지 않도록 노력해야겠어. 지금 왕따를 당하는 애들의 권리도 존중해 주고 말이야.

진단순 다들 조금 배웠다고 복잡하게 얘기하기는…….

장공부 뭐가 복잡하냐? 방금 배운 건데…….

모의심 그래, 이건 하나도 복잡하지 않다고!

진단순 얘들아, 나의 단순함도 좀 관용해야 하지 않겠냐?

장공부, 모의심 하하하.

로크,『관용에 관한 편지』

　어떤 개인도 다른 사람이 자신과 다른 교회에 속하고 다른 종교를 믿는다는 이유로 그의 시민적 권리를 빼앗을 권리를 갖고 있지 않습니다. 한 인간으로서 또는 함께 살아가는 사람으로서 갖는 참정권을 비롯한 모든 권리는 그에게 속하는 것이며 이것은 침해될 수 없는 것입니다. 이런 것들은 종교의 일이 아닙니다. 어떤 폭력이나 어떤 상해도 그에게 가해져서는 안 됩니다. 그가 기독교도이든 이교도이든 말입니다.

　만약 어떤 사람이 올바른 길로 가지 못하고 잘못을 범한다면 그것은 그 자신의 불운이지 당신에게 피해를 주는 것이 아닙니다. 따라서 당신은 그가 이후 세상에서 비참하게 될 것이라고 생각한다고 해서 이 세상에서의 일을 이유로 그를 벌해서는 안 됩니다.

　어느 교회든 스스로에 대해서는 정통이지만 다른 교회의 입장에서 보면 잘못된 신앙 또는 이단이 됩니다. 어떤 교회든 스스로가 믿는 것은 참이라고 생각하기 때문에 자신의 의견과 반대되는 것은 오류라고 선언합니다.

　사적인 가정사에서, 재산 관리에 있어서, 몸의 건강을 보전하는 것과 관련해서 모든 사람들은 그 자신의 편의에 맞는 것을 고려할 수 있고 그가 가장 좋아하는 방식을 따릅니다. 어떤 누구도 그의 이웃이 이런 일들을 잘못 관리한다고 불평하지 않아야 합니다. 어떤 누구도 다른 사람이 자신의 땅에 씨를 뿌리거나 자신의 딸을 결혼시키는 데 있어서 잘못을 범한다고 화내서는 안 됩니다. 어떤 누구도 다른 방탕한 사람이 자신의 재산을 술집에서 마구 써버린다고 이를 꾸짖지는 않습니다. 어떤 사람이 집을 허물거나 세우거나 많은 비용을 들이거나 쓰더라도 이를 내버려 두어야지 어떤 누구도 이를 불평하거나 그를 통제하려고 해서는 안 됩니다. 왜냐하면 그에게는 자유가 있기 때문입니다.

밀, 『자유론』

　이단자들을 침묵시키는 것이 나쁜 일이 아니라고 생각하는 사람들은 먼저 이단자들의 견해에 대해 공정하고 철저한 토론을 할 수 없다는 것을 명심해야 한다. 토론을 견뎌낼 수 없는 이단자들의 견해라고 해도 사람들이 그러한 견해의 확산을 가로막는 것으로는 그러한 견해가 사라지지 않는다. 정통 교리에 의한 결론에 이르지 않는 모든 탐구를 금지할 때 가장 크게 피해를 입는 것은 이단자들이 아니다. 가장 큰 피해는 이단자들이 아닌 사람들에게 행해진다. 이단이 될지도 모른다는 공포에 의해 정신적인 면에서 그들의 전체 발전은 뒤틀리고 그들의 이성은 위협받게 된다.

　어떤 사람들이 주장하는 방식에서 정직함이 부족하고, 악의적이거나 편협한 태도를 보이고, 다른 사람이 스스로 자명하다고 느끼는 것에 대해 불관용적 태도를 보이는 사람이라면 그 사람이 어떤 입장에 있다고 하더라도 비난해야 한다. 어떤 사람이 그 문제에 대해 우리와 반대의 입장에 있다고 하더라도 단지 그가 취한 입장 때문에 그 사람이 나쁘다고 해서는 안 된다. 반대로 자신의 반대자들과 그들의 의견이 실제 무엇인지를 차분하게 주목하고 진솔하게 이야기하며, 그들의 약점을 과장하지 않고 그들의 장점으로 말해지거나 말해져야 할 것에 대해 물러섬이 없는 사람이라면 그가 어떤 의견을 갖고 있는지와 무관하게 그를 존경해야 한다.

웬디 브라운, 『관용』, 갈무리

　옥스퍼드 영어사전은 관용의 어원을, '도덕적으로 비난받을 만한 행위를 참고 견디는 것'을 뜻하는 라틴어 tolerare에서 찾는다. 이 사전은 관용의 윤리적, 정치적 의미를 다음과 같이 세 가지로 정의한다. "(1) 고통이나 곤경을 견디는 행위 (2) 무언가를 허락하는 행위. 특히 권위 있는 자의 인정이나 승낙 (3) 타인의 의견이나 행동을 관대하게 수용하는 태도. 편견에서 벗어나 타인의 행동을 평가하는 것, 용인, 포용 등", '견디다, 허락하다, 수용하다' 등의 정의에서도 볼 수 있듯이, 관용은 비록 원치 않는 것으로부터 고통받고 있지만, 이 고통을 참아야 할지 말아야 할지 혹은 어떻게 어느 정도 참아야 할지를 결정할 수 있는 어떤 사회적 위치를 함축하고 있다. 따라서 권력과 권위는 관용의 기본 전제가 되며, '타인의 의견이나 행동을 관대하게 수용하는 태도'라는 관용의 세 번째 정의는 이와 같은 사회적 지위와 권력하에서만 가능한 것이다. 관대함의 가치가 관용의 실천 속에 존재하는 권력과 권위, 규범성을 약화시키거나 은폐하는 경향이 있지만, 결국 관용은 '포용'이라는 부드러운 가면을 쓴 권력의 행위이다. 아량이나 도량은 언제나 권력의 사치품이었다. 관용의 경우에도 이는 권력의 가면으로 기능한다.

홍세화, 『나는 빠리의 택시 운전사』, 창비

톨레랑스

'한 사회와 다른 사회의 만남'에서 내 가슴에 가장 깊게 각인된 것이 바로 톨레랑스입니다. 톨레랑스란 첫째로, '다른 사람이 생각하고 행동하는 방식의 자유 및 다른 사람의 정치적, 종교적 의견의 자유에 대한 존중'을 뜻합니다. 이 뜻은 내가 임의로 규정하여 말하는 것이 아닙니다. 프랑스어 사전이 밝힌 톨레랑스의 첫 번째 뜻을 그대로 옮긴 것입니다.

'당신의 정치적, 종교적 신념과 행동이 존중받기를 바란다면 우선 남의 정치적, 종교적 신념과 행동을 존중하라.' 바로 이것이 톨레랑스의 출발점입니다. 따라서 톨레랑스는 당신의 생각과 행동만이 옳다는 독선의 논리로부터 스스로 벗어나길 요구하고, 당신의 정치적 이념이나 종교적 믿음을 남에게 강제하는 행위에 반대합니다.

톨레랑스의 요구는 정치적 성향에만 국한되는 것이 아니라 사회생활의 모든 영역에서 똑같이 적용됩니다. 톨레랑스는 당신에게 당신과 다른 것을 인정하라고 말합니다. 이웃을 인정하고, 외국인을 인정하고 또한 당신과 다른 생활방식, 다른 문화를 인정하라고 요구합니다.

실제 사회생활에서 톨레랑스는 소수에 대한 다수의, 소수민족에 대한 대민족의, 소수 외국인에 대한 다수 내국인의, 약한 자에 대한 강자의, 가난한 자에 대한 가진 자의 횡포를 막으려는 이성의 소리로 나타납니다. 그리고 권력의 횡포로부터 개인을 보호하려는 의지로 나타납니다.

관용적인 태도에 대하여

〈자료 1〉

2015년 11월 13일 금요일 프랑스에서는 충격적인 테러 사건이 벌어졌다. 프랑스 파리에 있는 술집, 카페, 레스토랑, 콘서트장, 축구 경기장 인근 등 무려 7곳에서 발생한 동시발생적 테러로 무고한 시민이 100여 명 이상 사망했다. 사건이 일어난 후 프랑스 파리 전역에 통행 금지 조치가 내려졌고, 주요 건물에 프랑스군이 배치되었다. 이 사건은 이슬람 무장 단체(IS)의 소행으로 알려지고 있으며 IS 역시 자신들의 소행임을 주장하고 있다. 이 사건으로 인해 유럽 내 반이슬람, 반난민 정서가 심화될 것이라는 우려가 제기되고 있다.

〈자료 2〉

2015년 프랑스 파리에서 발생한 테러 사건으로 많은 희생자가 발생했지만 오랫동안 관용(톨레랑스)의 정신을 지켜왔던 프랑스 시민들은 슬픔을 이겨내며 수많은 감동적인 이야기를 만들어 냈다.

이번 테러에서 가장 많은 희생자가 발생했던 바타클랑 극장 앞에서 애도의 물결이 이어지는 가운데 무서움에 떨고 있는 아이에게 한 아버지는 이렇게 설명해 주었다. "나쁜 사람들은 어디에나 있단다. 그들은 총이 있지만 우리에겐 꽃과 초가 있단다. 우리는 이 꽃으로 총과 싸울 것이고, 초를 통해 희생된 사람들을 기억할 거란다."

같은 장소에서 아내를 잃은 한 남자는 테러범들에게 다음과 같은 글을 보냈다. "당신들은 너무나도 특별했던 한 사람의 생명을 앗아 갔다. …… 하지만 당신들을 결코 증오하지 않겠다. 내가 분노하거나 미워하길 원하겠지만, 증오로 답하는 건 당신들과 똑같은 사람이 되는 것이다. …… 갓 17개월 된 작은 내 아들이 행복하고 자유롭게 사는 것이야말로 진정 당신들을 미워하는 것이다."

1. 〈자료 1〉과 같은 상황에서 이슬람 무장 단체에 대해 어떤 입장을 취하는 것이 정당한지 "관용"을 근거로 말해 보자.

2. 〈자료 2〉에 나타난 태도가 문제 해결에 어떤 도움을 줄 수 있는지 말해 보자.

3. 〈자료 1〉과 〈자료 2〉를 통해 관용의 한계가 무엇일지 자신의 생각을 적어 보자.

4. 일상생활에서 자신이 관용을 어떻게 실천할 수 있을지 말해 보자.

05

공감

머리로 읽는 시 vs 마음으로 읽는 시

(국어 시간, 마치는 종소리가 들린다.)

국어샘 오늘 수업은 이것으로 마치겠습니다. 다음 시간에는 김소월 시인의 〈진달
래꽃〉에 대해 공부할 테니 예습해 오세요.

진단순 선생님, 또 숙제예요?

국어샘 네, 숙제 맞아요. 예습했는지 선생님이 질문할 거니까 모두들 열심히 준비
해 오세요.

학생들 예. 안녕히 가세요.

진단순 할 것도 많은데, 예습까지 시키시다니 너무해. 예습은 또 언제 하냐, 근데
무슨 꽃이랬지?

모의심 진달래꽃! 단순아. 너 그 유명한 시도 모르니?

진단순 그렇게 유명해? 그럼 넌 알아?

모의심 "나 보기가 역겨워 가실 때에는 고이 보내 드리오리다……." 뭐 그렇게 시
작하는 시 있어.

진단순 …….

장공부 너희들 진짜……. 그 정도 시는 외워야 하는 거 아니니? 여기 교과서에 적
힌 거라도 봐 봐.

5
장

공감 227

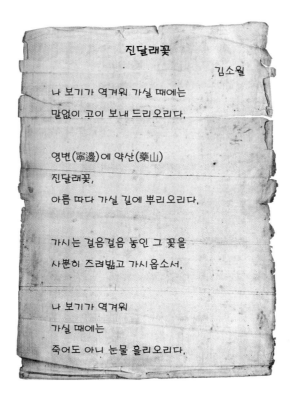

진달래꽃

김소월

나 보기가 역겨워 가실 때에는
말없이 고이 보내 드리오리다.

영변(寧邊)에 약산(藥山)
진달래꽃,
아름 따다 가실 길에 뿌리오리다.

가시는 걸음걸음 놓인 그 꽃을
사뿐히 즈려밟고 가시옵소서,

나 보기가 역겨워
가실 때에는
죽어도 아니 눈물 흘리오리다.

진단순 캬……. 뭔가 감동적인데. 이거 쓴 사람의 안타까움이 막 느껴지는 것 같아. 왜 유명한지 알겠네.

모의심 정말 눈물을 흘리지 않을까? 내가 보기에는 당장이라도 눈물이 나올 것 같은데 말이지.

장공부 그렇게 한가하게 감상 얘기 하고 있을 때야? 국어 선생님이 예습해 오라고 했잖아.

진단순 이렇게 미리 읽어가는 게 예습이지. 뭐 다른 걸 또 해야 해?

장공부 에휴……. 너흰 나를 친구로 둔 걸 정말 감사하게 생각해야 한다고. 간단히 몇 개 알려 줄게. 작가 김소월은 일제 강점기 시대 시인이야. 이 시는 갈래상 자유시이면서, 서정시라고 할 수 있지. 운율은 3음보의 민요조를 따르고 있어서 민요시에 속해. 주제는 이별의 아픈 마음으로 우리나라의 전통적인 한(恨)의 정서와 연결되어 있어. 의심이 네가 눈물 흘릴 것 같다고 한 부분은 전통적으로 '반어법'이 사용된 부분이지. 그리고 수미상관법이랑…….

진단순 야, 그만해. 그만. 네 얘기 들으니까 확 깬다.

장공부 뭐? 기껏 이해 잘 되게 설명해 줬더니 깼다고? 그게 무슨 말이야?

진단순 그래. 아까 처음 이 시를 들었을 때 뭔가 감동적이었는데 공부 네 설명을 들으니 오히려 이 시 공부하기 싫어졌어. 넌 너무 감정이 메마른 것 같아.

장공부

감정이 메말랐다고?

그러니까 단순이 네가 공부를 못하지. 공부할 땐 감정 같은 건 접어 두고 냉철하게 내용을 파악하면서, 어떻게 하면 한 문제라도 더 풀 수 있을지 고민을 해야 하는 거야. 설마 의심이 너도 그래?

모의심 글쎄……. 근데 공부 너는 이 시에 대해 어떻게 생각하는데?

장공부 뭐, 그냥 일부러 눈물 짜내려고 구성한 거 같은데 왜 저러는지 사실 이해도 안 되고 솔직히 주인공이 좀 한심해 보이기도 해. 그렇게 좋아하면 가서 잡으면 되지. 나는 저렇게 한탄만 하는 사람들이 더 답답해 보여. 어쨌든 자기 노력으로 이겨 내야지.

진단순 야. 저게 노력의 문제냐? 저 잡고 싶어도 잡지 못하는 저 마음이 안 와 닿는단 말이야?

모의심

그래. 주인공을 답답하게만 보는 건, 내가 봐도 공부 네가 좀 너무한 것 같아. 시는 머리로 읽는 게 아니고 마음으로 읽어야 한다고.

장공부 애들이 오늘따라 왜 이리 감상적이야. 쓸데없는 얘기는 그만하고 우리 도덕 수행 평가 준비 조별 모임하러 가야 하잖아.

모의심 아, 맞다. 빨리 가야지.

진단순 아, 가기 싫은데…….

내 말에 동의하지 않는 이유는 무엇일까?

(수행 평가 준비 조별 모임)

진단순 그런데 수행 평가, 뭐 해야 하는데?

모의심 UCC 촬영하는 거잖아. 주제가 뭐라더라?

장공부 "학생들의 일상과 고민"이지. 선생님께서 말씀하시면 좀 적어 둬.

진단순 그거 대충하자. 너무 잘하려고 하지 말고…….

장공부 무슨 소리! 제대로 해야지. 내가 채점 기준도 적어 뒀어. UCC에 대한 학생들의 반응이 배점이 가장 크니까 이 부분에 중점을 둬야 돼.

학생 A 뭐 생각해 본 주제들 있어?

학생 B 우리 조에 장공부 있으니까. 공부가 잘 준비해 오지 않았을까?

장공부 안 그래도 너희들이 잊어버렸을 것 같아서 내가 미리 준비를 좀 해왔어.

진단순 그럼, 그냥 너 혼자 결정해서 해.

모의심 생각해 온 게 뭔데?

장공부 주제가 "학생들의 일상과 고민"이잖아. 학생들의 일상이 공부밖에 더 있어? 나는 도서관을 배경으로 열심히 공부하는 아이의 모습을 중심으로 UCC를 만들었으면 해.

학생 B 그럼 고민은 뭔데?

장공부 그거야 공부하다가 어려운 문제를 만난 거지. 풀기 어려운 수학 문제가 좋겠다. 이 문제를 풀지 못해서 며칠을 끙끙대는 학생의 모습. 이거 엄청난 고민이잖아.

학생 C 그게 엄청난 고민이야?

장공부 며칠 전에 나도 수학 문제를 풀고 있었는데 갑자기 한 문제가 잘 안 풀리는 거야. 그 문제가 나의 도전정신을 자극한 거지. 문제가 이기느냐, 내가 이기느냐. 그 문제 하나에 며칠을 매달려서 결국 풀어냈거든. 얼마나 짜릿했는지 몰라.

학생들 (뚱한 표정)

장공부 야. 내 아이디어에 감탄한 거야? 내 생각에 이렇게 UCC 만들면 완전 호응 좋을 것 같은데.

진단순 공부야, 나 굳이 참견 안 하려고 했는데……. 애들이 정말 그걸 재밌어 하겠냐?

모의심 단순아, 너는 그럼 뭐 다른 아이디어 있어?

진단순 음. 차라리 PC방을 배경으로 하는 UCC는 어때? 요새 PC방 안 가는 애들 거의 없잖아.

장공부 PC방? 그런 불건전한 얘기로 UCC를 만든다고?

학생 A 아니. 뭐 그럼 PC방 가는 애들이 다 나쁘다는 거야? 나는 단순이 얘기가 좀 흥미로운데, 이야기는 어떻게 구성하지?

진단순 PC방 가는 애들도 나름 고민이 있다. 이런 거…….

모의심 PC방 가는 애들이 어떤 고민이 있을까?

장공부 무슨 고민이 있어? 그냥 공부하기 싫고 게임이 좋아서 간 거지. 그런 걸 뭐 그렇게 깊게 생각하니?

진단순 내 생각에 PC방에 가는 건 게임이 재미있는 것도 있지만 학교생활에서 받는 스트레스를 푸는 게 더 큰 이유 같아. 솔직히 장공부 같은 애들이야 맨날 수업 시간에 칭찬받으니 좋겠지만 우리는 그렇지 않잖아.

학생들 맞아, 맞아.

진단순 PC방에서 게임하는 게 재밌기는 하지만 솔직히 게임하면서 우리도 불안
    하다고. 계속 이래도 되는지…….

학생 B 맞아. 부모님한테 죄송하기도 하고, 들킬까 봐 걱정도 되고.

진단순 그리고 그렇게 게임하고 돌아가면 또 게임했다고 야단만 맞고 그런 스트
    레스 때문에 또 PC방을 찾게 되잖아. 그렇게 악순환이 계속 되지.

모의심 뭔가 스토리가 되는 것 같은데……, 단순이 머리에서 이런 아이디어가 나
    오다니…….

장공부 그런 답답한 모습이 좋다구? 정말 이해가 안 되네. 애들 반응이 좋을까? 차
    라리 아까 내가 말한 게 훨씬 좋지 않니?

학생 C 나는 단순이 생각이 더 좋은 거 같은데. 내 마음을 좀 알아 준다고 할까.

학생 A 나도 그래. 솔직히 공부 얘기는 많은 애들한테 해당되는 얘기는 아닌 것
    같아.

장공부 이래서 점수를 제대로 받을 수 있겠어? 의심이 너는 어때?

모의심 나도 이번에는 단순이 생각이 더 좋은 것 같아……. 어차피 애들 반응이
    중요하니까 점수받기에도 그게 더 유리할 것 같고…….

학생 B 일단, 각자 좀 더 생각해 보고 내일 방과 후에 다시 모여서 얘기를 마무리
    하자.

학생 C 그래. 나도 찬성.

(모임 해산)

다른 사람들의 입장에서 생각해 볼 필요가 있다

장공부 말도 안돼. 어떻게 애들이 내 얘기보다 단순이 얘기를 더 좋아할 수가 있
    지? 이해할 수 없어.

진단순 장공부! 너 다른 애들 입장에서 생각해 봤냐?
공부를 싫어하는 애들 입장에서도 생각해 봐야
할 거 아냐.

232

장공부 아니, 그게 뭐가 중요해? 학생이 공부를 싫어하면 안 되지.

사회샘 너희들은 또 무슨 일로 이렇게 싸우고 있니?

모의심 수행 평가 조별 모임을 하다가 의견이 좀 달라서요.

장공부 애들이 제가 얘기한 주제는 별로래요. 오히려 단순이가 생각한 주제가 더 좋다네요. 저는 여전히 제 주제가 더 좋은 것 같은데……

진단순 야. 그건 네 생각이고 다른 애들은 그렇게 생각 안 한다니까.

사회샘 애들이 단순이 생각에 더 많이 호응했나 보네. 뭐, 선생님은 자세한 내용은 모르지만 공부의 아이디어가 아무리 좋다고 해도 다른 친구들의 호응을 받지 못했다면 뭔가 문제가 있는 거 아닐까?

장공부 문제요?

사회샘 그래. 예를 들면 다른 사람 입장을 생각하지 못한다든지 하는 거……

맞아. 공부 너는 공부 못하는 애들 입장을 전혀 생각을 못하는 거 같아. 이제 답이 나왔네.

선생님. 자기 입장이 올바르면 되는 거지. 다른 사람 입장을 생각하는 게 뭐가 그렇게 중요해요?

사회샘 글쎄, 함께 살아가는 사회에서 다른 사람 입장에서 생각해 보지 않고 어떤 문제를 잘 해결할 수 있을까? 특히 **공동의 의사 결정에서 다른 사람 입장을 고려하지 않고 결정을 내리는 것은 문제**가 될 수 있지.

모의심 선생님, 솔직히 선생님이니까 그런 말씀 하시는 거죠. 사실 누구나 자기 입장에서 생각하잖아요. 다른 사람 입장에서 생각한다는 게 말이 쉽지. 실제로 그렇게 되겠어요?

사회샘 물론 선생님도 항상 다른 사람 입장을 생각하는 것은 아니지만 그래도 그런 노력이 필요하지 않을까?

장공부 뭐 다른 사람 입장 고려하면 좋겠죠. 저도 다른 사람이 제 입장을 고려해 주면 좋으니까요. 하지만 그런 생각이나 행동이 꼭 필요한 걸까요?

다른 사람의 어려움을 공감하지 못한다면?

사회샘 너희들 얘기를 듣고 있으니 좀 더 자세히 살펴볼 필요가 있겠구나. 혹시
이 기사를 본 적 있니? (신문을 꺼낸다)

> ### ○○ 신문
> 20○○년 ○○월 ○○일
>
> **한 고층 아파트 단지, 배달원이 승강기 이용하는 것 금지해……**
>
> 서울 모 지역의 한 고층 아파트에서 우유와 신문 배달을 하는 사람들은 승강기를
> 이용하지 말라는 안내문을 내걸었다. 이곳 주민들에 따르면 배달원들이 승강기를 이
> 용하다 보니 전기료나 유지 보수 비용이 더 든다며 이런 조치를 내렸다고 한다. 한편
> 최근 다른 아파트에서는 청소하는 분이 온수를 쓸 수 있게 하자는 안건이 주민들의
> 반대로 통과되지 못했다고 한다. 이런 조치를 두고 누리꾼들은…….

진단순 이 아파트 완전 엉망이네. 승강기 운행도 안 되고, 온수도 안 나오나 본데.

모의심 단순아, 핵심은 그게 아니잖아.

이건 아파트 주민들이 자기 생각만 하고 힘들게 배달
하거나 청소하는 분들 입장은 전혀 고려하지 않아서
생긴 문제 얘기잖아.

사회샘 의심이가 얘기를 잘했어. 이 얘기가 최근에 많이 논란이 되었는데, 너희들
은 어떻게 생각하니?

모의심 이건 아파트 주민들이 좀 너무했다는 생각이 들어요. 요즘 20층, 30층이나
되는 아파트도 있는데 승강기를 안 타고 어떻게 다닐 수 있어요? 따뜻한
물을 못 쓰게 하는 것도 문제가 있고요.

진단순 와, 그렇다면 진짜 너무하네. 온수가 나오는데 못 쓰게 했단 말이야? 추운
겨울에 찬물로 씻는 거면 엄청 추울텐데…….

장공부 근데, 선생님. 사실 아파트 주인은 아파트에 사는 주민들이니까 저렇게 결
정했다고 해서 잘못이라고 말할 수는 없는 거잖아요. 저는 무조건 아파트

주민들이 잘못했다고 생각하는 것도 이상한 것 같아요.

사회샘 그래. 공부가 얘기한 부분도 충분히 일리가 있지. 아파트 주민들이 저렇게 결정하는 것이 법을 어긴 것도 아니니까.

진단순 　　　근데 배달하는 사람이나 청소하는 사람은 정말 힘들 텐데요.

장공부 단순아……, 세상을 그렇게 감상적으로 살면 안된다니까…….

모의심 오늘따라 단순이가 더 감상적으로 느껴지는걸. 하지만 이번 기사를 보면 나도 단순이처럼 그 사람들의 어려움이 조금 더 와 닿기는 하는데?

장공부 모의심! 너까지 왜 그래? 나만 이상한 사람 만드는구나. 정말…….

진단순 배달하는 사람이나 청소하는 분들이 얼마나 힘들겠냐? 내가 단순해서 그런 게 아니라니까. 아, 진짜 답답하네.

사회샘 오늘 보니까 단순이가 다른 사람들의 어려움이나 감정을 잘 고려하는 것 같은데.

진단순 선생님, 제가 이상한 게 아니죠?

다른 사람의 입장에 민감할 필요가 있다

사회샘 물론 이상한 게 아니지. 다른 사람의 입장에서 생각하는 게 얼마나 중요한
건데, 너희들 〈여우와 황새〉라는 이야기를 들어 본 적 있지?

> 황새와 친구인 여우가 있었다. 어느 날 여우는 황새를 저녁 식사에 초대했다. 여우
> 는 황새에게 아주 얇고 납작한 접시에 수프를 담아서 식사로 내놓았다. 여우는 접시
> 에 담긴 수프를 핥아 먹을 수 있었지만, 긴 부리를 가진 황새는 수프를 제대로 먹을
> 수 없었다. 결국 여우 혼자 식사를 즐겼고, 황새는 아무것도 먹지 못한 채 집으로 돌
> 아갔다. 다음날 황새는 반대로 여우를 식사에 초대했다. 황새는 생선 요리를 준비했
> 는데, 이번에는 매우 긴 주둥이를 가진 유리병에 담아서 여우에게 대접했다. 긴 부리
> 를 가진 황새는 쉽게 음식을 먹을 수 있었지만 여우는 항아리 속에 혀를 집어넣을 수
> 없어서 구경만 할 뿐이었다.

진단순 근데 여우는 왜 그랬대?

장공부 단순아, 너 초등학교 안 다
녔니? 이건 여우가 황새
입장을 전혀 고려하지 않
은 거잖아. 그러다가 황새
한테 된통 당한 거지.

진단순 아, 그렇구나. 단순한 여
우 같으니라고.

모의심 여우가 단순하다기보다
황새를 놀리려고 그런 것
같은데…….

진단순 그런데 여우가 진짜 황새한테 잘해 주고 싶었는데 그랬을 수도 있는 거잖
아요.

236

장공부 단순이가 이제 여우까지 생각해 주네.

사회샘 단순이의 말에 생각해 볼만한 점이 있는 것 같구나. 만약 여우가 좋은 의도에서 그랬다면 정말 문제가 없을까?

모의심 좋은 의도라고 해도 황새가 음식을 먹을 수 없었던 건 변함없잖아요.

진단순 맞아요. 정작 자기 입장에서 밀어붙이고 상대방 입장에서 생각하지 않은 것이면 문제가 있을 것 같아요. 내가 좋아하는 것이라고 남도 좋아하는 것은 아니니까.

사회샘 그렇지. 어쨌든 여우와 황새 사례가 보여 주는 것은 **다른 사람을 위한다는 것은 그 사람 입장에서 생각해야 한다**는 것이지. 흔히 이런 것을 **공감**이라고 해. 여우와 황새 사례처럼 공감이 없다면 여러 가지 문제가 생길 수 있어.

장공부 선생님, 어떤 문제가 생길 수 있는데요?

사회샘 자, 함께 알아볼까? (소환기를 조작한다.)

타인의 고통에 공감할 수 없는 사람은 비극을 불러올 수 있다

슈나이더 안녕하세요? 제가 많이 늦었네요.

사회샘 아니에요. 마침 잘 오셨습니다. 얘들아, 이 분은 독일의 심리학자였던 슈나이더 님이란다.

진단순 심리학이라고요? 사회 시간에 무슨 심리학 공부까지 해요?

장공부 다른 사람의 입장을 이해하는 것과 심리학이 어떤 관계가 있나 보죠? 슈나이더 님은 어떤 공부를 하신 건가요?

슈나이더 간단히 말하자면 저는 일반적으로 **사이코패스**라고 알려진 개념을 정의한 사람입니다. 아마 오늘날 사이코패스와 관련된 얘기를 할 때 저를 빼고 얘기하기는 어려울 것입니다.

모의심 '사이코패스'라면 보통 우리가 '사이코'라고 말하는 거랑 같은 것인가요?

사회샘 맞아. 사이코라는 표현은 사이코패스를 지칭하는 거야.

슈나이더 사이코패스를 그렇게 줄여서 부른다고는 생각 못했네요. 제가 정의한 사이코패스는 '사회적 관점에서 좋지 못한 여러 행동과 성격 특성을 가진 사람'을 뜻한답니다.

진단순 그럼, 슈나이더 님은 오늘 그런 사이코패스에 대해 알려 주시는 건가요? 공감이 없을 때 생기는 문제에 관해 이야기하고 있는데 공감이랑 사이코패스가 관련이 있나요?

슈나이더 맞습니다. 사이코패스는 공감과 매우 밀접한 관련이 있습니다.

장공부 어떤 관련이 있나요?

슈나이더 제가 사이코패스를 정의한 이래로 많은 학자들이 사이코패스에 대해 연구해 오고 있는데요……. 앞에서 제가 사이코패스를 사회적 관점에서 좋지 못한 행동과 연결시켰잖아요. 흔히 사회적으로 좋지 않은 행동이라고 하면 범죄 행위를 떠올릴 텐데요……. 주목해야 할 부분은 사이코패스와 일반적인 범죄자는 다르다는 것입니다.

모의심 어떻게 다르다는 거죠?

슈나이더 여러 가지 차이점이 있지만 오늘 여러분들의 논의 주제와 연결하면 **사이코패스는 범죄를 저지르고도 후회를 하거나 죄의식을 느끼지 않는답니다.** 이것은 타인의 감정과 고통에 대해 공감하지 못하는 특성과 연결되어 있지요.

진단순 공감 나왔구나!

근데 나쁜 짓을 하고도 죄의식이 없다니……. 정말 나쁜 사람들이네요.

슈나이더 단순히 나쁘다는 말로는 이런 사람들이 잘 표현되지 않지요.

장공부 그냥 설명만으로는 정확히 와 닿지 않는데 사이코패스의 사례를 좀 알려 주실 수 있나요?

슈나이더 미국의 연쇄살인범으로 알려진 데니스 레이더라는 사람이 있지요.

모의심 연쇄살인범이요?

슈나이더 네, 맞아요. 하지만 더 중요한 것은 이 사람이 평소에는 전혀 연쇄살인
범처럼 느껴지지 않았다는 거예요. 알려진 바에 따르면 데니스 레이더는
두 자녀의 아버지이자 남편으로 생활하는 평범한 사람처럼 보였다고 합니
다. 특히 그는 미국의 시청에서 근무하는 공무원이었고, 자기 지역에서 교
회의 운영위원장을 맡을 정도였지요. 그런데 이런 사람이 10명의 여자와
어린이를 고문해서 죽였다는 것이 밝혀지면서 많은 사람들에게 충격을 주
었어요.

진단순 뭔가 말이 안 되는데요……. 어떻게 그럴 수가 있죠?

슈나이더 이것이 바로 사이코패스에게서 나타나는 특징이라고 할 수 있습니다.
즉, 사이코패스는 일상생활을 하는 데 특별한 문제가 없고 어떤 면에서는
매우 이성적으로 보이지만 그는 결정적으로 다른 사람에게 공감할 수 있
는 능력이 없다는 점에서 차이가 있답니다. 즉, 데니스 레이더는 사람을
죽이는 상황에서도 자신에 의해 죽어가는 사람들의 아픔이나 고통을 느낄
수가 없었답니다. 사이코패스들은 다른 사람들의 감정을 구분해내지 못하
고, 심지어 다른 사람의 웃는 얼굴과 우는 얼굴조차 구분해내지 못한다고
알려져 있지요.

장공부 공감 능력이 없어서 다른 사람의 고통을 느끼지
못하기 때문에 아무런 죄책감 없이 그렇게 흉악
한 범죄를 저지를 수 있다는 거네요.

모의심 사이코패스가 공감 능력이 없어서 그런 범죄를 저지를 수 있다는 것은 이
해가 되지만……. 어떻게 그런 사람들이 평소에는 잘 드러나지 않고 정상
적으로 생활할 수 있었죠? 저는 그게 더 이상하네요.

슈나이더 맞아요. 사이코패스에서 주목해야 할 부분은 그들이 평소에는 지극히
정상적으로 생활했다는 점입니다. 오히려 더 뛰어난 능력으로 사회적으로
인정을 받는 경우도 많이 있지요.

진단순 사이코패스가 사회적으로 더 인정을 받는다고요? 어떻게 그럴 수 있죠?

슈나이더 사이코패스는 공감할 수 있는 능력이 없는 것이지 다른 능력은 정상이
니까요. 특히 이성적인 능력이 뛰어난 사람이라면 오히려 자신의 감정을
숨기고 평소에는 다른 사람들과 같은 모습으로 살아갈 수 있지요. 특히 오
히려 냉정하게 자신의 감정을 절제하는 것이 더 중요한 전문적인 영역에
서는 사이코패스들이 성공할 수 있는 여지가 더 늘어날 가능성이 있습니
다. 예를 들어 215명을 살해했던 살인자인 해롤드 쉬프먼은 심지어 의사
로 성공한 사람이었답니다. 범죄를 저질렀다는 것이 밝혀지기까지는 아무
도 그를 의심하지 않았지요.

장공부 너무 충격적이네요.

모의심   공감 능력이 없다면 이성적으로 뛰어나다는 것은
오히려 더 큰 문제가 될 수두 있는 거네요.

슈나이더 그렇습니다. 그런 면에서 우리 사회는 공감에 더 많은 관심을 가져야 합
니다.

진단순 맞아요. 우리 사회에는 저처럼 공부는 좀 못 해도 감수성이 풍부한 사람이
더 늘어나야 한다고요.

모의심 이번에는 단순이 말을 반박할 수가 없네.

사회샘 슈나이더 님 말씀은 확실히 다른 사람의 감정과 고통에 반응할 수 있는 공
감 능력의 필요성을 절실하게 보여 주는 것 같습니다. 지금까지 좋은 말씀
감사드립니다.

슈나이더 네, 저는 그럼 이만······. (소환 시간이 다 되어 형상이 사라진다.)

학생들 안녕히 가세요.

장공부 선생님, 슈나이더 님 얘기가 충격적인 것은 사실이지만······. 사이코패스
사례는 매우 극단적인 일부 사례 아닐까요?

사회샘 물론 분명 그런 측면이 있을 거야. 하지만 공감이 없어서 생기는 문제는

훨씬 더 많아. 또 다른 사례를 살펴보자. (소환기를 작동하자 소말리아 출신 어부의 사념파가 형상화된다.)

공감이 없다면 근원적인 문제는 해결하기 어렵다

루 피 소말리아 바닷가에서 일하는 루피라고 합니다.

진단순 루피…… . 어디서 많이 들어 본 이름인데…… .

모의심 어…… . 소말리아라면 혹시 해적이 나온다는 그 소말리아?

루 피 네, 부끄럽지만 맞습니다.

진단순 바닷가에서 일한다고 하시더니 아저씨가 해적 아니에요? 아저씨, 보물 같은 것도 찾고 그래요?

장공부 단순아. **소말리아 해적**이면 전에 우리나라 배도 납치하고 그래서 전 세계적으로 엄청나게 문제가 되는 사람들이잖아.

진단순 뭐라고? 그럼, 나쁜 사람인 거잖아요.

루 피 그렇지 않습니다. 제가 바닷가에서 일한다고 그랬지, 해적이라고는 안 했어요. 천천히 제 얘기 좀 들어 보세요.

모의심 아무래도 아저씨는 해적 느낌인데, 완전 의심되는데…… .

장공부 일단 한번 들어 볼게요. 루피 님은 무슨 얘기를 해 주시려고요?

루 피 사실 여러분들이 얘기하고 있는 소말리아 해적 얘기를 해드리려고 합니다.

진단순 역시 해적 맞아. 얘들아. 빨리 경찰 불러!

사회샘 조금 진정하고 루피 님 얘기를 들어 보자.

루 피 여러분들이 그렇게 화내시는 것도 당연합니다. 요즘 저희 소말리아에 대한 여론이 좋지 않은 게 사실이에요. 하지만 저희도 나름 할 말이 있고, 억울한 부분도 있단 말입니다. 저희 입장에도 공감을 해주십사 하는 게 제 바람이에요.

장공부 아저씨, 아무리 그래도 해적질을 하면서 공감을 해달라니, 그건 좀 아니지

소말리아 해적들이 프랑스 해군에 체포되는 모습입니다.

않아요? 몇 년 전에 우리 선원들이 납치되어서 전 국민들이 얼마나 가슴을 졸이며 애태웠다고요. 어떻게 사람을 납치하고 그 대가로 돈을 뜯어 낼 수 가 있어요?

루 피 해적질을 정당화하고 싶은 마음은 전혀 없습니다. 해적질 자체는 두말할 것도 없이 저희 잘못이에요. 하지만 제가 말씀드리고 싶은 것은 해적질을 하게 된 저희 사연도 좀 들어 달라는 말이죠.

모의심

도대체 무슨 사연이 있길래 해적질까지 하는 겁니까?

루 피 여러분들도 들어서 아시겠지만 우리 소말리아는 사실 많이 가난하고 분쟁 이 많은 나라입니다. 하지만 원래 그런 것은 아니었어요. 평화롭게 살아왔 던 우리에게 고통이 닥친 건 유럽의 여러 나라들이 아프리카를 침략하면 서부터예요. 그들은 우리를 식민지로 만들고, 자기들 이해관계에 따라 국 경을 나누더니, 나중에는 독재 권력에게 나라를 넘겨서 우리를 혼란스럽 게 만들었지요. 그 때문에 우리나라에서는 수십 년 동안 내전이랑 국경 분 쟁이 끊이지 않고 있답니다.

진단순 그건 유럽 사람들이 너무했네요.

루 피 조금 더 자세히 얘기해 보죠. 1991년 내전으로 정부가 무너지고 사실상 소
말리아는 무정부 상태가 되었답니다. 문제는 이때를 틈타서 수많은 외국
어선들이 우리 앞바다로 와서 물고기들을 마구 잡아간 겁니다. 우리 국민
들은 작은 고깃배로 물고기를 잡아서 먹고 사는 게 다인데, 그 사람들은
큰 배를 가져와서 그물을 바닥에 끌고 다니면서 우리 물고기들을 다 쓸어
가 버렸다고요. 정기적으로 드나드는 불법 어선만 700척을 헤아리고, 해
안까지 접근해 소말리아 어민이 쳐놓은 그물을 걷어 가기도 한다는 게 유
엔 보고서에도 나옵니다. 이렇게 빼앗아 간 해산물이 매년 3억 달러나 되
는데 이건 소말리아 국내 총생산의 6%에 달하는 양이랍니다.

모의심 아, 그건 정말 너무했네요.

루 피 그뿐만이 아닙니다. 방사능 물질 등 각종 폐기물, 쓰레기들도 우리 바다에
마구 버려지고 있다고요.

진단순

아니. 쓰레기를 왜 굳이 멀리까지 가서 버린대요?
힘들게⋯⋯. 그냥 집 앞에 분리수거하면 되지.

루 피 요즘 수많은 나라들이 원자력 발전 등으로 나오는 핵폐기물을 처리하지
못해서 많은 곤란을 겪고 있지요. 유럽처럼 환경 감시가 심한 곳에서는 폐
기물 1톤을 처리하는 데 250달러가 드는 데 비해, 소말리아에서는 2.5달러
면 처리할 수 있다는 겁니다. 그러니 너도나도 우리 앞바다에 와서 폐기물
을 버리고 가는 것이죠. 이 때문에 풍요로웠던 우리 바다는 완전히 망가져
버렸고, 우리 어민들은 먹고 살 길이 막막해졌습니다.

장공부 정말, 피해가 이만저만한 게 아니네요.

루 피 우리 어민들은 그런 적들에 맞서 우리 바다를 지키고자 바다 수호대를 조
직했지요. 처음에는 그렇게 침입하는 외부인들을 막는 것이 목표였는데,

계속된 내전과 극심한 가뭄으로 생계를 유지하기 힘들어진 상황에서 굶주린 어민들이 할 수 있는 일은 무기를 드는 것이었어요. 특히 다른 나라 배의 선원들을 납치해서 버는 돈의 유혹에서 벗어나기는 쉽지 않았죠. 그 결과 우리 소말리아 근처 바다에 해적이 많아지게 된 겁니다.

모의심 그래도 해적질은 나쁜 거잖아요.

루 피 처음에 말씀드린 것처럼 해적질을 변호하고 싶은 생각은 전혀 없어요. 하지만 우리 국민들의 삶을 이렇게 만들어 놓은 선진국도 잘못이 없지는 않잖아요? 이런 잘못은 접어둔 채 무조건 우리를 납치범 취급하면서 소탕하려고만 한다면 진정으로 이 문제를 해결할 수 있을까요? 우리들의 입장에서 이 문제를 바라보고, 또 우리들이 겪고 있는 아픔과 어려움을 조금만 헤아려 준다면 아마 해적 문제는 좀 더 쉽게 해결할 수 있으리라 생각합니다.

사 선 네, 루피 님 발씀 잘 늘었어요. 공감이 없다면 이런 문제를 근원적으로 해결하는 것은 쉽지 않죠. 저희들에게 중요한 얘기를 해주셔서 감사합니다.

루 피 예. 부디 잘 해결되었으면 좋겠습니다. 소말리아를 무조건 나쁘게만 보지는 말아 주세요. 그럼, 안녕히……. (형상이 희미해지며 어부가 사라진다.)

진단순 소말리아 해적 문제가 생각보다 단순하지가 않네요. 소말리아 사람들 입장도 생각해 볼 필요가 있겠어요.

사회샘 그래. 이제 본격적으로 공감에 대해 이야기해 볼까?

공감이란 무엇인가?

모의심 선생님, 그런데 자꾸 공감, 공감하는데, 공감이 정확히 뭔가요?

진단순 그러게요. 대충 감은 오는데 정확히 표현하기가 쉽지 않아요.

사회샘 **공감**(empathy)은 상대방의 입장에서 그의 감정, 의견, 주장 따위를 생각하고 느끼는 것을 말해.

244

장공부 상대방의 입장에서 생각하고 느낀다고요?

사회샘 좀 더 자세히 설명하면 공감은 크게 두 가지 측면이 있어. **하나는 다른 사람의 내면을 파악하는 것이고, 다른 하나는 그런 내면을 공유하는 것**이지.

진단순 자세히 설명하니 어렵네요. 그냥 저는 '다른 사람의 입장에서 생각하고 느낀다' 정도로만 이해할래요.

사회샘 그래. 그 정도로 생각해도 충분해. 사실 공감이라는 단어는 19세기 말 독일 철학자들이 처음 사용했던 Einfühlung(**감정이입**)에서 기원했단다. 이 말은 나중에 미학에서 empathy(**공감**)로 번역되었지.

모의심 미학이요?

사회샘 그래. 로베르트 피셔라는 철학자는 이 공감이라는 단어를 통해 예술 작품을 감상할 때 경험하게 되는 즐거움을 말했어.

진단순 아, 어렵다. 도대체 예술 작품이랑 공감이랑 무슨 관계예요?

사회샘 너희들 아름다운 그림을 보거나 훌륭한 음악을 들을 때 감동을 받은 적 혹시 없니?

모의심 훌륭한 화가가 그린 멋진 그림을 보면 뭔가 마음에 와 닿을 때가 있죠.

진단순 텔레비전 같은 데 보면 음악 들으면서 눈물을 흘리는 사람들이 있잖아요. 저는 눈물까지는 아니지만 음악을 들으면서 즐거운 기분이 들 때도 있고 아니면 반대로 슬픈 기분이 들 때도 있어요. 그런 거야 당연한 것 아닌가요?

사회샘 그래. 그럼 그때 왜 그런 기분이 드는 걸까?

장공부 선생님 말씀은 그런 기분이 공감이랑 관계가 있다는 건가요?

사회샘 맞아. 그런 예술 작품을 접할 때 우리는 그 작품의 아름다움 속으로 들어가는 거야. 우리가 훌륭한 예술 작품 앞에서 감동을 받는 것은 바로 이 때문이란다.

진단순

결국 예술 작품에서 감동을 받는 것이나 다른 사람의 감정을 느끼는 것이나 비슷하다는 거군요.

사회샘 그렇지. 우리는 **우리 스스로의 입장에만 머무르는 것이 아니라 예술 작품은 물론이고 다른 사람의 마음속으로 들어가서 그 입장과 감정 상태를 경험**할 수 있는 거야. 이런 공감은 인간이라면 누구나 갖고 있는 자연스러운 본성 중 하나라고 할 수 있지.

공감은 인간의 기본적 본성이다

 모의심

선생님, 잠시만요. 사람들은 누구나 자기 입장이 제일 중요하다고 생각하지 않나요? 공감이 인간의 본성이라는 건 잘 이해가 안 되네요.

사회샘 물론 **자기 중심성 또는 이기성**을 인간의 본성으로 보는 사람들도 있지. 하지만 꼭 그런 것만은 아니야. 일찍이 흄 님과 같은 학자는 인간 본성에 대해 논하면서 인간 본성 중 가장 두드러진 특징은 다른 사람과 공감하고, 또 나와 다르다고 해도 교류를 통해 다른 사람의 감정을 수용할 수 있는 성향이라고 보았어. 루소 님의 경우에도 타자에 대한 연민이나 동정심이 인간에게 더 근본적이라고 보았지. 심지어 흔히 인간의 이기적 욕구를 강조했다고 알려져 있는 애덤 스미스 님조차도 인간의 본성에는 공감이나 연민과 같이 이기성이나 자기 중심성으로 설명되지 않는 요인들이 있다고 말했어.

장공부 그런 본성을 잘 보여 주는 사례가 있나요?

사회샘

물론이지. 아까 들었던 것처럼 끔찍한 고통을 당하거나 억울한 일을 겪은 사람들을 보거나 직접 얘기를 들으면 기분이 어떨 것 같니?

장공부 음. 경우에 따라 차이는 있지만 저희도 기분이 안 좋고, 화가 나기도 하고 그렇죠.

사회샘 그래. 이처럼 공감이라는 것은 매우 자연스러운 거야. 호프만 님이라는 학자에 따르면 아주 어린 아이들은 종종 다른 사람의 고통이 정말 자기 고통인 것처럼 반응한다는구나. 그래서 다른 아이가 울면 그것을 본 아이도 따라서 운다는 거지.

진단순 맞아요. 전에 보니까 애들은 한 명이 울면 다 같이 울더라고요. 진짜 신기했어요.

사회샘 또 이런 것도 생각해 볼 수 있어. 너희들은 어떤 종류의 영화를 좋아하니?

장공부 저는 영화는 별로고 인간 극장 같은 다큐멘터리가 좋던데요. 자기 노력을 통해 어려움을 극복하는 모습이 좋더라고요. 저도 그렇게 하고 싶고…….

모의심 저는 공포 영화요. 무서운 장면 나오면 제가 그 자리에 있는 것 같아서 무서우면서도 스릴이 넘치거든요.

진단순 저는 액션 영화요. 생각 안 해도 되고 주인공이 악당을 무찌를 때 제가 하는 것 같아서 완전 후련해요.

사회샘 지금 너희들이 얘기하는 것만 봐도 알 수 있어. 내용은 다르지만 모두 화면에 나오는 사람의 마음과 함께하고 있잖아. 그게 바로 공감이야.

장공부

그렇게 생각하니 사실상 공감이 없다면 우리가 일상생활에서 다른 사람과 함께 생활하는 것 자체가 불가능하겠네요.

사회샘 이 정도면 공감이 인간의 자연스러운 본성이라는 게 충분히 이해된 것 같은데.

오늘날 더 많은 공감이 필요하다

모의심 선생님, 공감이 그렇게 자연스러운 것인데 앞에서 살펴본 것처럼 공감을 못해서 문제가 생긴 경우도 많았잖아요. 그건 좀 이상한데요.

사회샘 좋은 지적이야. 공감이 자연스러운 것이라고는 했지만 공감이 잘 나타나는 상황이 있는가 하면 그렇지 않은 상황이 있기도 해. 특히 과거 전통 사회에 비해 오늘날에는 사람들이 공감 능력을 발휘하는 경우가 많이 줄어들었다고들 얘기하지. 실제로 예전에는 작은 마을에서 공동체를 중심으로 사람들이 서로 소통하며 살았기 때문에 공감하는 것도 매우 자연스러웠을 텐데, 그런 문화가 오늘날은 아무래도 많이 줄어들었지. 특히 오늘날은 사회가 많이 복잡해지면서 사람들이 맺는 관계도 늘어나고 엄청 복잡해졌어. 그러다보니 이때 맺는 인간관계가 무척 피상적인 경우가 많아졌지. 공감을 한다는 것은 서로에 대해 좀 더 많이 생각하고 깊이 있게 이해하는 것이 중요한데, 그런 면에서 공감이 줄어들었다고 볼 수 있겠지.

진단순 뭐든지 너무 복잡한 건 좋지 않은 것 같아요.

사회샘 특히 인터넷이나 컴퓨터 등의 기술이 발달한 것도 공감이 줄어든 데 영향을 주었어. 당장 너희들만 봐도 요즘은 직접 만나서 노는 경우보다 컴퓨터나 핸드폰 게임을 하면서 어울리는 경우가 많아졌잖아.

장공부 진단순, 모의심. 반성해라.

사회샘 게다가 오늘날에는 예전보다 경쟁이 지나치게 강조되면서 자기 중심적으로 생각하는 경향이 더 강해졌어. 자기 입장만 생각하다 보니까 다른 사람을 생각할 여유가 줄어들었고, 이것이 반복되다 보면 다른 사람에게 무관심해지는 거지.

진단순, 모의심 장공부, 너도 반성해야지.

장공부 선생님, 그러면 사람들이 공감을 점점 더 못하게 되는 상황은 어쩔 수 없는 거라고 봐야 하나요?

사회샘 그렇지 않아. 어쩔 수 없다고 체념하기에 공감은 여전히 무척 중요하니까. 특히 사람들이 함께 살아가기 위해 공감이 필수적이라고 한다면 오늘날에는 더 많은 공감이 필요하다고도 할 수 있어. 특히 과학기술의 발달로 사람들이 직접 대면하지 않고 다른 매체를 통해서 간접적으로 만나는 경우가 늘어났다는 것에 주목해야 해. 이런 경우에 사람들이 공감하는 능력이 없다면 소통하는 다른 상대방에게 큰 상처를 주거나 피해를 주고서도 아무런 죄책감을 갖지 않을 수도 있는 거야. 이렇게 다른 사람을 고려하지 않고 상처를 주는 소통 방식이 인터넷 등을 통해서 마구 확산된다면 정말 끔찍하지 않겠니?

모의심 인터넷 등을 통해서 다른 사람에게 욕을 하는 것도 공감하는 능력이 부족해서일 수도 있겠네요.

장공부 다른 친구들을 따돌리거나 빵셔틀 같은 것을 시키면서 학교 폭력을 저지르는 학생들도 공감 능력이 부족해서 그런 것 같아요.

진단순 모의심이랑 장공부가 저보고 단순하다고 놀리는 것도 저의 아픔을 공감하지 못해서인 것 같아요.

사회샘 그래. 예전에 비해 오늘날에는 세상이 많이 각박해졌고, 따뜻한 마음도 많이 사라졌다고 하는데 이럴수록 공감이 더 필요하단다.

사실 인간은 누구나 다른 사람이 자신을 공감해 주기를 바라지. 자기가 기쁠 때 다른 사람도 같이 기뻐해서 같이 즐거워하길 바라고, 자기가 슬플 때는 남도 그 기분을 같이 느껴서 자신을 위로해 주기를 바라지. 이것은 거의 예외 없이 적용된다고 봐도 무방할 거야.

진단순 네, 그리고 보니 사람들이 저를 이해해 주지 않고 이상한 아이처럼 바라볼 때 무척 화가 났던 것 같아요. 저를 좀 이해해 줬으면 하는…….

모의심 저도 제가 호기심이나 의심이 많은 것을 좀 이해해 줬으면 하는 것 같아요.

장공부 저는 저의 이 똑똑함과 유능함을 잘 이해해 줬으면 하는…….

진단순, 모의심 우우…….

공감은 이해와 다르다

진단순 선생님, 대충 공감도 이해된 것 같은데, 오늘 수업은 여기서 마치는 게 어떨까요?

사회샘 공감이 그렇게 쉬운 게 아니야. 너희들은 공감을 다른 수많은 감정과 구분할 수 있겠니?

진단순 뭐, 공감은 다른 사람에게 잘해 주는 거 아니에요? 착한 태도잖아요. 역시 이렇게 잘 정리할 수 있다니 수업을 너무 열심히 들었나봐.

모의심 그게 뭐가 잘 정리한 거냐? 단순이 넌 그래서 안 되는 거야. 착한 태도가 공감만 있냐? 도덕책 같은 데 보면 착한 태도가 엄청 많잖아. 단순히 착한 게 공감은 아니지.

장공부 선생님, 그리고 보니 공감이 정확히 뭔지는 아직 모르겠어요. 의심이 말처럼 다른 사람에게 잘 대해 주는 태도에는 꼭 공감만 있는 것은 아닐 테니까요.

사회샘 그래. 사실 공감이랑 비슷한 개념들이 많이 있는데 이걸 구분하는 게 쉽지가 않아. 그래서 이 부분에 대해 좀 더 자세한 설명을 들어야 할 것 같아. 위스페 님 오셨죠? (소환기를 작동한다.)

위스페 안녕하세요? 공감에 대해 오랫동안 공부한 학자인 위스페라고 합니다. 무엇이 궁금하신지요?

진단순 아, 또 학자라니……. 머리가 아프겠군……. 선생님, 솔직히 제가 공감 좀 해봐서 알거든요. 괜히 복잡하게 뭐 있는 것처럼 얘기하지 말고 단순하게 얘기해 주세요. 공감, 그거. 그냥 다른 사람의 입장을 이해하는 거잖아요.

위스페 그럴까요? 방금 단순이 학생이 '**이해**'라고 했잖아요? 이해가 공감이에요?

진단순 어……. 그게 그거죠. 아닌가?

모의심 들고 보니 조금 차이가 있는 것 같네요. 뭐가 다르죠?

위스페 제가 좀 더 일찍 끼어들고 싶었는데 앞에서도 얘기할 때 이해랑 공감을 구분하지 않더라고요. 이해는 공감이랑 다르죠. **이해는 말 그대로 다른 사람의 입장이 어떠어떠한가를 머리로 받아들이는 거예요.** 즉, '저 사람이 이러이러한 상황에 있어서, 어떤 기분을 느끼고 있구나.'라고 생각하는 거지요. 하지만 **공감은 그 사람의 기분을 공유하는 것**이랍니다. 예를 들면 앞서 소말리아 사람들이 힘든 조건에 놓여 있다는 것을 이해하는 것과 그들의 복잡한 감정을 함께 느끼는 것은 분명히 다른 거지요.

장공부 머리로 생각하는 것과 가슴으로
느끼는 것은 다르다는 건가요?

위스페 그 정도면 잘 이해했네요. 분명 공감은 단순히 다른 사람에게 주어진 상황
과 조건을 파악하는 이해와는 구분되는 개념입니다.

사회샘 공부가 '이해'를 잘했구나. 물론 '공감'은 단순이가 더 잘하고 있지만.

공감은 연민과도 다르다

진단순 제가 조금 실수는 했지만 제가 말하려던 게 위스페 님이 말한 그 공감이에
요. 불쌍한 사람을 보면 안타깝고 도와주고 싶고, 제가 그렇게 공감을 잘
하잖아요.

위스페 잠시만요. 단순이 학생이 얘기하는 것을 보니 아직도 '공감'은 아닌데요?

진단순 아니. 또 무슨 트집을 잡으시려고?

위스페 단순이 학생이 방금 '불쌍하다'고 하고 그래서 그냥 '도와주고 싶다'고 했잖
아요?

진단순 그런데요?

위스페 그건 공감이 아니에요.

모의심 이제 저까지 조금 복잡하다는 생각이 드네요.

 불쌍해서 도와주고 싶은 것은 머리로 이해하는 게
아니라 마음이 움직이는 거니까 공감 맞잖아요?

위스페 물론 이해는 아니죠. 하지만 그래도 공감은 아니에요. 방금 얘기한 것은
연민에 가까운 거죠.

장공부 연민은 또 뭐예요? 제 생각에도 공감이나 연민이나 그게 그거 같은데…….

위스페 쉽게 말하면 **연민은 다른 사람이 곤경에 처한 것을 보고 안타까운 마음이
들고 그 사람을 측은하게 생각하는 거죠.** 아주 단순히 말하면 아까 단순이

학생 말처럼 불쌍하게 여기는 마음이죠.

장공부 불쌍하게 여기는 마음이라고 하니 **측은지심(惻隱之心)**이 생각나는데요?

위스페 맞아요. 유교에서 흔히 측은지심이라는 말을 쓰죠. 어려운 상황에 처한 사람을 보게 되었을 때 그 사람에 대해 불쌍하고 가엽게 여기는 마음입니다.

모의심 그런데 그게 공감이랑 뭐가 달라요?

위스페 좀 더 엄밀하게 생각해 보세요. 우리는 어려운 처지에 있는 사람을 보게 되었을 때 그 사람의 객관적인 조건을 보고 그에 대해서 불쌍하게 생각합니다. 하지만 이때는 그 사람의 감정을 공유한다고 할 수는 없죠. 단지 그 사람의 객관적인 조건을 보고 그로 인해 우리 감정이 조금 불편한 정도라고 할 수 있죠.

사회샘 아까 전에 얘기한 아파트 배달원 사례로 생각해 보면 좋을 것 같은데? 여러모로 어려운 처지에 있는 아파트 배달원들을 보고 **불쌍하게 여기는 것과 그들이 느끼는 감정을 공유하는 것은 다르잖아.** 그들을 불쌍하게 여기는 것은 이 사람들을 순전히 나와 별개의 대상으로 바라보는 태도라는 점에서 연민이라고 할 수 있어. 하지만 그 사람들에게 **공감한다는 것은 그 사람들 입장에 선다는 것을 의미**하지.

진단순 어째, 조금 이해될 것 같기는 하지만 여전히 복잡해요. 이렇게 복잡한 개념을 왜 만든 거예요? 정말……

장공부 공감은 단순히 다른 사람을 불쌍하게 여기는 태도와는 다르다. 이 정도로 정리하면 되겠죠? 공감은 좀 더 그 사람 입장에 가깝게 접근하는 것이다 정도……

사회샘 그 정도면 충분하겠네요. 위스페 님도 그렇게 생각하시죠?

위스페 네, 공감과 연민은 그런 식으로 구분하면 괜찮겠네요.

공감은 동감(sympathy)과도 차이가 있다

모의심 그러면 공감은 다른 사람과 완전히 일치하는 것인가요? 완전히 똑같이 생각하는 거 말이에요.

위스페 그렇진 않아요. 그건 또 다른 문제죠.

진단순 의심아. 이제 그 정도로 하자. 지금도 상당히 복잡하거든…….

위스페 모의심 학생이 질문한 김에 이 문제 하나만 더 살펴보기로 하죠. 공감과 혼동되는 개념으로 **동감(sympathy)**이라는 게 있죠.

장공부 동감은 연민이랑 비슷한 거 아닌가요?

위스페 그렇지는 않습니다. 흔히 sympathy는 동정이라고 번역하기도 하는데, 동정심이라고 하면 우리말에서는 연민이랑 비슷하게 느껴지기는 할 겁니다. 연민은 이미 설명했습니다만 동감은 엄청난 차이가 있지요.

진단순 다 비슷비슷한 것 같은데 뭐가 또 엄청난 차이라고…….

위스페 단순이 학생에겐 미안하지만 저로서는 정말 다르다는 말을 할 수밖에 없네요. 조금 자세히 설명하면 동감은 다른 사람의 정서에 의해 내가 움직여지는 것을 말해요. **동감을 한다는 것은 내가 다른 사람의 입장에 몰입해서 그 사람과 똑같이 행동하는 거예요.**

진단순 아니 괜히 말만 복잡하고, 내가 생각하는 공감이랑 다른 것도 없는데…….

사회샘 위스페 님의 말처럼 동감과 공감을 구분하는 것이 무척 어렵게 느껴질 텐데, 이렇게 생각해 보면 어떨까? 우리가 계속 다른 사람의 입장을 공유한다느니, 다른 사람의 입장이 된다느니 이런 얘기를 했잖아.

 이때 도대체 '나'라는 존재는 완전히 사라진 걸까 아니면 아직 남아 있는 걸까?

장공부 음. 제 생각에는 제가 완전히 사라지는 것은 아니죠. 그냥 순수하게 그 사람 입장에 서 보는 거죠. 그 사람의 상황 속에 들어가 그 사람이 느끼는 감정을 공유하는 상태에서 '내'가 있는 거죠.

사회샘 지금 공부가 얘기한 대로라면 그렇게 상황을 설정할 때는 아직 '나'라는 존재가 살아 있는 거야. 그런 상태에서 행동하는 것은 여전히 '나'라는 거지.

이게 공감이야.

모의심 근데 그건 아직 진짜 그 사람이 된 것은 아니네요?

사회샘 그래. 그게 핵심이야. 사실 진짜 내가 그 사람이 될 수 있느냐 하는 것은 조금 논쟁의 여지가 있기는 해. 하지만 생각해 볼 수는 있겠지. 즉, 이 경우에는 내가 그 사람인 것처럼 행동하는 것이 아니라 정말 그 사람으로 행동하는 거야. 이 경우에는 내가 사라진다고 봐도 되겠지. **동감이란 이처럼 내가 사라진 거나 다름없는 상태**를 말하는 거지.

장공부 그럼 이렇게 생각해도 될까요? 만일 내가 그 사람이라면 어떨까라고 생각하는 것은 공감이고, 그 사람처럼 행동하는 것은 동감이라고……

위스페 좋은 설명입니다.

모의심 그러면 동감이 공감보다 좋은 건가요?

위스페 꼭 그렇게 말할 수는 없지요. **공감 속에는 '나'의 정체성이 사라지지 않고 있어요. 그래서 '나'라는 존재를 바탕으로 다른 사람을 받아들이게 되죠.** 이와 달리 동감 속에서는 오히려 '나'에 대한 인식이 감소합니다. 동감하는 사람은 다른 사람에 의해 '움직여지는' 것이죠. 후자가 더 좋다고 말하기는 어렵겠죠. '나'의 정체성이 사라지는 것을 긍정적으로 평가할 수는 없을 테니까요.

진단순 내가 다른 사람 입장에서 그 사람의 감정을 함께 느끼는 것이 공감이라는 거죠? 더 이상은 모르겠어요.

사회샘 그 정도로도 충분할 것 같은데? 때론 단순한 정리가 도움이 되는 것 같구나. 도와주신 위스페 님께도 감사드립니다.

학생들 고맙습니다.

위스페 예, 어려운 내용이라 설명하기 곤란했는데 잘 이해하고, 또 공감해 주어 고마워요. 그럼, 안녕. (위스페의 형상이 사라진다.)

공감했기에 수많은 사람들을 구해 내기도 했다

모의심   선생님. 공감이 뭔지는 이제 좀 알겠는데, 그래도 솔직히 공감이라는 게 잘 될 수 있을까 하는 생각이 계속 들어요. 사람은 누구나 자기 중심적이기 마련이잖아요. 다른 사람 입장에서 생각한다는 게 이론적으로는 된다고 해도 실제로 가능할까요?

사회샘   실제로도 가능하지. 그렇게 공감한 사례들이 있으니까. 이번에 나오실 분은 그런 공감의 사례를 잘 보여 주시는 분이란다. 어서 오세요. (소환기를 조작하자 쉰들러의 사념파가 형상화된다.)

쉰들러   안녕하세요? 오스카 쉰들러라고 합니다.

장공부

> 어? 쉰들러? 혹시 영화 〈쉰들러 리스트〉에 나오는 그 분인가요?

쉰들러   네, 맞습니다.

진단순   쉰들러 리스트가 뭐야? 아저씨, 영화배우예요?

모의심   단순아. 그게 아니고 쉰들러 님은 〈쉰들러 리스트〉라는 영화의 실제 인물이지. 영화보고 정말 감동했었는데……

독일의 사업가로 자신의 공장에 많은 유대인들을 고용해 그들의 목숨을 구한 오스카 쉰들러입니다.

진단순   아, 그렇군요. 저는 영화를 안 봐서 공감이 안 되네요. 빨리 얘기 좀 해 주세요.

쉰들러   네, 좀 아시는 분도 있는 것 같지만 제 설명을 좀 해드려야겠네요. 저는 제2차 세계 대전 당시 사업가였습니다. 노는 것도 좋아하고, 여자들 사귀는 것도 좋아하는 평범한 사람이었죠. 당시 저는 시대의 흐름을 따라서 나치 당원이 되어서 엄청난 사업 수완을 발휘했죠.

진단순   아니. 나치 당원이라고요? 아저씨는 나치에게 공감을 했군요. 아무리 공감을 잘 해도 그건 좀 심했다. 정말……

모의심 단순아. 그런 얘기가 아니야. 조금 더 들어 봐.

쉰들러 제가 나치 당원이 된 건 다른 이유는 없고 순전히 사업을 위해서였습니다. 솔직히 저는 상당히 이기적이었어요. 어떻게든 돈을 벌 수 있는 기회를 찾고 있었죠. 당시 저는 유대인이 운영하던 그릇 공장을 인수하기 위해 갖가지 수단을 동원하고 뇌물까지 바쳤습니다. 결국에는 돈 한 푼 안 들이면서 유대인들의 노동력을 이용할 수 있게 되었죠.

진단순 아니. 갈수록 너무하네. 선생님. 저는 이 나쁜 아저씨에게 공감을 할 수 없어요.

장공부 단순아……. 좀…….

쉰들러 사실 그때는 제가 나빴죠. 단순이 학생이 그렇게 말하는 것도 무리가 아닙니다. 저는 이기적이었고 돈만 밝히는 사람이었죠. 하지만 저는 유대인 사업가 친구와 만나면서 달라지기 시작했답니다. 당시 독일군에게 착취당하고 핍박받고 있던 유대인들의 모습을 보게 된 것이지요. 특히 수용소에 끌려가서 아무 이유 없이 죽어 가고 또 고통받는 사람들의 모습을 보면서 제 마음이 움직이기 시작하더라고요.

진단순 나왔구나……. 공감…….

쉰들러 저는 그때부터 변했습니다. 어떻게든 이 사람들을 구해내야 했거든요. 저는 당시 수용소를 관리하던 장교와 협상했습니다. 그리고 그동안 제가 벌어들인 돈으로 유대인들을 한 사람씩 빼냈습니다. 결국 저는 제 고향 체코에 공장을 세운다는 명목으로 예전에 저의 공장에서 일했던 사람들을 포함한 1,100명의 유대인들을 체코로 빼돌려 결국 목숨을 구해내는 데 성공했습니다.

학생들  우와…….

모의심 마지막에 유대인들이 쉰들러 님의 묘비를 만들고 거기서 슬퍼하는 장면에서 저도 눈물이 나더라고요.

사회샘 무척 감동적인 장면이지. 엄청난 위험을 무릅쓰고 수많은 유대인들의 목
숨을 구한 쉰들러 님은 정말 대단한 일을 하신 거야.

학생들 짝짝짝.

쉰들러 1,100명의 유대인들을 살리긴 했지만 훨씬 더 많은 사람이 죽었지요. 제가
더 많은 사람을 구하지 못한 것이 안타까울 뿐입니다. 여러분들도 공감을
통해 자신만이 아니라 더 많은 사람들과 함께하는 삶을 살았으면 합니다.
그럼, 저는 이만 물러갑니다. (쉰들러 사라진다.)

장공부 선생님, 쉰들러 님 얘기를 들어 보니 공감이 실제로도 충분히 가능하겠다
는 생각이 드네요.

모의심 하지만 그래도 저는 약간…….

진단순 의심아 또 뭐? 그만 좀 의심하고 공감하란 말이야.

모의심 쉰들러 님 사례는 대단하긴 하지만……. 정작 공감은 서로 다투는 사람들
사이에서 더 필요한 거잖아. 하지만 다투는 관계에서 공감이 일어날 수 있
을까?

사회샘 음……, 그렇다면 또 다른 사례를 살펴봐야겠구나.

(바렌보임의 사념이 소환된다.)

민족과 국가 간의 갈등을 뛰어넘는 공감

바렌보임 안녕하세요? 바렌보임이라고 합니다.

진단순 어? 뾰족한 막대기를 들고 있는 아저씨다.

장공부 단순아, 막대기라니. 저거 지휘봉이잖아. 아저씨는 지휘자인가 보네요.

사회샘 맞아. 이 분은 지휘자 겸 피아니스트로 이름이 높은 세계적인
마에스트로 바렌보임 님이야. 특히 **서동시집 오케스트라**를 만
든 분으로도 유명하지.

모의심 서동시집이 무슨 말이에요?

바렌보임 '서동시집'이란 독일의 시인인 괴테의 시집 이름에서 가져온 거예요. 괴테가 글을 통해 동서양의 문학 양식을 결합한 것처럼 저 역시 음악을 통해 동서양의 화합을 구현하는 데 작은 기여라도 하고자 오케스트라 이름을 '서동시집'이라고 지었답니다.

다니엘 바렌보임(Daniel Barenboim)

모의심 음악이랑 공감은 뭔가 연결될 것 같기도 한데…….

바렌보임 저는 음악만큼 사람들의 공감을 이끌어 내는 것은 없다고 생각합니다. 음악이라면 서로 적으로 생각하는 사람들도 한 자리로 불러 모을 수 있고, 또 사나운 폭력조차도 극복할 수 있는 계기가 된다는 거죠.

진단순 뭐, 같이 음악을 듣다 보면 고개도 같이 끄덕거리고, 비슷한 생각을 갖게 되기도 하니까 그런 것 같네요.

모의심 하지만 바렌보임 님. 무슨 동화 얘기하는 것도 아니고, 음악이 약간의 공감을 불러온다고 해도 폭력을 극복한다고요? 솔직히 그 말을 누가 믿겠어요?

장공부 의심이 또 의심한다. 그냥 그러려니 하면 되지. 원래 학교에서 하는 얘기가 다 그렇잖아. 그냥 외우고 공부하면 되는 거지. 의심이 넌 정말 융통성이 없어.

바렌보임 그런 것이 아닙니다. 제가 **음악으로 공감을 하고, 폭력을 넘어 설 수 있다**고 말하는 것은 정말 그냥 하는 소리가 아니에요. 이건 실제 우리 오케스트라가 유대인 단원과 아랍인 단원으로 구성된 것만 봐도 알 수 있지요.

진단순 뭐 유대인, 아랍인. 그게 뭐 대단한 거예요? 민족이 다르니 말이 잘 안 통해서 그런 건가?

258

사회샘 이스라엘 지역에서는 유대인들과 아랍인들이 영토와 민족, 종교 같은 문제로 수십 년 동안 전쟁을 해왔단다. 최근에도 자살 폭탄 테러 사건이 일어나기도 했고, 끊임없이 충돌이 일어나는 곳이거든.

장공부 유대인들과 아랍인들은 서로 미워하고 증오하는 걸로 알고 있는데 그 사람들을 하나의 오케스트라에 불러 모았다는 건 정말 놀라운 일이네요.

진단순 그런데 그냥 맘 맞는 사람들끼리 연주하면 되잖아요. 괜히 사이도 안 좋은 사람들을 불러 모을 필요가 있나요?

바렌보임 그렇게 생각할 수도 있겠죠. 하지만 저는 이 사람들이 음악을 통해 서로 공감할 수 있다면, 그래서 각 민족의 구성원이 크게 다르지 않은 사람이라는 것을 알게 된다면 이스라엘과 팔레스타인 사이의 끝나지 않을 것 같은 싸움도 결국에는 해결될 수 있다고 생각한 겁니다.

장공부 바렌보임 님은 정말 훌륭한 생각을 가진 분이네요.

바렌보임 감사합니다.

모의심 근데 제가 정말 딴죽을 거는 게 아니고, 솔직히 그게 가능할까요? 뭐, 연주회를 같이하는 것도 훌륭한 일이긴 하죠. 하지만 서로 싸우는 두 나라 국민들이 서로를 이해하고 공감하는 게 정말 가능하냐고요.

바렌보임 저는 분명히 그 가능성을 봤습니다. 우리 오케스트라의 단원들에게서도 봤고요. 특히 불가능할 거라고 생각했던 **라말라에서의 공연**을 통해 더욱 확신을 갖게 되었답니다.

진단순 라말라 공연은 또 뭐에요?

바렌보임 유대인 출신 단원들이 포함된 우리 오케스트라가 위험을 무릅쓰고 팔레스타인에서 공연을 한 것이죠.

장공부 우와, 정말 그게 가능하다는 거에요?

팔레스타인 자치정부의 임시 수도인 라말라의 전경입니다.(출처 : 위키미디어)

바렌보임 그렇습니다. 물론 쉽지는 않았죠. 처음에는 안전이나 보안 등의 문제로 반대하는 단원들도 있었고, 실제 많은 우여곡절이 있었어요. 하지만 라말라 공연이 갖는 의미에 많은 사람들이 동참해 주었기에 마침내 공연을 성사시킬 수 있었답니다. 많은 사람들이 공연을 보았고, 같은 음악을 들으면서 같은 마음을 가졌죠. 유대인이니 아랍인이니 하는 것들을 내려놓고, 서로를 적대시하는 마음을 잠시 접은 채, **저 사람도 나와 똑같은 인간으로서 아픔과 슬픔을 겪으며 살아가는 존재**라는 것을 느끼게 된 것입니다.

진단순 상상만 해도 뭔가 감동적이네요.

바렌보임 우리가 서로 무관심하고 상대방에게 가까이 가려고 노력하지 않는다면 우리 사회의 분쟁은 지속될 수밖에 없습니다. 하지만 우리에게는 비록 적이라고 해도 서로 공감할 수 있는 능력이 있어요. 저는 단지 그 능력을 음악을 통해 드러내는 것이고요. 이것이 **당장 모든 분쟁을 없애지는 못한다고 하더라도 분명 분쟁을 없애는 하나의 출발점**이 될 거라고 믿습니다.

사회샘 바렌보임 님, 감사합니다. 아마 학생들도 현실에서 공감이 이뤄질 수 있다는 것을 충분히 이해했으리라 생각합니다. 또 평화를 사랑하는 바렌보임 님의 마음에도 충분히 공감하게 되었고요.

바렌보임 네, 그렇다면 다행이네요. 그럼 저는 또 다른 연주를 위해 가 봐야겠습니다. 그럼……. (소환 시간이 다 되어서 형상이 소멸된다.)

장공부 **공감이 개인을 넘어서 국가나 민족 갈등을 해결하는 데도 도움을 줄 수 있다니 정말 놀랍네요.**

사회샘 그래. 실제 공감은 서로 미워하고 증오하는 사람들 사이에서도 가능해.

총탄이 오가는 전장까지 가로지르는 공감

진단순 바렌보임 님 사례는 그렇다고 쳐도 막상 친구랑 싸우고 있는 상황에서는 공감 같은 거 생각하기 힘들잖아요.

사회샘 보통은 그렇지. 그런데 진짜 '적'으로 마주친 상황에서도 공감이 가능하다는 것을 보여 주는 사례가 있어. 이제 오셨을 텐데……. (소환기를 작동한다.)

군 인 충성! 영국군 소속 일병 브라운입니다.

진단순 에구, 깜짝이야. 군인 아저씨가 여기는 웬일이세요?

군 인 공감에 대해 말씀드리려고 왔죠.

모의심 군인이 무슨 공감이에요? 공감은 다른 사람의 입장이 되어 보는 거라고 했는데, 총 쏘고 사람들 죽이는 군인이 공감이라니 이해가 안 되는데요.

장공부 솔직히 저도 이해가 안 돼요. 전쟁을 수행하는 군인은 되도록 공감을 하지 않아야 하는 것 아닌가요?

군 인 그렇게 생각하시는 것도 당연합니다. 하지만 우리 군인들도 인간인데 공감하는 마음이 없을 리가 있나요.

사회샘 브라운 님은 **제1차 세계 대전**에 참전했던 분이지. 당시 **프랑스 플랑드르 지방에서의 사례**를 좀 소개해 주세요. 학생들에게 큰 도움이 될 것 같습니다.

군 인 네, 그럼 말씀드리죠. 당시는 제1차 세계 대전이 한창이던 1914년 겨울이었습니다. 유럽 곳곳에서 연합군 측과 독일군이 전쟁을 하고 있었죠. 어찌나 날씨가 추웠던지 뼛속까지 고통스러운 가운데 저희 군인들은 참호를 만들고 상대방과 대치하고 있었지요. 참호는 전쟁을 위해 임시로 만든 곳이니만큼 쓰레기는 물론 쥐와 해충까지 우글거렸지요. 그리고 죽은 병사들을 묻을 자리도 없어서 시체들은 전장 한가운데서 썩어가는 상황이었어요.

진단순 아, 지난번에 쥐 봤을 때 생각난다. 끔찍한 느낌에 완전 공감되는데요.

모의심 브라운 님, 설마 그 얘기가 끝은 아니겠죠?

제1차 세계 대전 중 참호 속에 있는 병사들입니다.

군　인 물론이죠. 이제 시작입니다. 당시 그 끔찍한 상황 속에서 기적이 연출된 것이지요.

장공부 기적이라뇨?

군　인 그날은 12월 24일, 즉 크리스마스 이브였습니다. 상대방 진영에 있는 독일 군 병사들이 크리스마스 트리를 만들더니 촛불을 붙이기 시작한 거에요. 무려 수천 개의 촛불이 켜졌고, 멀리서 캐럴 소리가 들려왔어요.

모의심 뭔가 꿍꿍이가 있는 게 아닐까요? 상대방을 교란하려는 작전 같은⋯⋯.

군　인 우리도 처음에는 이게 무슨 일인가 의아해 하면서 상황을 주시했죠. 하지 만 독일군은 계속해서 노래를 불렀습니다. 처음에는 의심하던 저희의 마 음도 조금씩 누그러졌어요. 그러더니 우리 편 한쪽에서도 누군가 캐럴을 부르기 시작했어요. 그러면서 저를 비롯한 우리 영국군 전부가 캐럴을 불 렀죠. 그 소리는 당연히 독일 군 진영까지 들릴 정도였고요.

장공부 근데 제1차 세계 대전 중이었으면 정말 치열한 전투였을 텐데⋯⋯. 함께 크리스마스 캐럴을 불렀다는 거죠?

모의심 브라운 님, 거짓말하면 안 돼요. 그게 진짜예요?

진단순 의심아, 의심 좀 그만하라고⋯⋯. 그런데 솔직히 이건 저도 의심스럽네요. 쩝⋯⋯.

군　인 충분히 의심할 만합니다. 하지만 지금부터는 더 의심스러울 걸요. 양쪽 진 영의 병사들은 크게 노래를 불렀고, 환호하며 박수를 치기까지 했습니다. 우리는 경계 지대까지 걸어 나와서 악수를 나누고, 가족사진을 서로 보여 주기도 했습니다. 지나간 크리스마스 추억을 나누었고, 이렇게 전장에 나 와서 싸울 수밖에 없는 비참한 현실에 함께 슬퍼하기도 했답니다. 다음 날 크리스마스 아침에는 제가 정확히 세어 보지는 않았지만 어림잡아도 10만 명이 넘는 숫자의 군인들이 참여하고 있었습니다. 그리고 우리는 서로를 도와가면서 죽은 동료들을 묻어 주었답니다.

5
장

모의심 이게 정말 말이 되는 겁니까? 제가 의심이 많아서 이러는 게 아니잖아요.

사회샘 의심을 품는 것도 당연하지. 하지만 사실이야. 겨우 하루, 몇 시간이라는 짧은 순간이었지만 **적으로 싸우던 군인들이 그렇게 서로의 아픔에 공감했던 실제 사례**지. 서로 죽고 죽이는 그 고통스런 상황에서도 그들은 서로를 불쌍하게 여기고 서로 살아 있음을 축하했던 거지.

장공부 아저씨, 그때 느낌에 대해 좀 더 상세하게 말씀해 주실 수 있나요? 도대체 어떻게 그럴 수 있었을까요?

군 인 글쎄요. 그냥 마음이 움직였던 것 같아요. 무슨 다른 보상 같은 게 있었던 것도 아니니까요. 상대방의 아픔이 곧 내 아픔처럼 느껴졌고, 서로가 힘들어 하는 그 마음을 보듬어 주고 싶었을 뿐이에요. 그것은 나를 위로하는 것이기도 했죠. **그때만큼은 적어도 우리는 적이 아니라 동료였고, 같은 나약한 인간으로 함께 의지할 수밖에 없는 존재라고 생각**했답니다.

진단순 오, 멋있어요. 공감이 이렇게도 가능하다니…….

사회샘

이 플랑드르에서의 사례는 매우 특이한 것이긴 해. 하지만 이 사례는 인간의 마음 깊은 곳에 공감 능력이 있다는 것을 분명히 보여 주지.

군 인 군인으로서 적에게 총을 겨눌 수밖에 없지만……. 그래도 저는 그때 플랑드르에서 그런 경험을 했다는 게 무척 자랑스럽네요. 어쨌든 이 정도면 공감 사례에 대한 충분한 소개가 되었으리라 봅니다. 그럼 안녕히 계세요. (사라진다.)

학생들 네, 안녕히 가세요.

연민 vs 공감

사회샘 이제 공감에 대해 좀 알 것 같니?

장공부 공감이 이렇게나 큰 효과를 가진다니. 그동안 감정을 과소평가했었는데 조금 반성이 되는 것 같아요. 앞으로는 좀 더 공감하는 사람이 되어야 겠어요.

진단순 공감이 짱이에요.

모의심 선생님. 근데 저는 조금 궁금한 부분이 있어요. 앞에서 공감을 연민이나 동감과 비교했잖아요. 공감과 연민, 동감의 차이는 어느 정도 이해가 되기는 했지만 이제는 또 다른 의문이 들어요.

왜 꼭 공감이어야 하나요? 연민이나 동감도 충분히 훌륭한 태도잖아요.

사회샘 중요한 문제 제기야. 그렇다면 **연민이나 동감과 비교해서 공감의 장점**에 대해 생각해 봐야겠다. 하나씩 설명해 볼까? 우리를 도와주실 분이 이제 나타나셔야 될 텐데. (소환기를 조작한다.)

루 소 안녕하세요? 철학자 장 자크 루소라고 합니다.

진단순 아, 루소 님이라면 그 프랑스 출신의…….

장공부 오. 진단순! 놀라운데?

진단순 나를 뭐로 보는 거야? 루소 님은 사회 계약론인가 책도 썼죠? 계몽주의 사상가라고 했나? 하하. 외운다고 애쓴 보람이 있구나.

루 소 알아서 나쁠 것은 없지만 그렇게 힘들게 외워야만 하는 것은 아닌데…….

모의심 근데 루소 님은 계몽주의 사상가니까 이성을 강조한 사람 아닌가요? 그러면 공감이랑 크게 관계가 없는 것 같은데…….

루 소 너무 단편적인 사실만 외우다 보니 정작 저에 대한 중요한 내용은 잘 모르시는군요.

저는 계몽주의 시대에 활동하긴 했지만 이성만을 중시하는 계몽주의를 오히려 강하게 비판했던 사람이라고요.

장공부 아, 그렇군요. 저희들이 그렇게 자세히 배울 기회가 없어서요. 근데 공감에 대해서는 무슨 얘기를 해 주시려고 나오신 건가요?

루 소 아, 예. 여러분들이 아까부터 얘기하는 거 들었는데, 제 입장에서는 조금 마음에 걸리는 부분이 있어서요.

모의심 그게 뭔가요?

루 소 아까 모의심 학생이 질문하는 거 같던데 저는 **연민**을 과소평가하는 것에 대해 상당히 불만입니다.

장공부

> 그럼 루소 님은 연민이 무척 중요하다고 보시는군요?

루 소 그렇습니다. 제가 쓴 『인간 불평등 기원론』이라는 책에 잘 밝혀 두었는데요. **저는 연민이야말로 인간을 인간답게 만드는 가장 기본적인 감정이라고 봅니다.** 생각해 보세요. 고통이나 불행을 겪고 있는 사람을 보면 누구나 슬프고 걱정스런 맘이 들

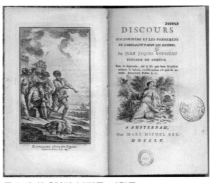

루소가 쓴 『인간 불평등 기원론』

잖아요. 이런 감정은 인간이라면 너무 당연한 것이지요.

진단순 맞아요. 영화나 드라마에서 주인공이 나쁜 일을 당하게 되면 저까지 정말 슬프고 힘들다니까요. 루소 님이 하는 말 완전 공감되네.

루 소 연민이 없는 사람들을 한 번 생각해 보세요. 몸이 다쳐서 쓰러져 있는 사람을 보고서도 아무런 감정적 동요가 없는 사람, 친한 사람이 죽어서 슬픔에 겨워 울고 있는 사람을 보고서도 담담해 하는 사람, 배가 고파서 울고 있는 아이를 보고서도 자기 할 일만 하는 사람. 이런 사람들만 있다면 너무 끔찍하지 않을까요?

진단순 듣고 보니 정말 끔찍하네요.

장공부 루소 님 말을 듣고 있으면 연민이라는 게 공감과 크게 다르지 않고 연결되어 있는 것 같은데요. 제 생각에는 이 부분이 위스페 님의 설명이랑 조금 차이가 있는 것 같은데요?

루　소 네, 저는 두 가지가 연결되어 있다고 봅니다. 연민은 자기를 초월하여 다른 사람에게로 의식이 미치는 것이죠. 이것은 사회화 과정에서 발견되는 타자에 대한 감정입니다.

즉, 우리는 연민의 감정을 통해서 다른 사람에게 다가갈 수 있고, 또 그렇게 다가가야 합니다. 제가 강조하는 도덕 교육은 바로 이런 것이지요.

모의심

루소 님. 그런데 솔직히 연민이라는 감정 안에는 자신을 상대방보다 좀 더 우월하게 보고 상대방을 무시하는 마음이 있는 것 아닌가요?

진단순 의심이 너 또 무슨 말이야? 연민이 이렇게 중요하다고 말씀하시는데 왜 또 딴죽을 걸어?

모의심 딴죽이 아니고 이건 아까 위스페 님이 말씀하신 거라니까. 만약 내가 단순이 너 보고 단순하게 세상을 살아간다고 불쌍하게 보면 기분이 좋겠어?

진단순 뭐? 내가 불쌍해? 이런! 너, 나랑 싸우자는 거야?

모의심 거 봐. **다른 사람을 불쌍하게 바라보는 마음은 상대방 입장에서 상당히 기분이 나쁠 수 있다고.**

루　소 뭐, 그렇게 생각할 수 있지요. 하지만 인간이라면 누구나 그렇게 불쌍해하는 마음이 들지 않습니까? 저는 단지 그 부분을 이야기하는 거라고요.

사회샘 루소 님이 강조하는 것은 연민이 가장 기본적인 인간의 본성이라는 거야. 물론 의심이 지적처럼 연민은 상대방보다 자신이 우월한 위치에 있다고 생각하는 상태에서 나타나기 쉬운데, 그런 점은 분명 문제가 있지. 앞에서 설명할 때도 나왔지만 공감은 아마도 그런 식의 연민과 비교할 때 비교적 평등하게 다른 사람들을 바라본다는 점에서 의의가 있단다.

진단순 듣고 보니 공감이 연민보다 더 좋네.

루 소 물론 제가 공감에 반대할 리는 없겠죠. 저는 연민의 가치를 충분히 강조한 것만으로도 제 할 얘기를 충분히 한 것 같네요. 그럼 이만 가보겠습니다. 안녕히 계세요. (소환 시간이 다 되어 루소의 형상이 사라진다.)

장공부 단순히 어떤 사람을 불쌍히 여기는 것을 넘어 그에게 더 가까이 다가간다는 점에서 공감이 연민보다 긍정적인 것 같아요.

사회샘 그렇게 생각할 수 있겠구나.

동감 vs 공감

모의심 선생님. 그러면 **동감**에 대해서도 좀 더 생각해 보는 게 좋을 것 같아요.

사회샘 어떤 것 말이니?

모의심 앞에서 위스페 님이 설명할 때 동감과 공감을 구분했는데요.

모의심 이왕 자기 입장에서 고려하는 게 아니라 다른 사람 입장에서 생각한다면 아예 그 사람이 되어 보는 게 더 좋은 것 아닌가요?

진단순 아까 동감이랑 공감 얘기할 때도 어려웠는데 또 복잡한 얘기하는구나. 의심이 넌 그냥 좀 지나가면 안 되냐?

장공부 의심이 얘기가 일리가 있어요. 어쨌든 공감은 '나'라는 존재가 없어지는 것은 아니라고 했잖아요. 그렇다면 완전히 그 사람처럼 생각하지는 못하는 거니까 한계가 있잖아요.

사회샘 음. 역시 어려운 얘기네. 두 가지를 생각해 볼 필요가 있는데 먼저, 의심이랑 공부가 얘기한 것처럼 공감할 때 최대한 자신의 입장을 비우는 것은 매우 중요해. 단순히 나의 마음을 그대로 지키면서 상대방에게 주의를 기울이는 것은 진정한 공감적 태도라고 보기 어렵지. 예를 들어 생각해 볼까? 모든 것을 단순하게 생각하길 좋아하는 단순이가 의심이에게 공감한다는 것은 어떤 걸까?

진단순　저는 공감 잘한다고요. 의심이가 좀 까다로운 면이 있는 것은 사실이지만 뭐 그건 의심이의 개성이니까요.

사회샘　지금 단순이처럼 생각하는 것은 어쩌면 단순이 자신의 입장에서 판단하고 있는 것인지도 몰라.

진단순　예?

모의심　맞아. 내가 까다롭다고 정말 쉽게 판단해 버리잖아. 궁금해 하고 더 알고 싶어 하는 나에 대해 공감한 거야? 내 마음을 공유하긴 한 거냐고?

진단순　…….

장공부　**자신의 입장을 비운다는 것은 정말 어려운 일** 같은데요?

사회샘　그렇지. 일단 자신을 비워야 다른 사람의 마음으로 들어가서 그 깊은 곳에서 나오는 진정한 목소리를 들을 수 있단다. 상대방이 옳은지 그른지, 좋은지 싫은지 등의 **판단은 일단 접어 두고 그 사람의 입장을 받아들이는 것이 공감**이야.

모의심　그러면 아예 그 사람이 하는 것처럼 생각하고 행동하는 게 더 좋은 거 아닌가요?

사회샘

그런데 정말 우리가 그 사람이 되어서 판단을 내려야 할까? 완전히 그 사람과 일치되어야 할까?

장공부

저는 좀 거부감이 드는데요. 앞에서도 '내'가 사라지는 건 문제가 있다고 말했었잖아요.

사회샘　그렇지. 만약 우리가 흉악한 범죄를 저지르려는 사람을 상대하고 있다고 생각해 봐. 일단 그 사람과 깊이 있는 대화를 하기 위해서, 또 그 사람에게 우리 나름의 처방을 내리기 위해서 그 사람의 입장에서 그 사람이 갖고 있는 여러 가지 감정이나 느낌들을 생각해 볼 수는 있겠지. 하지만 우리가 완전히 그 사람과 일치되어 그 사람처럼 판단을 내려야 할까?

진단순 어휴, 끔찍해요. 생각하는 건 생각하는 거고 판단도 그 사람처럼 내리면 안 되죠.

사회샘 맞아. 그래서 **우리가 다른 사람의 입장을 충분히 받아들인 이후에는 다시 그 사람에게서 나와야 하지.** 계속 그 사람 입장에 머물러 있는 건 문제가 있단다.

모의심 그러면 판단은 어떻게 내리죠?

사회샘 우리가 다른 사람과 함께 살아간다는 것은 분명 그 사람과 소통할 수 있는, 그리고 그 사람과 공유할 수 있는 무언가를 갖고 있다는 뜻이야. 공감은 바로 그 무언가를 찾아가는 과정이라고 할 수 있지. 우리 모두의 공통분모를 찾아낸다면 그 위에서 우리는 공유할 수 있는 판단을 내릴 수 있을 거야. 그런데 **단순히 그 사람에게 동화되어버리는 것은 이러한 탐색 작업을 무시하는 것**이고, 우리 공동의 판단과는 멀어지게 된단다.

장공부 동감과는 분명 다른, 공감의 의미가 이제 좀 분명해지는 것 같네요.

공감은 진정한 민주주의로 나아가게 한다

진단순 선생님. 이번에는 제가 하나 질문할게요. 저도 뭔가 의심스러운 점이 있어서요.

모의심 어? 단순이 네가 웬일이야?

장공부 이거 단순이한테 전혀 공감 안 되는데.

사회샘 단순이가 궁금해 하는 부분을 한번 들어 봐야지.

진단순 앞에서 공부한 예에서 공감이 없으면 서로 이해할 수 없고 경우에 따라서는 끔찍한 결과를 가져올 수 있다고 배웠잖아요.

사회샘 그런데?

진단순 그런데 만약 공감이 지금 얘기한 것처럼 다른 사람과 완전히 똑같은 입장까지 나아가는 게 아니라면, 별로 좋을 것도 없지 않아요?

장공부 단순아, 선생님이 말씀하신 것처럼 완전히 똑같지는 않아도 사람들의 공유할 수 있는 부분을 찾아낼 수는 있는 거잖아. 그렇다면 아무래도 좀 낫지 않을까?

진단순 장공부. 오늘은 네가 더 단순한 것 같아. 지금까지 얘기한 대로라면 아무리 가까워지더라도 결국 똑같아 지는 것은 아니라는 거잖아. 그러면 결국 사람들 간의 차이도 그대로 남아 있게 되는 거고……. 그렇다면 사실 공감이 그렇게 중요하다고 얘기하기는 힘든 거 아냐? 우리가 굳이 이렇게 공감에 대해 열심히 안 배워도 될 것 같은데?

모의심 단순이, 너. 공감에 대해 공부하기 싫어서 그러지?

진단순 아니라니까. 내 말에 좀 공감해 보라고.

사회샘 음. 선생님은 단순이에게 충분히 공감이 되는구나. 단순이 얘기는 우리가 이렇게 열심히 공감을 한다고 했을 때 **공감이 실질적으로 무슨 효과가 있는 것이냐**는 질문이겠지.

장공부 뭔가 효과가 있을 것 같기는 한데 단순이 처럼 얘기하니까 답하기는 힘드네요.

사회샘 역시 또 우리를 도와주실 분을 불러봐야겠구나. (소환기를 조작한다.)

파 머 안녕하세요? 미국에 온 파머라고 합니다.

진단순 파머란 이름은 처음 들어 보는 것 같은데요. 선생님. 이 분 부른 거 맞아요?

파커 J. 파머(Parker J. Palmer, 출처 : 위키피디아)

사 선
얘들아. 파머 님은 현재 살아 계신 분으로 미국을 대표하는 교육 운동가이자 사회 운동가란다. 우리들에게 공감의 중요성에 대해 말씀해 주실 거야.

장공부 파머 님은 공감에 대해 전문적으로 공부했나 보죠?

파　머　아니에요. 저는 공감에 대해 깊이 있게 공부했다고 하기에는 많이 부족하지요.

모의심　그럼 왜 나오셨어요?

파　머　그야 선생님께서 부르셨으니까요. 물론 여러분들 얘기를 듣자 하니 선생님이 부르신 이유를 알 것도 같네요.

진단순　빨리 얘기해 보시죠.

파　머　제가 쓴 책 중에 『비통한 자를 위한 정치학』이라는 책이 있는데…….

모의심　설마 책 팔러 나오신 건 아니죠?

파　머　아이고, 그런 건 아니죠. 저는 그 책에서 민주주의에 대해 말했답니다. 여러분들은 민주주의가 뭐라고 생각하나요?

진단순　갑자기 웬 민주주의? 민주주의야 그냥 다수결 아니에요?

장공부　다수 사람들의 의지를 모아 나라를 다스리는 것이 민주주의라고 배웠어요.

파　머　어느 정도는 알고 있네요. 그런데 그런 민주주의에서 우리가 기본적으로 받아들여야 할 것은 서로 다른 많은 사람들이 함께 살아가면서 수많은 갈등에 마주하게 된다는 것입니다.

즉, **민주주의는 사람들 간의 갈등을 당연하게 여기는 데서 출발**해야 하는 거지요.

진단순　그런데 그게 공감이랑 무슨 관계에요?

파　머　저는 오늘날 민주주의를 채택한 많은 국가에서조차 그런 갈등을 있는 그대로 받아들이지 않고, 나쁘게 보거나 아니면 필요 이상으로 과장한다는 점을 문제로 지적하고 싶습니다.

장공부　그게 무슨 말인가요?

파　머

즉, 갈등이나 당파주의 그 자체가 나쁜 게 아니라, **상대방을 악마화**하는 게 문제라는 거예요. 자기 생각만 옳다고 생각하면서 자기 생각과 다른 사람들을 적으로 만들어 버리는 것 말이지요.

이러한 방식 속에서 우리는 상대방이 왜 그렇게 생각하게 되었는지, 상대방의 본심에 대해서 생각해 보지는 않고 오직 나의 의도만 옳고, 상대방은 나쁜 의도를 가지고 행동했다고 판단하는 경향이 있답니다.

모의심 그러니까 상대방의 의도가 나쁘다고 선입견을 가져서는 안 되는 거군요.

파 머 그렇지요. 우리 사회에는 생각이 다르더라도 좋은 의도를 가지고 있고, 그래서 대화를 통해 차이를 넘어설 수 있는 사람들이 대부분이랍니다. 그런데 우리는 이러한 사실을 너무나도 자주 잊고 살지요. 제 생각에는 이것이야말로 우리 모두가 **비통한 마음**을 갖게 되는 가장 중요한 이유인 것 같아요.

진단순 맞아요. 사실 의도가 나쁜 사람이 어디 있겠어요? 뭐 있다고 해도 매우 적겠죠. 사람들이 상대방의 좋은 의도만 잘 파악하더라도 이렇게 많이 싸우지는 않아도 될 텐데 말이죠.

파 머 그뿐만이 아니에요. 우리가 다른 사람에게 공감하려고 노력한다는 것, 이것 자체가 다른 사람을 존중하는 태도지요. 나의 감정과 상황을 들어주려고 하지 않고, 공감하지 않으려는 상대와 진솔하고 진지한 이야기를 나눈다는 것은 불가능하지 않을까요?

사회샘 그렇다면 공감이 어떤 효과를 가지고 있는가에 대한 답은 이미 나온 거 같네요.

장공부 네, 상대방과 똑같은 입장에 이르지 않더라도, 우리는 상대방이 왜 그런 생각을 하게 되었는지를 공감하는 것만으로도 서로 평등한 입장에서 대화할 수 있을 것 같아요.

모의심 물론 그렇게 공감하고 진행되는 대화나 소통이 더 효과적일 것도 분명하고요.

진단순 간단하게 공감은 민주주의에 꼭 필요하다 정도로 정리할 수 있겠네요.

파 머 내가 더 얘기 안 해도 우리 학생들이 제 얘기를 잘 공감해 준 것 같네요. 좋은 사회 수업이 되기를 기대합니다. 그럼, 이만. (사라진다.)

'공감'을 정리하며

사회샘 이제 공감에 대해서 충분히 이해했니? 오늘 배운 거 정리해 볼까?

장공부 네, 다른 사람의 입장에서 생각하는 것 그게 바로 공감이잖아요. 공감은 단순히 다른 사람의 상황이나 조건을 머리로 받아들이는 이해와는 다르죠. 또 다른 사람을 불쌍한 존재로 바라보는 연민과도 다르고요. 상대방과 완전히 동일시되지는 않는다는 점에서 동감과도 차이가 있죠.

모의심 장공부 혼자 공부 다 한 것처럼 얘기하네.

진단순 공감을 통해 수많은 사람들을 구해 냈던 쉰들러 님 얘기도 들었어요. 바렌 보임 님이 만든 오케스트라가 공감을 통해 이스라엘과 팔레스타인의 문제를 해결하려고 노력하고 있다는 것도 알 수 있었어요. 참, 심지어 전쟁 중인 군인들이 서로 공감했던 매우 드문 사례도 배웠지요.

사회샘 그래. 공부랑 단순이가 잘 말해 주었어. 공감과 관련된 논쟁에 관해서도 배웠는데 이 부분은 의심이가 전문이잖아.

모의심 루소 님 얘기 들어 봤었는데, 루소 님은 연민이 인간의 가장 기본적인 본성이라고 생각하시는 것 같아요. 하지만 연민은 상대방보다 자신을 우월하게 생각할 수도 있다는 점에서 공감이랑은 차이가 있는 것 같아요. 또 동감은 완전히 상대방과 동일시되는 건데, 공감은 상대방 입장에서 생각하긴 해도 자아를 유지한다는 점에서도 차이가 있었어요. 물론 공감이 완전히 똑같아지는 것은 아니지만, 그럼에도 불구하고 서로의 마음에 다가가서 상당히 많은 문제를 해결할 수 있는 잠재력이 있다는 것을 배웠지요.

우리 사회에서의 공감

사회샘 모두들 공감 전문가가 된 것 같아서 선생님도 무척 뿌듯한걸. 그런데 우리가 배운 공감은 태도라는 점에서 이것을 단순히 머리로 이해하는 것으로 끝나서는 안 돼.

장공부 　선생님 얘기는 공감을 머리로만 받아들이지 말고 실천해야 한다는 뜻이겠죠?

사회샘 　그래. 요즘 우리 사회에 공감이 많이 줄어든 것 같다는 생각이 드는구나. 파머 님도 말씀하셨지만 우리 사회 구성원들이 서로의 마음에 가까이 가지 못한다면 우리 사회의 민주주의를 지키는 것이 쉽지 않을 테니까 말이야. 이건 며칠 전에 나온 뉴스인데 한번 살펴볼까?

앵 커 : 우리 사회의 이념 논란이 계속 늘어나고 있습니다. 일부 대형 일간지는 물론이고 SNS에는 수꼴, 종북이라는 단어가 끊이지 않고 있습니다. 이 현상에 대해 자세히 짚어 봤습니다.

시민1 : 약자에 대한 배려는 없고 자기들 이익만 생각하는 보수적인 사람들하고는 얘기가 안 돼요. 사실 보수도 아니고 수구라고 해야 해요. 정말 우리 사회가 발전하는 데 장애물이라니까요.

시민2 : 우리나라가 건강해 지려면 빨갱이들은 다 북한에 보내 버려야 해요. 여기저기서 괜히 선동질이나 하고 우리나라를 자꾸 분열시키잖아요. 북한의 사주를 받은 게 틀림없다니까요.

기 자 : 이처럼 서로 불신하고 상대방의 이야기조차 들으려고 하지 않는 대치 상태가 이어지면서 우리 사회가 너무 극단화되는 것 아니냐는 비판의 목소리도 점점 커지고 있습니다. ○○ 교수의 얘기를 들어 봤습니다.

○○ 교수 : 우리 사회에는 수꼴과 종북밖에 없는 것 같아요. 이념을 떠나서 상대방의 진정성을 믿어 줄 필요가 있다고 봅니다. 온전히 자기편이 아니면 의심하고 경계하고 밀어내는 정치 문화는 사라져야 합니다.

진단순 　이거 보니까 생각나요. 인터넷 게시판만 들어가면 댓글에 욕이 너무 많아요. 수꼴이니……, 종북이니……. 더 심한 욕도 있고요……. 정말 보기가 싫어진다니까요.

모의심 　그러다보니 정말 자기편이라고 생각되는 사람들끼리만 얘기하는 것 같아요. 아예 다른 입장에 있는 사람들 얘기는 들어 보려고 하지도 않아요.

사회샘 너희들에게 보이기 부끄러운 모습이야. 우리 사회가 워낙 **이념 갈등**이 심해서 말이지. 거기다 최근에는 **세대 갈등**도 심해지고 있어서 걱정스런 상황이야.

장공부 맞아요. 학교 앞 횡단보도에서 붉은 띠 매고 교통지도하시는 할아버지들 있잖아요. 매번 젊은 사람들이랑 싸우면서 요즘 젊은 것들은 안 된다고 언성을 높이시는 걸 많이 봤어요.

모의심 젊은 사람들도 나이든 분들을 비난하는 경우가 많이 있는데 이것 역시 보기가 좋지 않더라고요.

사회샘 그래. 지금 우리 사회에는 오늘 배운 공감이 너무나도 절실하단다. 사실 알고 보면 좋게 평가할 부분이 훨씬 많은데, 그렇게 적대시하기만 하니…….

진단순 선생님, 제가 공감을 잘하니까 다른 사람들한테 잘 가르쳐 줄게요.

사회샘 좋아. 더 많은 사람들이 서로 공감할 수 있도록 우리부터 노력해 보자. 그런 의미에서 수업을 빨리 마치고 싶어 하는 너희들에게 공감하며 선생님도 이만 가볼게.

학생들 네, 안녕히 가세요.

공감은 내 가까운 곳부터

모의심 오늘 수업 들어 보니 조금 반성이 되는걸.

진단순 그래. 자꾸 의심만 하지 말고 나처럼 공감도 잘하란 말이야. 하하하.

장공부 사실 나는 내 입장이 올바른 것만 중요하다고 생각했는데, 공감이 없을 때 이렇게 많은 문제가 생길 수 있는지는 몰랐어.

모의심 그래. 나도 다른 사람들에게 좀 더 공감하는 태도를 가져야겠어.

진단순　그래그래, 나처럼만 하면 된다고……

장공부　아까 수행 평가 모임을 할 때도 되돌아보면, 내가 너무 내 입장에서만 생
　　　　각했나 봐. 아직 잘 모르지만 공부하기 싫고, 또 공부가 어려운 애들 입장
　　　　도 좀 생각해 봐야 할 것 같아.

진단순　맞아, 맞아.

장공부　그렇다고 단순이 네 의견에 동조한다는 건 아냐. 어떤 게 더 좋은 결정일
　　　　지는 더 생각해 봐야지.

모의심　단순아. 너도 공부 잘하는 애들 입장에서 생각해 봐야지.

진단순　엥? 그렇게 어려운 걸 시키다니……

모의심　오! 내일 모임은 좀 기대가 되는데, 누가 공감을 잘하는지.

진단순　공감은 내가 더 잘하지. 아까 그 김소……. 무슨 꽃이었는데……, 하여튼.
　　　　그 시도 내가 공감을 잘하는 거잖아.

장공부　에이, 단순이한테 밀릴 수는 없지. 나도 집에 가서 〈진달래꽃〉 다시 읽어
　　　　봐야겠다. 확실하게 공감해 와서 나의 공감 능력을 보여 줄 테다! 하여튼
　　　　두고 보자고.

진단순, 모의심　하하하.

박성희, 『공감』, 이너북스

　최근 사람의 뇌를 연구하는 뇌신경생리학자들은 사람의 뇌에 공감적으로 반응할 수 있는 신경세포와 신경 체제가 들어 있음을 발견했습니다. 소위 거울 뉴런과 거울 뉴런 체계입니다. 이 신경세포는 자신의 몸에서 일어나는 반응을 관찰하고 느낄 뿐 아니라, 마치 거울처럼 다른 사람에게서 비슷한 일이 일어날 때도 재빨리 알아채고 반응하는 능력을 가졌습니다. 다른 사람과 같은 느낌, 같은 생각, 같은 체험을 할 수 있는 공감의 생리적 근거인 셈이지요. 전혀 다른 두 사람이 짧은 만남 속에서도 서로를 이해하고 소통하는 일이 가능한 이유가 바로 여기에 있습니다.

　알고 보면 사람들 사이에서 일어나는 모든 일의 배후에 공감이 작용하고 있습니다. 학습과 교육이 그렇고, 우정과 사랑이 그렇고, 가족 관계가 그렇고, 일터에서의 대인 관계가 그렇고, 모든 의미 있는 만남이 그렇습니다. 만일 공감이 없다면 이런 일들이 아예 불가능합니다. '너'와 '나'가 서로를 이해하고 알아 가는 기본 토대가 없기 때문입니다. 공감은 이렇게 사람 사이의 모든 '관계'를 가능케 하는 필수적인 기능입니다. 관계 맺기에 어려움을 겪는 자폐증도 바로 이 공감 기능이 제대로 작동하지 않을 때 발생합니다.

이성록, 『사회적 인간의 본성』, 미디어숲

　공감과 동감은 유사하지만 분명히 다른 개념이다. 동감은 나와 상대의 가치관이 일치할 때 일어나는 정신적 결합이라면 공감은 서로 가치관이 달라도 상대의 입장에서 정신적 결합을 의미한다. 즉, 동감은 '같은 감정'을 의미한다면 공감은 타자의 정서와 일치하지 않지만 자신의 감정을 변경하여 타자의 기대에 부응하는 능력이다. 우리는 "머리로 이해하지 못하면 가슴으로 받아들이라!"는 말을 자주하는데 이는 완전하게 이해하지 못하여도 공감을 통하여 상호 인정과 협력이 가능함을 의미한다.

동감은 개인적 차원이라면 공감은 보다 폭넓은 차원의 개념이다. 따라서 동감할 수는 있어도 공감할 수 없고, 공감할 수 있어도 동감할 수 없는 경우도 있다. 예컨대 "미국인들은 테러에 대한 전쟁으로서 이란 침공에 대해 공감은 하지만 동감하지는 않는다." 혹은, "나는 개인적으로 KBS 수신료 인상에 동감하지만 국민의 한 사람으로서 공감하지 않는다!"는 표현이 가능할 것이다.

제레미 리프킨, 『공감의 시대』, 민음사

유대감이 우리의 기본적 본성이 아니라면, 고립이나 왕따를 그렇게 두려워할 이유가 없다. 기피 인물이 되고 무리에서 떨어져 나가는 것은 곧 비인칭적 인간이 되는 것이며 다른 사람과 연관을 맺는 인간이길 포기하는 것이다. 반면에 공감은 우리가 다른 사람의 삶의 일부가 되어 의미 있는 경험을 공유할 수 있게 해주는 심리적 수단이다. 그런 초월적 개념은 자아를 넘어, 보다 더 큰 공동체에 참여하고 소속되며 보다 복잡한 의미의 그물에 끼어 묻히는 것이다.

제레미 리프킨(Jeremy Rifkin)

공감한다는 것은 다른 사람의 존재를 긍정하는 것이고 그들의 인생을 예찬하는 것이다. 공감의 순간은 살면서 누릴 수 있는 경험 가운데 가장 밀도 높은 생생한 경험이다. 실체화하는 것으로 시작하는 공감적 행위에서는 신체적 한계를 '초월'하여 잠깐이나마 시간의 제약을 받지 않고 주변의 생활에 연결시켜 주는 하나의 비 신체적 수준을 누릴 수 있기 때문에 누구나 살아 있다는 것을 더욱 실감한다. 우리는 인생과 우리 자신과 다른 사람에게 휩쓸려 우리의 관계가 만들어 내는 지금 여기의 현실에 연결되고 파묻힌다. 공감 의식이 성숙할수록 삶의 참여도는 더 막역하고 보편적이 되고 겹겹의 현실감은 더 깊어진다.

우리는 다른 사람의 고통을 일차적으로 강조한다. 그는 죽을 수밖에 없는 존재이지만 그래도 그에게서 살려는 욕구를 느끼기 때문이다. 그들을 도우려는 것은 우리가 스스로 연약한 존재라는 것을 의식하고, 다른 사람의 인생을 바라보며 오직 한

번뿐이고 유일한 우리의 인생을 실감하기 때문이다. 우리가 같은 인간과 공통의 역사를 공유할 때, 우리는 그들이 애쓰는 모습을 더욱더 잘 알게 되고 그것을 우리의 공동의 투쟁으로 느끼게 된다. 그런 유대감은 다른 사람의 심정에 공감할 수 있는 준거 기준을 제공한다.

파커 J. 파머, 『비통한 자들을 위한 정치학 – 왜 민주주의에서 마음이 중요한가』,
글항아리

나는 우리 사이에 존재하는 차이를 줄이자고 요청하지 않을 것이다. 민주주의는 우리에게 동의하지 않을 권리를 부여하고, 창조적 갈등의 에너지를 긍정적인 사회 변화의 힘으로 사용할 수 있도록 고안된 것이다. 당파주의는 문제가 아니다. 상대방을 악마화하는 것이 문제다.

아무리 대화를 해도 합의에 이를 수 없는 사람들이 좌파와 우파에 각각 15~20퍼센트 정도 있다고 가정해 보자. 이 비율은 내 가족과 친척들 가운데 정치에 대해 내가 도저히 이야기를 나눌 수 없는 이들을 헤아려 어림잡아 본 것이다. 그런데 뒤집어 생각해 보면 차이를 넘어서 배우고 대화를 할 수 있는 사람이 60~70퍼센트는 된다는 이야기다. 민주주의에서 그 정도면 곤경을 벗어나는 데 충분하고도 남는다.

수백만의 사람이 결정적인 상실과 패배를 통해 배움을 얻었다는 것을 나는 개인적 생애를 통해서 알게 되었다. 그런 경험을 제대로 끌어안는다면 보다 자비롭고 너그러워지며, 타인에게 깊숙하게 관여하면서 새로운 삶을 열어 갈 수 있을 것이다. 개인적 고뇌를 변형시키는 마음의 힘은 우리가 정치를 하는 방식도 변형시킬 수 있다. 우리를 은신처로 몰아넣고 시민 공동체를 파편화하면서 민주주의를 침식하는 고통에는 어떤 잠재력이 있다. 우리가 희망에 그리고 미국의 실험을 지탱하는 데 요구되는 어려운 작업에 마음을 열도록 하는 힘이 있다.

공감의 역할

〈자료 1〉

　망나니로 소문난 아들을 둔 한 아버지가 있었습니다. 어느 날 아버지는 잘 알고 지내던 스님이 계신 산속으로 망나니 아들을 보냈습니다. 사람을 만들어 보려고 보낸 것이지요. 아들로부터 편지를 건네받은 스님은 아무 말 없이 아들에게 저녁을 차려 주었습니다. 저녁을 먹인 뒤에는 발을 씻으라며 대야 가득 물을 떠다 주었습니다. 그리고 잠자리를 펴 준 뒤 편히 쉬도록 하였습니다. 이렇게 좋은 대접을 받은 아들의 눈에서는 주르륵 눈물이 흘렀습니다. 언제 야단을 치나 불안한 마음으로 눈치를 살피던 아들은 한마디 말없이 시중을 들어주는 스님에게 감동한 것입니다. 아들은 마음이 따뜻해지면서 저절로 눈물이 솟아올랐습니다.

〈자료 2〉

A

　추운 겨울 육교 위에 누더기를 걸치고 앉아 동정을 구하는 걸인이 있다. 육교를 지나는 사람들이 그를 안타깝게 여겨 500원짜리 동전을 던진다. 그들은 선한 영향력을 행사했다는 뿌듯함을 500원짜리 동전과 맞바꾸면서 자신의 선량함에 짧은 순간 도취될지도 모른다. 하지만 그 동전을 받은 걸인의 마음에는 어떤 영향력도 미치지 못했다. 마침 성직자 한 무리가 육교 위를 지나가면서 주머니에 들어 있는 현금을 모두 걸인의 깡통에 넣어 주었다고 해도, 걸인의 입장에서는 단지 운이 좋은 날에 불과하다.

B

　하지만 어느 날 한 사람이 걸인을 보고 다가와 허리를 굽히고 "이 추운 날 이렇게 앉아 있으니 얼마나 힘드시오. 내가 큰 도움이 되지 못해 미안하오."라며 어깨라도 두드리고 500원짜리 동전을 깡통에 넣고 지나간다면 걸인의 마음속에 작은 미동이 일어날 것이다. 또 무릎을 굽히고 마주 앉아 그의 눈을 바라보면서 "가족은 없으신가요? 힘드시겠지만 기운내세요."라고 말하면서 손이라도 한번 잡아 주고 일어서면 걸인의 마음속에 작은 물결이 출렁일 것이다. 그의 어깨를 두드리며 "내가 능력은 없지만 추운 날 따뜻한 국밥 한 그릇 대접하겠소. 외롭다 생각하지 마시오."라며 일으켜 준다면 걸인은 비로소 자리에서 일어날 것이다.

– 박경철, 「시골의사 박경철의 자기혁명」 중에서, 리더스북 –

1. 〈자료 1〉에서 아들이 눈물을 흘린 이유는 무엇인지 말해 보자.

2. 〈자료 2〉에서 A 사례와 B 사례의 차이는 무엇일지 공감을 중심으로 설명해 보자.

3. 우리 사회에서 가장 공감이 필요한 영역은 어디인지, 그 영역에서 공감을 통해 어떤 문제를 해결할 수 있는지 말해 보자.

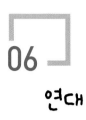

06
연대

모둠 활동은 어려워

모의심 아휴, 머리야. 단순이 너는 도대체 몇 번을 설명해 줘야 제대로 풀겠니? 아까부터 세 번은 설명했겠다. 이러다가 우리 모둠이 추가 점수를 제일 적게 받는 거 아니야?

장공부 둘이 뭐 하는데 이렇게 티격태격이야? 아, 수학 쪽지 시험 대비해서 공부하는 중인가 보네.

진단순 아, 못 해 먹겠다. 정말! 나도 열심히 하고 있는 거라고!

모의심

네가 왜 난리야? 가르쳐 주느라 힘든 사람은 따로 있는데.

장공부 지난번에 단순이네 모둠이 가장 낮은 점수를 받았었지? 이번엔 의심이가 단순이랑 같은 조가 되어서 점수를 낮게 받을까봐 이러는 거구나.

모의심 아, 진짜! 우리 수학선생님은 완전 괴짜시라니까. 그냥 시험 봐서 성적순으로 점수 주면 되잖아. 그럼 맘 편히 내 공부만 할 텐데 말이야.

장공부

모둠 활동 때문에 열심히 해도 점수를 낮게 받을 수 있으니……. 의심이가 불만인 것도 좀 이해가 된다.

모의심 공부하고 쪽지 시험 보는 건 얼마든지 할 수 있어. 그런데 모둠별 학습하
고 모둠원들 쪽지 시험 성적을 내 성적에도 반영하는 건 불합리한 거 아니
니? 단순이가 틀리는 문제 때문에 애꿎은 내 수학 성적이 깎여야 되겠어?

장공부 음. 뭐 그런 면도 있긴 하지. 나도 단순이랑 같은 모둠이었으면 걱정이 많
았을 거야. 근데, 가끔 좋은 점도 있어. 모둠원들이랑 같이 문제 풀고 서로
가르쳐주다 보면 애매하게 알고 있던 내용을 좀 더 확실히 알게 되더라고.
그러다 보니까 내 수학 실력도 더 나아지는 것 같던데. 별로 안 친했던 애
들하고 사이도 좋아지고.

모의심 그거야 장공부 너처럼 속편한 애들이나 하는 생각이고. 내가 단순이한테
쏟아 붓는 정성을 다른 과목에 썼으면 전 과목 만점을 받았겠다.

진단순

이제 구박 좀 그만해. 친구를 위해
조금 손해를 감수할 수도 있잖아.

사회샘 너희들이 웬일이야? 쉬는 시간에 문제집을 펴고 공부를 하다니. 특히 단순
이가 이렇게 책상에 앉아 있는 모습을 보니 감격스럽구나.

모의심 이게 다 수학선생님의 특이한 수업 방식 때문이죠.

사회샘 특이한 방식? 보통 수학 수업은 개념 정리하고 문제 풀어 보는 방식으로
하는 거 아니니?

장공부 비슷하기는 한데요. 수학선생님이 설명을 해 주시고 그 다음에 4명으로
구성된 모둠원끼리 서로 가르쳐주고 함께 공부하는 협동학습 시간이 있거
든요. 그리고 쪽지 시험을 보는데…….

모의심 여기가 대박이에요! 개인별로 지난번 쪽지 시험 점수와 이번 시험 점수의
차를 구해서 개별 향상 점수를 구하거든요. 그리고 나서 모둠원들의 향상
점수를 모두 합해서 모둠 향상 점수를 구해요. 이 모둠 향상 점수가 이번
학기 수학 성적에 반영된다고 하셨어요.

장공부 결국 같은 모둠원들의 점수가 서로에게 영향을 미치는 거죠.

284

사회샘 수학선생님께서 협동 학습 모형을 수학 수업에 활용하고 계시구나. 우리 단순이가 쉬는 시간에 이렇게 앉아서 공부하는 것만으로도 효과는 충분한 것 같은데 너희들 생각은 어떠니?

진단순 모둠 친구들 구박받으면서 공부하려면 힘들죠. 좀 전까지도 의심이의 온갖 구박과 핍박을 다 견디며 공부하고 있었다고요. 하지만 제 점수가 다른 아이들에게 영향을 미칠 수 있다는 책임감 때문에 수업 시간에 더 정신 차리고 참여하게 되는 것 같아요. 친구들과 이야기할 기회를 더 많이 갖게 되어 좋고요.

모의심 단순아, 조금 더 솔직해져 볼래? 지난번 쪽지 시험 보고 나서 낮은 점수를 받고도 보너스 점수 더 받을 수 있어서 좋다고 룰루랄라 하던 사람이 누구더라?

진단순 캬, 역시 모의심. 언제 그걸 봤대? 사실 점수 높은 친구들이랑 같은 모둠이니까 내 실력보다 더 높은 성적을 받을 걸 생각하면 든든하긴 하지. 다 좋은 게 좋은 거잖아.

모의심 그것 보세요. 선생님. 수학 시간에 모둠별 학습을 하니까 진단순 같이 공부 못하는 애들한테는 큰 이득이죠. 하지만 저는 큰 도움이 되는 것 같지도 않고 아니, 솔직히 말씀드려서 손해가 되잖아요. 그런데도 꼭 모둠별 학습을 해야 하나요?

사회샘 음. 자기한테 이득이 돌아오지 않으면 다른 사람들을 모른 척하고, 서로 돕지 않아야 하는 걸까? 그럼 협동은 자기가 뭔가 아쉽고 필요할 때만 하는 거겠네.

모의심 그건 아니지만…….

사회샘 사람들이 서로 영향을 주고받는다는 사실을 외면하고, 각기 단절된 삶을 살 때, 어떤 일이 생기는지 좀 살펴보면 어떨까? 그럼 서로 관심을 가지고 협력하는 게 왜 필요한 지 좀 더 잘 와 닿을 거야. (소환기를 조작한다.)

무관심과 적대가 낳은 분노

조 드   한 국가의 구성원들이 어려운 처지에서 서로를 외면하고 이기적으로 행동할 때, 어떤 비극이 일어나는지는 누구보다 내가 잘 알고 있지요.

진단순   갑자기 나타난 외국인 아저씨는 누구세요? 보아하니 유명한 학자 같지는 않은데.

조 드   나로 말할 것 같으면 명예를 무엇보다 중시하고 성실하게 살아가는 조드 집안의 둘째 아들입니다. 학자는 아니지만, 존 스타인벡이라는 훌륭한 작가가 우리 집안 이야기를 책으로 써서 전 세계적으로 꽤 유명해졌지요.

사회샘   이렇게 찾아와 주셔서 감사합니다. 얘들아, 미국의 시골 마을에서 농사를 짓는 평범한 집안이었던 조드 일가는 대공황이라는 경제적 위기로 인해 삶의 터전을 잃고 가족이 해체되는 고난을 겪었단다.

〈분노의 포도〉

『분노의 포도』는 미국을 대표하는 작가 존 스타인벡이 1939년 발표한 장편 소설이다. 당대의 황폐한 현실과 자연환경에 대한 생동감 있는 묘사, 예리한 사회 인식이 조화를 이루어 작가에게 퓰리처상과 노벨 문학상을 안겨 주었다.

이 작품 속 주인공은 오클

영화 〈분노의 포도〉의 한 장면입니다.

라호마 주 일대의 심한 가뭄과 황사로 은행 융자금을 갚지 못해 땅을 빼앗긴 농민들이다. 그들은 캘리포니아의 '푸른 신천지'를 찾아 고향을 떠나지만 멸시와 횡포 속에서 제대로 된 일자리를 구하지 못하고, 지나치게 굶주린 나머지 영양실조로 죽어가는 이주민의 신세가 된다. 작가는 극도의 절망 속에서도 인간으로서의 존엄성을 잃지 않으려고 애쓰는 조드 일가의 모습을 통해 마지막 희망은 인간에게 있음을 보여 준다.

조 드 이런 고난은 비단 우리 조드 집안사람들에게만 해당되는 건 아니었어요. 새로운 삶을 찾아 캘리포니아로 가는 길 위에서, 그리고 캘리포니아에 도착해 터무니없는 임금을 받고 과일 농장에서 일할 때에도, 저희보다 더 끔찍한 처지에서 병들어 죽어가는 사람들을 많이 보았습니다.

장공부 캘리포니아라면 따뜻한 날씨와 비옥한 땅으로 유명한 곳 아닌가요? 오렌지나 포도 같은 과일도 많이 나는 곳으로 알고 있었는데 사람들이 굶어 죽었다니 이상한데요.

조 드 아무리 땅이 비옥해도 일을 해서 돈을 벌 수 없다면 식량을 구하기는 어렵죠. 당시 나같이 젊고 건강한 남자가 하루 꼬박 일해서 벌 수 있는 돈이 얼마인 줄 아세요?

모의심 글쎄요. 그래도 꽤 오래 전이니까, 물가를 고려해서 한 8천 원 정도?

조 드 하루에 고작 25센트였어요. 또 우리 가족이 농장에서 일할 때 복숭아를 상자 가득 채워서 따면 한 상자에 5센트를 받을 수 있었지요.

진단순 잠깐. 미국 돈으로 1센트면 천 원인가요?

사회샘 아니, 미국 돈으로 1달러가 우리 돈으로 천 원 정도야. 1센트면 10원 정도 되겠네.

진단순

그럼 아저씨가 하루 종일 일해서 받는 돈이 250원이고, 과일 따는 일을 할 때에는 한 상자 따봤자 50원을 받았단 말이에요? 요즘은 250원짜리 과자도 없는데…….

조 드 우리는 고향의 집을 버리고 이주해 왔기 때문에 머물 수 있는 곳이 없었어요. 아픈 사람이 갈 수 있는 병원도, 죽은 사람이 갈 수 있는 묘지도 없었지요. 이미 많은 것을 버리고 캘리포니아로 이주했기 때문에 250원이라도 받고 일할 수밖에 없었지요. 더 이상 갈 곳이 없었으니까요.

대공황 당시 열악한 천막에서 굶주리는 사람들의 모습입니다.

사회샘 보통 이주민들이 일하는 농장 옆에 임시 숙소를 마련해 주었다고 하던데요.

조 드 농장 옆에 남는 공터를 사용할 수 있게 해주었죠. 여기에는 씻을 수 있는 샤워 시설이나 변변한 화장실도 없었어요. 사람들은 주위온 방수포나 천 조각들을 임시로 붙여서 천막을 세우고 생활했어요. 생활에 필요한 물건이나 식료품들은 농장 주인이 운영하는 매점에서 비싼 값을 주고 사야 했지요.

장공부 그럼 필요한 물건을 농장 매점에서 사려고 기껏 번 돈을 다 쓰는 건가요? 결국 농장에서 벌 수 있는 돈은 거의 없었겠어요.

조 드 그나마 일자리라도 얻으면 다행이었지요. 캘리포니아에 일자리가 많고 살기 좋다는 허위광고를 믿고 너무 많은 사람이 몰리는 바람에 일거리 얻기가 하늘에서 별 따기였답니다. 굶어 죽는 사람이 많았고, 배고픈 아내와 아이들을 위해 비스킷 한 조각만 준다고 해도 달려와 일할 사람이 널려있었지요.

모의심 그렇게 많은 사람이 열악한 환경에서 배고픔에 괴로워하는데 도와주는 사람은 없었나요?

조 드 도움이라……. 어른, 아이 할 것 없이 영양실조로 많은 사람이 죽어갔지만 그 천막촌 옆에서는 농익은 과일들이 땅에 파묻힌 채 썩어 가고 있었답니다.

진단순 그 과일들이 썩기 전에 가져다 먹으면 되잖아요. 먹을 것이 없어 굶어 죽는 마당에 왜 썩게 내버려 두나요?

조 드 왜 가져다 먹고 싶지 않았겠어요. 하지만 우리는 손도 댈 수 없었답니다. 누구도 먹지 못하도록 오렌지와 포도 더미에 석유를 뿌려 썩게 만들었지요. 돼지들도 죽여서 땅에 파묻어 버리고 말입니다.

288

모의심   남는 과일이랑 고기가 있었는데, 바로 옆에서 굶고 있는 사람들에게 주지 않았다고요? 왜 그랬지요? 정말 이해할 수가 없네요.

조 드 농장 주인과 회사들은 공짜로 과일을 나눠 주었을 때 자기네 상품의 가격이 내려가는 것을 걱정했던 것입니다.

장공부 아무리 그래도 그렇지. 사람의 생명이 걸려 있는데……. 너무 하네요.

사회샘 당시 미국 경제는 한창 호황이었다가 대공황이 닥치면서 큰 어려움을 겪고 있었어. 많은 은행과 기업들이 부도를 당했고, 전체 인구의 3분의 1이 실업자가 되었단다. 위기 상황에서 다수의 사람들은 불안해 하게 되었고, 그러한 불안감이 자신을 지키려는 이기심으로 변화된 것이지.

조 드 넓은 땅과 많은 식량을 가지고 있는 지주들은 자기 재산을 어려운 사람들과 나누는 대신 자신의 것을 지키는 데에 많은 돈을 투자했답니다. 그들은 오클랜드에서 땅을 잃고 이주해 온 사람들이 허기지고 어려운 처지에 폭

1929년에 시작된 대공황으로 일자리를 잃은 미국의 실업자들이 빵 배급을 받고 있는 모습입니다.

동을 일으킬까 항상 불안해 했지요. 그래서 무기를 사들이고 보안관을 고용하는 방법을 택했답니다.

모의심 이주민들은 넓은 농장을 운영하는 데 유용한 노동력이 아니었나요? 땅을 일구고, 과일을 딸 때면 일손이 많이 필요하잖아요.

 임금을 높여 주거나 쾌적한 환경에서 살게 해 주면 범죄도 줄어들고, 노동력이 안정적으로 공급되니까 농장 주인에게도 이득이 되었을 것 같은데요.

조 드 땅 주인들이 의심이처럼 생각했다면 좋았겠지만, 그들은 우리 처지에 공감하고 함께 협동함으로써 어려움을 이겨내려고 하지 않았답니다. 여러분 '오키'라는 말을 들어 본 적 있나요?

진단순 아, '오키'요? 영어로 알았다는 표현 '오케이(O.K.)'를 저희들끼리 귀엽게 '오키!'라고 하는데, 조드 님이 그걸 어떻게 아세요?

조 드 내가 아는 '오키'와 발음은 같지만 뜻은 상당히 다르네요. 당시 캘리포니아 사람들은 오클라호마 출신 이주민들을 '오키'라고 불렀답니다. 이 표현은 '더럽고 폭력적인 인간쓰레기'라는 뜻이었어요. 그들은 우리를 적대시하면서 우리에게 그들의 경제적 어려움에 대한 불만을 표출하고 해소했지요. 그리고 낮은 임금을 주며 농장을 운영해서 자기 집단의 이익을 극대화하는 방법을 택했답니다.

사회샘 결국 풍부한 일자리와 기름진 땅이 있는 곳으로 오라는 광고 전단지만 믿고 이주했던 많은 사람들은 인간답게 대우받지 못하고 빈곤에 허덕이게 되었지.

조 드 뼈만 앙상하게 남은 가족들이 배만 부풀어 오른 모습으로 부들부들 떨며 천막 안에 누워 있는데 일자리도 식량도 구할 수 없는 무력한 가장의 심경이 어떻겠습니까? 달콤한 과일이 넘쳐나는 기름진 땅에서 열심히 일하며 새로운 삶을 시작하고자 했던 우리는 사랑하는 가족과 친구들을 잃고 점점 피폐해져 갔습니다. 그리고 우리 마음속에는 비극적인 상황과 농장주인, 보안관보들에 대한 분노가 자라나게 되었지요. (조드의 형상이 사라진다.)

장공부 좀 더 나은 처지에 있는 사람들이 이주민들의 궁핍함을 자기 일처럼 생각하고 힘든 상황을 함께 나누었다면 좋았을 텐데 정말 슬픈 이야기네요.

사회샘 그래. 하지만 역사적으로 볼 때, 그렇게 돕고 나누는 일이 쉽지는 않았던 것 같아. 다른 사례도 한 번 살펴볼까? (소환기를 조작한다.)

나는 아닐 거라는 생각에 다른 사람들의 고통을 외면하다

마르틴 니묄러(Martin Niemöller)

니묄러 (낮은 목소리로) 비슷한 시기에 우리 독일에서 있었던 이야기도 들려 드리고 싶군요.

사회샘 니묄러 님, 마침 와주셨군요.

니묄러 제1차 세계 대전에서 패배한 이후 우리 독일인들은 경제적으로 매우 힘들어졌을 뿐만 아니라 자존심에 큰 상처를 입었지요. 바로 그 시기에 나치당이 독일에서 자리를 잡게 되었습니다.

모의심 나치라면 제2차 세계 대전을 일으켰던 독일의 전체주의 집단 아닌가요?

진단순 전체주의라면 예전에 개인주의 할 때 잠깐 얘기했잖아. 니묄러 님, 독일 사람들은 협동을 잘해서 집단끼리 잘 뭉치나봐요.

니묄러 나치당의 전체주의는 단순한 협동이 아니에요. 배제와 억압, 독재를 포함하는 단결을 의미합니다. 나치당은 권력을 유지하기 위해 많은 사람들을 죽음으로 몰아넣었지요. 나치 하의 독일은 당의 명령, 독재자의 명령에 의해 아무 생각 없이 움직이는 거대한 기계에 불과했지요. 이런 기계에 유대감이라는 게 있을까요? 구성원들의 다양성과 의견은 무시되었고 진정한 의미의 유대감과 협력 같은 것은 찾아볼 수 없었답니다.

6
장

사회샘 니묄러 님께서는 수많은 강연을 하셨어. 그때 말씀하셨던 내용이 시가 되었지. 많은 노래와 드라마, 책 속에서 지금도 종종 인용되고 있는 유명한 시야. 니묄러 님, 실례가 되지 않는다면 함께 보아도 될까요?

니묄러 네, 부끄러운 과거이기도 하지만 많은 사람들이 그와 같은 과오를 다시 범하지 않았으면 하는 마음에서 이 시가 널리 읽혔으면 좋겠군요. 그럼 같이 볼까요?

처음 나치가 잡으러 왔을 때 (First They Came)

처음 나치가 공산주의자들을 잡으러 왔을 때
나는 아무말도 하지 않았다.
나는 공산주의자가 아니었으니까.

다음에 나치가 사회 민주당원들을 잡으러 왔을 때
나는 아무 말도 하지 않았다.
나는 사회 민주당원이 아니었으니까.

다음에 나치가 노동조합원들을 잡으러 왔을 때
나는 아무 말도 하지 않았다.
나는 노동조합원이 아니었으니까.

다음에 나치가 유대인들을 잡으러 왔을 때
나는 아무 말도 하지 않았다.
나는 유대인이 아니었으니까.

그리고 나서 나치가 나를 잡으러 왔을 때
나를 위해 말해 줄 사람이
아무도 남아 있지 않았다.

히틀러가 이끄는 독일 나치는 제2차 세계 대전 중 본격적으로 유대인 등을 학살하기 이전부터 그들의 이념에 반하는 세력들에 대한 테러를 감행하기 시작했습니다. 사진은 나치가 유대인 소유의 가게를 탄압하는 모습입니다.

장공부   나치에 의해 다른 사람들이 무참히 죽어나갈 때 나 몰라라 했던 사람이 결국 자신이 위험에 처했을 때 그 누구의 도움도 받지 못하고 죽게 되었다는 이야기네요.

니묄러   그래요. 이 시는 나 자신의 부끄러운 과거에 대한 후회와 반성에서 시작되었습니다. 또한 나치가 특정 집단을 하나하나 지목하면서 학살해 나갈 때 저항하지 않고 침묵했던 독일의 지식인들을 비판하고 있습니다.

진단순   학살이라면……. 그렇게 많은 사람들이 죽임을 당했나요?

니묄러   이 시에서 볼 수 있듯이 나치 독일이 살해한 집단은 유대인만이 아니랍니다. 공산주의자, 동성애자, 집시, 장애인, 소련의 전쟁 포로, 여호와의 증인과 프리메이슨 등 수많은 집단을 조직적으로 학살했지요.

사회샘   아직 논란의 여지가 있지만, 이때 사망한 유대인은 대략 6백만 명이고, 니묄러 님께서 말씀하신 집단들까지 모두 포함하면 총 사망자 수는 9백만 명이 넘는 것으로 알려져 있단다.

6 장

니묄러 네, 정말 많은 사람들이 죽었지요. 안타까운 일입니다.

진단순

이렇게 많은 사람들이 죽어가는 동안 다른 독일 사람들은 도대체 뭘 하고 있었던 거예요?

장공부 나치 동조자 이외의 사람들이 함께 대항했다면 결국 모두의 안전과 소중한 생명을 지킬 수 있었을 텐데요. 왜 모른 척 했을까요?

모의심 자기와 관련이 없다고 생각했던 것이 아닐까? 공연히 개입했다가 피해를 볼 수도 있고 말이야.

사회샘 그래. 위험이 존재하는 공포 사회 속에서 당장 살아남기 위한 최선의 방법이 '모른 척'이라고 판단했던 거지.

니묄러 '나치'라는 폭주 기관차의 제동장치 역할을 해야 할 지식인 집단조차 당시 상황을 '모른 척'으로 일관했지요. 사실 저도 처음에는 나치당을 지지했었습니다. 하지만 제1차 세계 대전 이후의 어려워진 나라의 상황을 힘없는 소수 집단의 탓으로 돌리고 그들을 희생시켜 자신들의 이익을 추구하는 나치당의 태도는 분명 문제가 있다고 생각하게 되었습니다. 그 이후 저는 나치당을 반대하는 종교 지도자 모임의 리더가 되어 이 문제를 해결하고자 했지요. 제 생각에 당시 우리 독일에 필요했던 것은 집단 간의 반목과 배격이 아니라 서로의 어려움에 대한 이해와 협력이었습니다. (니묄러 사라진다.)

사회샘

사회가 어렵고 혼란스러울수록 구성원 상호 간의 유대감과 신뢰를 바탕으로 한 협력이 문제를 해결할 수 있는 중요한 열쇠가 되지.

우리나라의 사회적 결속력은 어떨까?

진단순 미국이나 독일 사람들은 참 안됐네요. 선생님, 그래도 우리나라 사람은 주변 사람들에게 관심이 많고 필요할 때 똘똘 뭉쳐서 문제를 함께 해결하는 것 같아요.

장공부 맞아요. 월드컵 경기할 때 응원단 보세요. 외국 사람들도 우리나라 응원하
는 모습 보면 놀란다고 하던걸요.

모의심 예로부터 두레나 품앗이같이 서로 일손을 돕는 전통이 있는 것을 봐도 우
리나라 사람들이 단결력이 강한 건 사실인 것 같아요.

진단순 보아하니 오늘 사회 수업 주제는 협동인 것 같은데, 우리나라 사람들은 단
결을 잘하니까 오늘 공부는 여기까지 해도 되지 않을까요? 배울 게 더 이
상은 없는 것 같은데요? 하하하.

사회샘 글쎄, 과연 너희들이 지금 이야기하는 것처럼 우리나라를 그렇게 긍정적
으로만 평가할 수 있을까?

진단순 에이, 선생님. 괜히 저희 공부 더 시키려고 하시는 말씀 아니세요?

사회샘 우선 오늘 다룰 주제는 정확히 말하면, '협동'이 아니라 '연대'야. 그리고 너
희들 생각과 달리 우리나라 사람들이 협동이나 단결을 꼭 그렇게 잘하는
것도 아니란다. 이럴 때는 자료를 보면서 이야기하는 것이 더 좋겠구나.
OECD(경제협력개발기구)에서 측정하는 **사회적 결속력**(cohesion)을 살펴볼까?

진단순 사회적 결속력이요?

사회샘 사회적 결속력은 사회 구성원들이 서로 신뢰하고
유기적인 관계를 맺고 있는 정도를 나타내는 지
표란다.

장공부 그런 신뢰나 관계는 무슨 기준으로 측정하는데요?

사회샘 측정 지표는 매번 조금씩 바뀌고 있어. 그중 가장 대표적인 지표가 자살률
이야.

모의심 어? 자살은 개인이 자신의 목숨을 스스로
끊는 것 아닌가요? 자살하는 게 사회적
결속력과 무슨 상관이 있나요?

사회샘 뒤르켐이라는 유명한 사회학자는 자살을 단순히 개인의 행동으로만 볼 수 없다고 주장했어. 자살은 사회적 상황이나 조건에 의해 생겨나고 심지어 개인에게 강제되는 측면도 있다고 보았지. 구성원들이 사회에 통합되어 있는 정도에 따라 그 사회의 자살률이 달라진다는 거야.

장공부
우리나라가 세계적으로 자살률이 높은 국가라는 이야기를 들어 본 것 같아요.

사회샘 맞아. 경제협력개발기구에 따르면 조사 대상국 가운데 한국의 자살률이 가장 높아. 그리고 심지어 자살 인구의 증가 속도도 가장 빠르지. 무척 안타까운 상황이란다.

장공부 자살률 외에 사회적 결속력을 보여 주는 다른 지표들은 없을까요?

사회샘 비교적 최근인 2011년도 조사에서는 타인에 대한 신뢰, 사회기관에 대한 신뢰, 친사회적 행동과 반사회적 행동, 투표, 관용의 정도를 살펴보았단다. 30개국을 비교한 일반적인 신뢰도 수준에서 우리나라는 25위를 차지했어.

진단순 이건 제 수학 성적이랑 비슷한걸요. 심각한 상태네요.

사회샘 34개국을 비교한 나머지 항목의 성적도 반사회적 행동 지표를 제외하면 좋지가 않아. 투표율과 사회기관에 대한 신뢰도는 32위를 기록했고, 다른 인종이나 동성애자에 대한 관용 수준은 28위, 친사회적 행동에서는 21위를 차지했지.

장공부 우리나라의 결속력 정도가 이렇게 낮다니 정말 충격적이네요. 도대체 그 이유가 뭘까요? 우리는 전통적으로 상부상조의 정신이 강했잖아요.

사회샘
우리나라의 근현대사를 살펴보면 사회적 결속력이 약해진 이유를 어느 정도 이해할 수 있어. 일제 강점기와 한국 전쟁이라는 역사의 질곡이 서로에게 적잖은 상흔을 남겨 놓은 셈이지.

모의심 국사선생님이 일제 강점기에 외부적 강압으로 근대화가 이루어지면서 전

1950년 6월 25일 새벽 북한의 침공으로 발생한 남북한의 전쟁은 1953년 7월 27일 휴전 조약에 서명함으로써 전투 행위가 종식되었습니다.

　　　　통문화와 단절이 일어났다고 말씀하셨던 것 같아요. 한국 전쟁 이후 남북한 간의 이념적 대립 역시 아직까지 무거운 짐으로 남아 있다고 하셨고요.

사회샘　그렇지. 서구 사회는 근대화 되기까지 다양한 시행착오를 경험하였고, 오랜 시간이 걸렸어. 그래서 가족과 지역 중심의 전근대적인 연대가 해체된 곳에 사회적 연대가 자리 잡을 여유가 있었지. 덕분에 문화와 제도를 통해 사회적 결속력을 공고히 할 수 있었고 말이야. 서구 사회는 비교적 안정적인 사회적 연대를 바탕으로 지속적인 발전과 번영을 이룩해 왔어. 하지만 한국 사회에는 전통적인 연대가 해체된 자리에 새로운 형태의 연대가 자리 잡을만큼 충분한 시간과 기회가 주어지지 않았던 거야.

진단순　아, 우리 역사의 비극이네요. 뭔가 슬퍼요.

사회샘　역사의 비극이기도 하지만 이런 상태가 지속되면 미래는 더욱 비극적일 거야. 경제 위기나 자연 재해 등 사회의 위기 상황은 언제고 닥칠 수 있으니까. 그런데 사회 구성원들 간의 신뢰와 단합된 노력이 없다면 이런 위기를 극복하고 지속적으로 발전해 가기 어렵지.

장공부 우리나라는 앞으로 사회적 결속력을 다지기 위해 더욱 많은 노력을 기울여야 하겠군요. 의심이랑 단순이도 모둠 활동할 때 다투지 좀 말고, 연대 의식을 발휘해 봐. 나라를 위한다는 마음으로.

연대는 동정이나 일방적인 희생이 아니다

사회샘 자, 사회적 신뢰와 협력이 필요한 이유가 무엇인지 충분히 알게 되었으니 이제 연대가 무엇인지 그 개념을 자세히 살펴볼까?

진단순 연대를 잘 할 수 있는 방법에 대해 바로 이야기해 주시면 안 되나요? 연대가 무슨 뜻인지는 대충 다 알잖아요.

사회샘 단순이가 연대의 의미를 잘 알고 있는 것 같은데. 그럼 한번 설명해 볼래?

진단순 그럼요.

연대는 어려운 처지에 있는 사람들을 모른 척하지 않고 도와주는 것 아니에요?

사회샘

글쎄다. 많은 사람들이 연대를 단순이처럼 단순히 동정심에서 우러나오는 도움이나 자선의 의미로 생각한단다. 이건 연대 개념을 잘못 알고 있는 거지.

장공부 단순이가 생각하는 연대의 의미가 잘못된 거라고요?

사회샘 그래. 다시 자세히 살펴보겠지만 연대는 동정이나 자선 행위와는 달라.

장공부 그럼 여태까지 연대의 제대로 된 뜻을 모르면서 연대라는 말을 사용해 왔던 거네요.

사회샘 그래. 그 밖에 **'연대 보증' 제도**로 인해 연대의 의미를 오해하는 경우가 있지.

진단순 연대 보증이요?

모의심 어? 집에서 보증은 절대 서지 말라고 했는데……

사회샘 그래. 우리가 흔히 아무리 친한 사이라도 보증을 서면 안 된다고들 이야기하는 경우가 있는데 이때 보증이 바로 연대 보증 제도야. 연대 보증 제도는 은행이 돈을 대출해 줄 때, 채무자가 빌린 돈을 갚을 수 없게 되었을 경우를 대비하기 위해 만들어진 제도지. **채무자를 대신해서 돈을 갚아 줄 수 있는 다른 사람의 보증을 요구**하는 거야.

장공부 선생님, 연대 보증 제도는 필요한 돈을 쉽게 구할 수 있도록 도와주는 제도라고 알고 있었는데요. 그렇게 보면 연대라는 말이 적절하게 사용된 거 아닌가요?

사회샘 공부의 말처럼 연대 보증 제도가 편리해 보일 수 있어. 은행 입장에서도 빌려 준 돈을 어떻게든 받을 수 있으니까 안전하게 수익을 올릴 수 있어 좋지.

진단순

이거 돈 빌리는 사람이나 은행이나 서로 윈윈하는 제도네요! 급한 돈이 필요할 때, 특별한 담보물이나 소득이 없어도 은행에서 많은 돈을 빌릴 수 있잖아요. 은행 입장에서는 안심하고 돈을 빌려줄 수 있고.

사회샘 하지만 친구나 가족 간의 우애와 믿음 때문에 보증을 서 주었다가 대신 돈을 갚아야 할 처지에 놓인 사람들의 이야기는 조금 다르단다.

모의심 맞아요. 보증인은 단지 누군가를 믿었다는 이유로 본인이 사용하지도 않은 돈을 내야 하잖아요.

장공부 저도 연대 보증으로 인해 보증인이 되었다가 파산 위기에 처하고 신용 불량자가 된 이야기를 많이 들었어요.

사회샘 우리나라는 일제 강점기부터 연대 보증 제도가 도입되었단다. 그런데 신용보증기금의 발표 결과에 따르면 연대 보증인을 세움으로써 회수되는 실제 이익은 거의 없다는구나.

이에 반해 연대 보증 제도로 인해 많은 신용 불량자가 양산되었고, 경제적 어려움으로 수많은 가정이 해체되었단다.

모의심

근·현대 한국 사회에서 연대 보증으로 발생한 문제들이 크다보니 저희 부모님처럼 '보증'이라고 하면 무조건 부정적으로 생각하는 인식이 더욱 확산된 것 같아요.

사회샘 사실 이미 많은 전문가들이 금융 회사의 우월한 지위를 이용해 위험을 떠넘기는 연대 보증 방식을 후진적인 대책으로 비판해 왔단다. 심지어 예전 금융위원장이었던 분조차 연대 보증 관행을 '독버섯'이라고 표현하기도 했단다.

장공부 독버섯이라면 주변으로 점점 퍼져 나가서 나쁜 영향을 미치고 사회를 병들게 한다는 의미겠죠?

사회샘 그렇다고 볼 수 있지. 선진국의 경우에는 연대보증 대신에 채무자의 능력에 맞는 한도에서 대출을 해 주는 방식을 택하고 있어. 안정적인 수입이 있거나 대출 받는 금액에 상응하는 담보물을 가지고 있는 사람에 한해서만 대출을 해 주는 경우가 많지. 우리나라도 2013년부터 연대 보증 제도가 폐지되었거든. 앞으로는 더 건전한 금융 시장을 기대할 수 있을 거야. 더불어 연대에 대해 올바른 인식이 자리 잡았으면 해.

연대는 서로 돕는 상호 부조 행위이다

장공부 선생님, 그래서 연대의 정확한 의미가 뭔가요? 아직도 연대라고 하면 '협동'이나 '자선'의 의미만 떠오르는데요.

사회샘

일단, **연대는 다른 사람에 대한 관심에서 시작**된단다. 서로 무관심한 태도로는 연대를 할 수 없지.

모의심 무관심……. 하니까 딱 떠오르는 사례가 있어요. 단순이는 밥 먹을 때 주위 아무 것에도 관심을 두지 않는 완벽한 무관심 상태가 되거든요. 지난번에 제가 장염에 걸려서 힘들어 하고 있을 때, 단순이가 점심시간에 저한테 뭐라고 한 줄 아세요?

진단순 뭐라고 하긴 뭐라고 해, 심심한 위로의 말을 남겼겠지.

모의심 기억도 못하는구나. '너, 그 반찬 못 먹지? 그럼 내가 먹는다.' 딱 이 한마디 했어. 자기 배고픈 거랑 반찬 생각만 한 거야. 친구는 아파서 밥도 제대로 못 먹고 있는데 어떻게 그럴 수가 있니?

사회샘 얘기를 들어 보니, 의심이가 많이 섭섭했겠네.

장공부 그래, 어떤 상태인지, 괜찮은지 물어는 봐야지. 그냥 반찬만 챙긴 건 너무했다.

진단순 의심이의 아픔에 관심을 기울이지 않은 것은 사실이지만, 제가 의사도 아니고 의심이를 낫게해 줄 수 있는 것도 아니잖아요. 어차피 남기는 음식을 대신 먹겠다고 한 게 뭐 그렇게 잘못인가요?

특별히 도움을 줄 만한 상황이 아닌 데도 가만히 있으면 연대 의식이 없는 건가요?

사회샘 음. 물론 당시 상황은 의심이가 특별히 다른 도움을 필요로 하는 상황은 아니었던 것 같은데, 만약 의심이가 실제로 도움이 필요한 상황이었다면 더 서운했겠지. 학교 전체적으로 그처럼 자기 이익만 생각하고 주변에 무관심한 학생이 많다면 문제가 보다 심각해지지 않을까? 학교가 전체적으로 잘 운영되지 않을 가능성이 크고, 학생들 개개인도 뭔가 고립되고 외로운 느낌을 갖게 될 테고 말이야.

모의심 생각해 보니까 더 억울하네. 나는 자기 반찬만 생각하는 단순이를 위해 이렇게 수학 문제를 푸는 걸 도와주고 있는 거니까.

진단순 나 때문에 고생하는 거야? 너 성적 잘 받으려고 그러는 거잖아.

장공부 이제 그만들 해. 단순이도 이제 의심이한테 미안한 마음이 들잖아.

사회샘 그래. **연대는 이처럼 구성원들이 서로 연결되어 있다고 느끼고 도움을 주는 거란다. 다른 사람들의 아픔에 공감하고, 고통을 줄이기 위해 함께 노력하는 것이지.** 사람들은 연대를 통해서 좀 더 따뜻하고 조화로운 사회에서 살 수 있게 된단다.

모의심

그래서 연대가 정확히 뭔가요? 자선이나 동정과도 다르다고 하셨잖아요.

사회샘 그러면 연대의 의미를 구체적으로 살펴볼까? 아까 단순이가 어려운 사람을 돕는다고 했을 때 연대 의미를 부분적으로만 알고 있다고 했던 것 기억나니?

학생들 네, 기억나요.

사회샘 **연대는 상호 부조의 의미를 포함**하고 있어. 사회 조직의 구성원들이 서로를 돕고 협력하는 거지.

진단순 선생님. 지금 헷갈리신 거죠? 아까도 제가 돕는다고 했는데, 그 뜻이 아니라고 하셨잖아요.

사회샘 동정이나 자선과 상호 부조는 다르지. 상호 부조는 **동정이나 자선처럼 일방적인 것이 아니라 서로 돕는 것을 의미**하거든.

장공부 예를 들어주시면 저희가 이해하기 더 쉬울 것 같아요.

사회샘 예를 들어, 18세기에 각지에 창설된 공제 조합, 노동조합, 친목회 등은 조합원들이 공동의 기금을 창설하고 유지하면서 조합원들의 사망, 질병, 노령, 실업에 대한 혜택을 주었단다. 조합 형태의 연대를 통해 함께 모은 자금으로 위기에 처한 조합원의 최소 생활을 보장해 주고, 자신에게 닥칠 위험에도 대비한 것이지.

모의심 그러면 제가 단순이를 돕는 것은 연대 행위인가요, 아닌가요? 저는 일방적으로 단순이를 돕고 있는 것 같은데.

장공부 수학 수업에서는 그럴지 몰라도 우리는 친구잖아. 어려운 일이 있으면 서로 도울 거고. 단순이 너도 그렇게 생각하지?

진단순 의심이를 돕는 것은 좀 생각해 봐야 할 것 같아.

사회샘 하하하. 아웅다웅하기는 하지만 너희들이 연대 의식을 갖고 있는 것은 분명한 것 같구나. 특히 수업이나 숙제와 관련해서는 종종 힘을 합치지 않니? 하지만 그런 행위들이 어떤 의미에서 연대인지에 대해서는 조금 판단을 뒤로 미뤘으면 싶어. 연대 개념 역시 시대와 주장하는 사람에 따라 다양한 의미와 특성을 가지고 발전되어 왔거든. 좀 복잡할 수도 있지만 연대가 가진 다양한 의미에 대해 차근차근 공부해 보도록 하자꾸나.

'연대'는 어떻게 생겨나고 발전해 왔을까?

사회샘 연대(solidarity)는 프랑스어로 연대채권과 공동 책임을 의미하는 법률 용어 solidarité에서 온 낱말이야. 이 프랑스어 또한 먼 옛날 로마 법전 속에서 비롯되었고 말이야. 참 오랜 역사를 지닌 개념이지?

장공부 어? 선생님. 아까 앞에서 이야기 했던 우리나라의 연대 보증 제도랑 비슷한 거 아니에요?

진단순 아, 그 '독버섯' 말이지?

모의심 근데 연대 보증은 연대의 의미를 잘못 사용하고 있는 제도라고 하셨잖아요? 그런데 그게 '연대' 의미의 기원이라고요?

사회샘 서로 비슷한 용어를 사용하지만 실제로는 큰 차이가 있어. 로마 시대의 연대채권은 가족 또는 씨족 성원들 간에 재산을 서로 공유하고 처분할 수 있는 권리와 함께 발생하는 의무였지. 우리나라의 연대 보증 제도와 달리 책임뿐 아니라 권리도 주어졌던 거야. 가족들 간에는 재산을 공동소유, 분배하고 불행한 일이 생기면 적극적으로 돕고 함께 책임지는 풍속이 연대의 의미 속에 포함되어 있었던 거지. (소환기를 조작한다.)

레 옹 (느닷없이 강의를 시작한다.) '연대'는 본래 법률적 용어로서의 의미가 강했는데, 프랑스에서 발생한 역사적 사건과 정치인들 사이에서의 논쟁에 의해 윤리적이고 정치적인 의미로 발전되었습니다.

학생들 누구신가요?

사회샘 레옹 님. 안녕하세요?

진단순 레옹? 레옹은 영화 속 킬러 아닌가요? 이제 소환기가 영화 주인공도 불러

내나요?

사회샘 아, 단순이가 영화 〈레옹〉을 알고 있는 모
양이네. 이 분은 킬러 레옹이 아니고 프랑
스의 유명한 정치가이자 법학자, 철학자로
프랑스 제3공화국에서 여러 장관직과 총리
직을 역임했고, 초대 국제연맹 총회의 의장
도 역임하신 레옹 빅토르 오귀스트 부르주
아 님이야. 1920년에는 노벨 평화상을 수상
하기도 하셨지.

레옹 빅토르 오귀스트 부르주아
(Léon Victor Auguste Bourgeois)

모의심 레옹에 부르주아라니, 이름이 좀 이상하시네요.

진단순 그래도 노벨 평화상까지 받았다잖아.

장공부 게다가……. 총리라면 큰 영향력이 있는 정치가셨네요. 그런데 저희 교실
에는 무슨 일로 오신 거죠?

레　옹 저는 지금 여러분이 이야기하고 있는 '연대'에 아주 관심이 많은 사람입니
다. 연대를 주제로 책도 썼지요. 오늘 저는 프랑스 대혁명 이후에 있었던
연대 의미의 변화를 설명하려고 왔습니다. 크게 세 단계로 나누어 살펴볼
텐데, 시작은 프랑스 대혁명입니다. 모두들 프랑스 대혁명에 대해 알고 있
지요?

진단순 네, 근대 3대 시민 혁명 중 하나잖아요! 그 정도는 알죠.

모의심 '자유, 평등, 박애'를 구호로 내걸고 싸웠던 걸로 알고 있어요.

레　옹 그렇죠. 잘 알고 있군요.

모의심 　그런데 세 단어 중에는 연대가 없잖아요. 프랑스
대혁명이 연대랑 무슨 관계죠?

레　옹 오, 좋은 질문이에요. **박애는 형제애나 우애 등으로 번역하는데 이 개념
이 사실상 연대의 의미를 담고 있답니다.**

바스티유 감옥의 습격. 분노한 프랑스 민중들이 정치범 감옥이자 구체제의 상징인 바스티유 감옥을 습격하면서 프랑스 대혁명의 불길이 타오르기 시작하였습니다.

장공부 형제애라고 하면, 다른 사람을 친형제처럼 사랑하는 건가요?

레 옹 그렇다고 볼 수 있어요. **프랑스 대혁명을 거치면서 연대가 형제애와 연관 지어 이해되기 시작**했고, 연대 개념은 첫 번째 변화를 겪게 되었지요. 이때 형제애의 의미는 기독교적 형제 개념과 비슷합니다. 친족끼리 형제라고 부르며 아끼고 사랑했던 것처럼, 기독교에서도 같은 기독교인들끼리 널리 형제라고 부르면서 형제에 대한 사랑의 의무를 중요시 여겼거든요. 구성원들 간에 수평적이고 상호적인 관계를 강조한 거지요.

진단순 어쩐지, 교회 다니는 사람들이 서로 '형제님~', '자매님~'하면서 부르더라고요.

레 옹 그러다가 1848년 노동자 혁명에 의해 연대 개념의 두 번째 변화가 시작되지요. **사회주의자들이 연대 이념을 채택하면서 박애 개념을 대체하는 용**

어로 연대가 사용되기 시작했어요. 그뿐만 아니라 연대가 노동자의 권리나 자유와 연결되어 노동자 연대가 정치적인 개념으로 발전하게 되었답니다.

사회샘

사회주의 혁명가들은 이 형제애야말로 개인의 권리를 지키고 동시에 평등을 실현하는 수단이 된다고 믿었던 거야. 그래서 종교적 의미의 형제애는 혁명을 통해 정치적 의미로 발전되고 강조된 거지. 그렇죠? 레옹 님?

레 옹 네, 맞습니다, 선생님.

사회샘 이 시기에 이르러서 누구나 선거에 참여할 수 있어야 한다는 점에서 보통 선거의 원칙이 주장되었고, 노동시간의 제한, 노동조합의 결성과 설립, 파업권 보장 등 노동자의 권리를 보호하기 위한 여러 제도들이 만들어지게 되었단다.

레 옹 세상에나…… 연대 의미의 발전과 관련해서 이렇게 해박한 지식을 가지고 계시다니……. 여러분은 이렇게 뛰어난 선생님과 함께 공부하니 정말 행복하겠어요.

진단순 뛰어나신 건 사실인데, 가끔 말씀을 이해하려면 머리가 굉장히 아파요.

레 옹 열심히 공부하다보면 머리가 아플 수도 있지요. 친구들과 연대해서 선생님께 좀 더 쉽게 말씀해 달라고 함께 건의해 보세요. 아마 단순이 혼자 얘기하는 것보다 훨씬 더 진지하게 받아들이실 겁니다.

사회샘 그래. 단순이와 친구들이 모두들 그렇게 생각한다면 선생님이 더 노력해 볼게.

레 옹 마지막 세 번째 변화는 내가 몸담았던 제3공화정의 연대 개념입니다. 아주 중요한 시기에 해당하지요. 왜냐하면 이때 현대의 많은 사람들이 알고 있는, 통상적인 연대 개념이 성립되었거든요.

장공부

아까 저희 사회선생님께서 말씀하셨던 연대의 뜻이요? 다른 사람에 대한 관심과 상호 부조 말인가요?

레　옹　그래요. 사회가 고도의 산업사회로 변화하면서 가족이나 동족 중심의 전통적 상호 부조도 달라질 수밖에 없었어요. **공동체를 대신해 최소 생활 보장 기능을 담당하고 인간으로서의 존엄을 유지할 수 있는 인위적인 상호 부조 기구가 필요**했습니다. 그리고 나는 그것을 위해 '연대' 개념을 도입했던 거지요.

사회샘　연대를 통해 국가나 사회적 차원에서 전체 구성원을 대상으로 공공부조를 운영하는 형태를 제안하신 거군요.

레　옹　그렇습니다. 이전에 노동자들을 중심으로 개인의 권리 향상에 기여했던 연대의 의미가 사회 전체 차원의 연대로 확장되자 비판도 만만치 않았지요. 사회 전체의 평화와 서로 다른 이데올로기들 간의 조화를 강조하는 형태의 연대는 급진적인 노동자들에게는 보수적인 입장으로 이해되었기 때문입니다. 하지만 1896년 이후 연대주의 운동은 현대 사회 제도에 큰 영향을 미쳤습니다. 제가 주장한 연대 개념은 **프랑스에서 복지 국가가 출현하는 데 중요한 정치적, 철학적 기초를 제공**해 주었습니다.

모의심

> 연대라고 하면 단순히 협동이나 자선과 관련 있다고만 생각했는데, 레옹 님 말씀을 듣고 보니 현대 사회에서 연대는 복지 제도의 기초가 되는 중요한 가치였네요.

사회샘　레옹 님께서 설명하셨듯이 연대는 역사적 사건을 거치면서 그 의미가 변화해 왔고, 사용되는 맥락에 따라 그 의미가 다양하게 이해되고 있어. 현대 학자들 사이에서도 연대에 대한 정의가 매우 다양하고 말이야.

좁은 의미의 연대와 넓은 의미의 연대

레　옹　지금까지 연대의 발전 과정과 다양한 연대에 대해 살펴보았는데 이를 정리하면 크게 좁은 의미의 연대와 넓은 의미의 연대로 나누어 생각할 수 있습니다.

진단순　좁은 의미? 넓은 의미?

레　옹　네. 먼저 **좁은 의미의 연대**는 뜻이 맞는 집단의 구성원들이 서로 협력하여 같은 목적을 추구하는 연대를 말하지요. 대표적인 것이 바로 노동조합과 같은 형태의 연대입니다.

모의심 노동자들이 파업을 할 때 연대 투쟁이니 하는 구호를 외치는 것을 본 적이 있어요.

레 옹 맞습니다. 흔히 기업가와 노동자를 비교하면 고용자의 입장에 있는 기업가가 노동자에 비해 유리한 위치에 있다고 말할 수 있지요. 즉, 노동조합은 약자인 노동자들이 연대하여 기업주와 대등한 힘을 행사하기 위한 조직입니다. 이것이 바로 좁은 의미의 연대의 대표적인 형태예요.

장공부 노동자들뿐만이 아니라 기업가들도 연대할 수 있지 않나요?

사회샘 물론이야. 우리나라의 경우 기업 소유주들을 중심으로 뭉친 전국경제인연합회, 중소기업협동조합중앙회 등이 대표적인 기업가 조직이지. 이 경우도 자신들의 이익을 위해 협력하는 일종의 연대라고 할 수 있지.

모의심 그렇게 되면 노동자들이 연대해도 기업가들의 힘을 이길 수가 없잖아요. 노동자들은 단결력밖에 없지만 기업가 단체들은 돈도 있고 권력도 있으니…….

진단순 기업가든 노동자든 단결하는 것이 잘못은 아니잖아.

사회샘 단순이 말이 일리가 있어. 하지만 역사적으로 노동조합이 활성화되면서 노동자의 권리가 많은 부분 인정되고 세상이 많이 변한 것은 사실이야. 노동자들의 연대에서 비롯된 힘을 무시할 수는 없단다. 그런 점에서 의심이도 기운내렴.

레 옹 하여튼 이렇게 뜻이 맞는 집단의 구성원들이 서로 협력해서 자신들의 공통된 이익을 추구하는 것을 좁은 의미의 연대라고 할 수 있습니다.

장공부 그럼, 넓은 의미의 연대는 어떤 것이죠?

레 옹 **넓은 의미의 연대**는 직접적으로 이익을 공유하는 특정 집단끼리의 협력을 넘어서는 연대라고 할 수 있습니다. 즉, 넓은 의미의 연대란 사회 전체를 대상으로 하는 것이지요.

모의심 직접적인 이익도 없는데 협력하고 연대한다는 게 말이 되나요?

레 옹 조금 어려운 얘기인데요. 모든 개인과 타자는 필연적으로 결합되어 있습니다. 사회 구성원 각자는 다른 모든 이들의 도움 위에 서 있고, 이런 점에서 각각의 구성원은 다른 모든 사람들, 바로 사회 전체에 대한 책임이 있답니다.

진단순 그래도 이거 레옹 님 혼자 생각 아니에요?

사회샘 그렇진 않아. 여기 계신 레옹 님이 선구적인 학자인 것은 분명하지만 현대에는 이렇게 넓은 의미의 연대를 주장하는 학자들이 많이 있단다. 빌트(Wildt) 님 같은 학자는 우리와 일치하지 않는 다른 상태를 가진 사람들에게도 우리가 향유하고 있거나 가치 있다고 생각하는 기회와 권리가 실현되도록 지지하는 것이 필요하다고 주장했어. 또 스픽커(Spicker) 님은 다른 사람에 대한 책임을 발전시키고 수용하는 것이 연대라고 말했어. 즉, 연대의 의미는 더 이상 비슷한 생활 수준이나 상황에 처해 있는 사람들끼리의 관계로 한정되고 있지 않다는 거야.

레 옹 저는 현대적인 의미의 연대는 좁은 의미가 아니라 넓은 의미의 연대여야 한다고 생각합니다. 그래서 저는 연대의 의미를 사회적 차원으로 확장하고자 노력해 왔던 것입니다.

모의심 그럼 친한 사람들이나 같은 이익을 가진 사람들끼리 집단을 만들고 연대하는 건 현대 사회의 연대 개념에 뒤떨어진 거네요?

레 옹 연대 개념이 확장된다는 것이 모든 사회가 다 사회 전체의 이익 증진을 목적으로 해야 한다는 것을 의미하는 것은 아니랍니다. 서로 조화롭게 각자의 이익을 증진하는 방식으로 연대할 수도 있는 거지요. 그리고 경제 활동과 관련하여 이해관계나 뜻을 함께 하는 사람들이 힘을 합치는 경우라 해도 그것이 반드시 자신들의 이익만 추구하는 것은 아니에요. 듣자하니 한국에도 공익을 추구하는 시민 단체들이 많이 있잖아요.

성소수자들이 거리를 행진하고 있습니다. 이들 성소수자를 상징하는 무지개는 '다양성'을 뜻하기도 합니다.

장공부 결국 넓게 이해하면 **연대는 상호 부조에 기반을 둔 '사회적 결합' 내지 '사회적 통합'을 의미**한다고 볼 수 있겠네요.

사회샘 그렇지. 이전까지의 연대가 소집단이나 가까운 사람들끼리의 결속을 통한 공동 이익의 증진을 의미했다면, **20세기 말부터 연대는 경제적 약자, 소수 민족, 성소수자, 더 나아가서는 외국인을 포함한 사회 구성원 전체의 상호 신뢰와 책임 의식을 강조**하는 방식으로 그 범위가 확대되고 있어. 물론 목적은 여전히 사회 구성원 전체의 상호 부조라는 점에서 변화가 없지만 말이야.

레 옹 선생님이 잘 정리해 주셨네요. 제가 얘기할 부분은 여기까지입니다. 그만 가보아야 할 시간이 되었군요. 모두 반가웠습니다. (사라진다.)

학생들 감사합니다.

연대는 어떤 방식으로 이루어질까?

모의심 복잡하고 아리송했던 연대의 의미가 레옹 님 덕분에 역사적인 발달 순서에 따라 정리가 된 것 같아요. 그런데 마지막에 말씀하셨던 현대 사회 혹은 국가 단위의 연대는요, 구체적으로 어떻게 달성될 수 있을까요? 사실 저는 넓은 의미의 사회적 연대가 진짜 실현 가능한지 의심스럽기도 하고요.

장공부 그냥 서로 돕는 사람의 범위를 넓히면 되는 것 아닐까? 선생님, 다른 특별한 방법이 있을까요?

사회샘

> 글쎄, 거대화된 사회 속에서 직접적으로 상호작용을 하지 못하는 구성원들이 어떤 식으로 서로 연대할 수 있을까? 너희들은 떠오르는 방법이 있니?

진단순 사회 구성원 전체가 한마음으로 단결하면 돼요.

모의심 그게 그거지. 그러니까 단결을 어떻게 하냐고?

진단순 음, 글쎄……. 그건 잘 모르겠네. 그런데 모의심, 내가 잘 모르고 대답할 수도 있지. 너무 쏘아붙이는 거 아니야? 그게 모의심 스타일 연대니?

사회샘 연대하는 방법을 알아보자는데 이렇게 다투면 안 되지. 연대를 실현할 수 있는 방법을 논의하기 위해 연대가 이루어지는 영역이나 방식에 따라서 간단한 분류를 해볼게. 다수의 구성원으로 이루어진 거대한 규모의 사회에서 사람들은 서로 어떻게 연결되어 있을까?

장공부 연결되어 있다고 하는 표현은 서로 영향을 주고받는다는 뜻인 거죠? 예전에 '분업'에 대해서 공부했던 기억이 나요. 구성원들은 자신의 상황에 따라 다양한 분야에서 생산 활동을 하고, 각자의 생활을 유지하는 데 필요한 것들은 다른 사람이 생산한 재화나 서비스를 소비함으로써 충족하죠. 그러면서 서로 일면식도 없는 사람들일지라도 서로 영향을 주고받고, 거대한 사회에서 구성원들이 경제적으로 강력한 의존 관계를 가지게 된다고 배웠던 거 같아요.

사회샘 그래. 공부가 **경제적 연대**에 대해 잘 얘기해 주었어. 이렇게 연대가 이루어지는 영역이나 특성에 따라서 경제적 연대 외에도 문화적 연대와 정치적 연대가 있어.

진단순 아니, 선생님! 연대의 종류를 이렇게 나누어서 이야기할 이유가 있나요? 괜히 공부할 때 복잡하기만 하고…….

사회샘 가령 경제적 연대를 강조하는 사람들은 현대 사회가 경제 원리를 중심으로 운영되고, 또 세계화의 추세에 발맞추어 경제적 통합이 선행되어야 다른 사회문제도 수월하게 해결될 수 있다고 보고 있어. 이런 주장을 하는 사람들이 문화적 연대나 정치적 연대에 굳이 반대하는 것은 아니지만, 먼저 경제적 통합, 즉 **경제 활동을 통한 연대가 이루어지지 않으면 다른 통합도 어렵다**고 보는 것이지.

모의심 음. 들어 보니 그럴듯하네요. 현대 자본주의 사회에서 경제를 빼고 무얼 이야기할 수 있겠어요. 우리가 서로 돕는 것도 대부분 물질적이고 경제적인 측면을 말하는 거잖아요.

장공부 맞아. 나도 비슷한 생각을 했어. 그럼, 선생님. 도대체 문화적, 정치적 연대란 뭘 말하는 건가요?

사회샘 현재 '세계화'를 통해서 경제적 통합은 상당 부분 진척된 상황이고 세계무역기구(WTO)의 출범 등에서 알 수 있듯이 국가를 넘어서 세계적인 단위에서의 경제적 연대가 점점 더 가속화되는 추세에 있어. 그런데 경제와는 반대로 문화, 정치 영역에서는 세계화가 오히려 분쟁과 갈등을 증가시키는 중이지.

진단순 세계화는 전 세계 사람들이 한 마을 사람처럼 되는 거 아닌가요? 그래서 지구촌이라는 말도 쓰잖아요. 그런데 세계화 때문에 싸운다고요?

사회샘 세계화 과정에서 소수 민족의 문화가 소멸되기도 하고, 문화적 제국주의 같은 것들이 나타나기도 하니까.

장공부 문화적 제국주의라면 특정 문화 하나만을 제일로 여기고 다른 문화는 미개하기 때문에 주류 문화에 동화시키거나 말살시키려는 생각이죠?

사회샘 맞아. 그래서 **문화적 연대**가 먼저라고 주장하는 사람들은 소수민족이나 성소수자 등을 포함한 **소공동체의 문화적 전통을 보존**할 수 있도록 하면서 경제적 통합으로서 세계화를 좀 더 조심스럽게 추진해야 한다고 주장하고 있지.

진단순 아, 순서의 차이예요? 뭘 먼저 할 것인가?

사회샘 단순히 순서의 차이라고만 말할 수는 없고, 세계를 보는 관점의 차이라고 할 수 있지.

모의심

> 잘 이해가 안 되네요. 소공동체의 문화를 각자 잘 보존하도록 하는 게 문화적 연대인가요?

장공부 그러게요, 연대라고 하면 뭔가 하나로 뭉치는 것 같은 느낌인데, 제각기 다른 문화를 유지하면 연대가 아니라 분리, 독립, 뭐 그런 쪽에 가까운 것 같은데…….

진단순

> 야, 너희가 자꾸 질문하면 진도가 안 나가잖아. 선생님, 그냥 정치적 연대를 주장하는 사람들이 뭐라고 하는지 얼른 말씀해 주세요.

사회샘 공부와 의심이가 궁금한 부분은 좀 있다 더 살펴보도록 하고, 먼저 정치적 연대부터 간략히 소개해 볼게. **정치적 연대**를 주장하는 사람의 입장은 문화적 연대에 대한 강조만으로는 상호 이질적인 문화를 지닌 집단들이 사회를 평화롭게 유지시켜 나가는 것이 어렵다고 보았어. **문화적 차이를 넘어서는 정치적 통합이 필요하다**는 거지.

경제적 연대는 어떻게 이루어질까?

장공부 선생님 말씀을 듣고 보니 현재는 경제적 영역에서의 연대가 가장 일반적인가 봐요. 어느 사회나 경제 교류는 하니까요.

모의심 그런데 경제적 영역에서 진정한 연대가 가능할까요? 방송이나 인터넷을 보면 대기업이 중소기업의 영역을 침범해서 문제가 되거나 대기업끼리 특허 분쟁을 하기도 하고, 세계화가 되면서 경제적 갈등이 더 커진 것 같던데.

사회샘 사실 의심이 말대로 현재 경제 활동이 이루어지는 상황을 보면 통합, 연대 보다는 또 다른 갈등과 전쟁의 이미지가 먼저 떠오르는 것이 현실이지.

진단순 네, 맞아요! 경제라고 하면 경쟁, 그로 인한 갈등이 가장 먼저 떠오르거든 요. 서로 더 많은 이익을 얻으려고, 더 싸게 사려고, 더 좋은 회사에 입사하 려고 다투는 거요.

모의심 애덤 스미스 님이 그랬던가요? 인간의 이기심에 의해 시장이 움직인다고. 그런데 무슨 통합이고 연대에요?

사회샘 물론 경제에는 너희들이 말한 측면이 있어. 하지만 오늘날처럼 경제적 경 쟁이 광범위하게 일어나지 않던 시기에는 무력에 의한 군사적 분쟁, 그러 니까 진짜 전쟁이 많이 벌어졌지. **경제적 연대**는 한정된 자원의 획득을 위 한 경쟁이 어차피 불가피하다면 그러한 **경쟁이 평화적으로 이루어질 수 있도록 최소한의 규제 장치를 만들어 두는 거야.** 즉, 시장을 두고, 시장의 규칙에 따라 경쟁이 이루어질 수 있도록 하자는 것이지.

장공부 경쟁을 하면서 연대가 이루어질 수 있나요? 경쟁은 갈등을 유발하는 것 같은데…….

사회샘 현실에서는 구분이 잘되지 않지만 경쟁은 단순히 갈등을 의미하지 않아. **갈등이 서로 목적이나 이해관계가 엇갈려서 서로 충돌하는 것을 의미**한 다면, **경쟁은 목적이나 이해관계가 동일한 가운데 그러한 목적, 또는 이 해관계를 먼저 달성하기 위해 서로 겨루는 것**이지. 가령 사과 하나를 두고 단순이는 먹자고 하고, 의심이는 잼을 만들자고 하면 그것은 갈등이긴 하 지만 경쟁은 아닌 것이고, 그 사과를 가지고 누가 더 맛있는 잼을 만드는 지 시합을 한다면 그것은 경쟁이 되는 것이지.

진단순 그게 그거 아닌가요?

사회샘 개별적으로 보면 사실 경쟁과 갈등의 구분이 큰 의미가 없는 경우가 많아. 하지만 넓은 관점에서 보면, 경쟁은 사회적으로 더 큰 이익을 달성하게 하는 경우가 많지.

무엇보다 경쟁은 일정한 규칙을 정해 두고 이를 통해 폭력적 요소를 최소화하려는 의도를 지니고 있다는 점에서 갈등과는 다르단다.

장공부 그러한 경쟁은 공정한 것이어야겠죠? 안 그러면 갈등이 발생할 테니까요.

사회샘 그렇지! 경쟁이 갈등을 합리화, 최소화하려는 목적을 가진다고 해도 사람들 간의 이해관계가 엇갈려서 발생하는 것이니까 사람들이 받아들이지 못할 규칙에 의해서 경쟁이 이루어진다면 사람들이 경쟁의 결과도 받아들이지 않을 것이고, 결국 갈등만 더 깊어지겠지.

모의심 선생님은 경쟁을 꽤 긍정적으로 보고 계신 것 같네요.

장공부

공정한 경쟁이라면 그리 문제될 게 없잖아? 오히려 동기 부여도 되고 좋을 것 같은데…….

모의심 그런데 기업 간의 경쟁을 보면 항상 공정한 것만은 아닌 것 같아요. 대기업 간의 특허 분쟁은 그렇다 해도, 대기업이 중소기업의 영역을 침범하는 것이 공정 경쟁이라고 할 수 있나요?

진단순 아니 자본주의 사회에서 좋은 물건을 싸게 팔면 되는 거지, 대기업이라고 해서 장사 못하는 영역이 있어야 하나?

모의심 물론 자본주의 사회에서는 어쩔 수 없을 것 같기는 해요. 하지만 대기업이 빵집을 차려서 동네 상인들의 이익까지 차지하려고 애쓰는 것을 보니 좀 너무하다는 생각이 들어요.

사회샘 대기업이 중소기업 영역을 침범하는 것은 여러 가지 문제가 있을 수 있어. 이야기가 조금 다른 쪽으로 흐르는 감이 있기는 하지만 경제적 연대를 위해서는 '공정 경쟁'이 중요하다고 했으니까 이 부분에 대해 잠깐 설명을 하고 넘어가야겠다.

장공부 네, 빨리 설명해 주세요.

사회샘 대기업이 중소기업 영역을 침범하는 과정에서 공정 경쟁과 관련하여 가장 빈번히 발생하는 문제 중의 하나는 대기업이 자금력을 이용하여 종종 단가를 턱없이 낮추어서 중소기업이 버티지 못하게 하는 방식으로 시장을 독점하는 경우란다.

장공부 독점이요? 그럼 그건 경쟁을 안 하는 거잖아요?

모의심 그렇지! 혼자 먹겠다는 건데, 경쟁도 아니고 공정한 것도 아니지.

사회샘 사회적으로 경쟁을 허용하는 이유는 그것이 더 효율적인 생산과 분배를 가능하게 한다고 생각하기 때문이야. 그런데 효율성 이외에 자본이나 권력과 같은 경쟁 수단을 사용하여 상대를 압박하는 것은 경쟁의 원래 취지에 어긋난다고 할 수 있지.

장공부 기업들이 경쟁을 하지 않으면 어떤 문제가 발생하는데요? 독점 기업이 물

프랑스 파리의 벼룩시장. 큰 자본을 가진 대형마트와 백화점의 공세 속에서도 세계 곳곳에는 많은 사람들이 즐겨 찾는 오랜 전통을 가진 벼룩시장들이 존재합니다.

건 가격을 올릴 수도 있다는 건 알겠는데, 그 외에 또 어떤 문제가 있는지 궁금해요.

사회샘 대기업이 모든 부문에 진출하고, 중소기업들이 망하게 되면 수많은 중소기업 노동자들이 실직을 할 것이고, 이렇게 실직한 사람들은 구매력이 없을 테니 소비가 줄어들어서 경제 전반이 위기에 처할 수 있단다.

장공부 대기업이라고 모든 걸 다 잘 만드는 건 아니니까, 분명 중소기업이 잘 할 수 있는 부분이 있을텐데…….

사회샘 그렇지. 사업의 성격에 따라 규모의 경제가 필요한 부문이 있고, 중소기업처럼 작은 단위에서 새롭고 창의적인 면이 강조되는 부문이 있어. 그런데 대기업이 모든 부문을 장악해 버리면 국가 전체의 창의력이 소진되어 장기적으로 국제 경쟁에서 뒤처지게 될 가능성이 매우 커지겠지.

진단순 그럼, 대기업의 활동을 제한하면 되겠네요.

사회샘 그렇다고 무조건 대기업의 활동을 제약해서는 안 돼. 그래서 정부가 중요해. 기업의 규모와 관계없이 **대기업과 중소기업 간에 공정한 경쟁이 이루어지도록 하는 것이 정부의 역할**이지.

장공부

결국 경쟁이 공정해야 경제적 연대가 잘 이루어진다는 말씀이죠?

진단순 선생님 저는 아직도 잘 모르겠는데, 연대는 공정한 것이 초점이 아니라 아무튼 서로 '뭉치면 산다', 뭐 이런 거 아닌가요?

사회샘 공정해야 뭉칠 수 있지 않을까?

문화적 연대란 무엇일까?

모의심 선생님, 현대 사회는 경제적으로 복잡하게 엮여 있으니까 분명 어느 정도의 경제적 연대는 필수적일 것 같아요. 하지만 또 다른 연대가 필요한 이유는 뭐죠?

사회샘 의심이가 적절한 타이밍에 중요한 질문을 해 주었어. 이 부분을 설명해 주실 학자 분이 기다리고 있어. 어서 나오시죠. (소환기를 조작하자 샌델의 사념파가 형상화된다.)

샌　델 안녕하세요? 샌델이라고 합니다.

진단순 어, 예전에 오셨던 분이잖아.

장공부 전에 개인주의할 때 오셔서 공동체의 중요성에 대해 강조해 주셨죠?

샌　델 네, 여러분들이 잘 기억하고 있네요. 오늘은 사회가 유지되기 위해 어떤 연대가 필요한가에 대해 설명해 보려고 합니다.

모의심 샌델 님, 방금 경제적 연대에 대해서는 배웠는데, 왜 또 다른 연대가 필요한 건가요?

샌　델 진정한 사회적 연대는 경제적 연대만으로는 달성될 수 없기 때문입니다.

모의심 왜 그렇죠?

샌　델 앞서 경제적 연대에 대해 이야기하며 시장에서의 공정한 경쟁을 강조하는 것을 들었습니다. 하지만 여러분들이 알고 있다시피 시장 경제가 유지되는 많은 사회에서 부자와 빈자가 나뉘고, 그들 사이에 격차가 점점 더 벌어지고 있습니다. 이 경우 사람들은 자신의 이해 관계에만 관심을 갖고 공공의 문제에는 관심을 갖지 않습니다. 이런 사회에서 과연 연대가 가능하겠습니까?

장공부 **사람들 간의 격차가 커지면 서로 관심을 갖지 않게 된다는** 것은 충분히 이해가 되네요. 자기 이해관계와 상관이 없다고 생각하면 연대할 리도 없을 것이고요.

사회샘 맞아. 샌델 님이 말씀하신 것처럼 경쟁에 의존하는 **시장 경제에서는 공공 부문에 대한 관심이 떨어져서 공공 시설이나 공공 서비스의 질이 하락하는 경향**이 있단다. 이 경우 점점 더 많은 사람들이 국가와 사회를 불신하고 더욱 자기 이익에만 매달리게 되지. 즉, 악순환에 빠지게 되는 거야.

모의심 그럼, 샌델 님은 진정한 사회적 연대가 가능하려면 어떤 것이 필요하다고 생각하시나요?

샌 델 네, 제가 늘 강조해 왔던 것이 공동선이지요. 공동선을 증진할 때라야 연대가 가능할 겁니다.

진단순 공동선은 또 뭔가요?

샌 델 간단히 말하면 **공동선은 구성원들 간에 서로 공유하는 가치나 의식**이라고 할 수 있습니다.

장공부 한 사회 구성원들이 공유하는 생활양식을 '문화'라고 배웠는데, 공동선은 문화와 관계가 있겠네요?

샌 델 네, 그렇습니다. 한 사회의 공동선을 잘 담고 있는 것 중 하나가 바로 문화라고 할 수 있지요. 그런 점에서 공동체의 문화를 중시하는 제 생각은 문화적 연대와 어느 정도 일맥상통한 점이 있답니다.

사회샘 문화적 연대는 샌델 님과 같이 한 국가나 사회 내에서의 공동체 의식 차원에서 살펴볼 수도 있고, 관점을 더 확장하면 전 지구적 차원에서의 문화적 연대에 대해서도 생각해 볼 수 있단다.

진단순 전 지구적 차원이요?

사회샘 그래. 최근 자본주의의 발전과 함께 경제적 세계화가 진전되면서 세계 여러 나라 사람들이 더 활발하게 교류할 수 있게 되었지. 이민이 증가하거나 외국인들이 체류하는 경우가 늘어나면서 다양한 문화적 교류가 이루어지고 있어. 물론 외국인을 도깨비 보듯 했던 시절에 비하면 확실히 더 폭넓고, 더 활발한 교류가 가능해졌으니까 문화 발전에 도움이 될 수 있는 상황이라고도 할 수 있어.

모의심 그럼 문화적 연대는 특별히 문제가 될 게 없잖아요. 경제적 연대가 확대되어 가면서 문화적 연대도 자연스럽게 이루어지겠는데요?

경제적 세계화가 진행되며 브라질의 열대 숲에도 농지나 공장, 광산이 들어서는 가운데 원주민들 역시 전통 가옥을 공장에서 생산한 자재로 짓고, 옷도 공장에서 생산한 제품을 입는 등 문화가 바뀌고 있습니다.

샌　델　꼭 그렇게 볼 수는 없겠지요. 분명 세계화를 통해 교류가 늘어나고 있기는 하지만 이러한 교류가 미국을 포함한 서구 선진국 주도로 이루어진다는 점은 좀 더 조심스럽게 살펴볼 필요가 있습니다. 특히 미국식 상업주의와 서양의 문화를 중심으로 하는 세계화에 대한 비판은 끊이지 않고 있으니까요.

장공부　다원주의를 공부할 때 배운 것 같아요. 세계화가 되면서 문화적 다양성이 사라지고 전 세계적으로 소수언어, 소수문화, 심지어는 소수민족 자체가 점차 사라져가고 있는 상황이라고요.

샌　델　맞습니다. 좀 더 추가한다면 문화적 소외는 꼭 소수 민족만의 문제만은 아니지요. 어느 국가나 사회든 소수자는 생길 수밖에 없습니다. 주류 구성원이 아니라는 이유로 차별을 경험하게 되고 그래서 자신들의 문화를 포기해야 하는 경우가 많이 있지요.

만약 경제적 연대만 강조하는 세계화의 흐름이 계속된다면 경제적 약자의 문화는 언젠가 사라지게 될 것입니다.

진단순 그럼, 이 문제를 어떻게 해결해야 하죠?

샌 델 그래서 **소공동체의 문화와 전통을 보존할 수 있도록 일정 영역에서 자치권을 부여하거나 보호, 지원하는 방식의 문화적 이해와 공존이 병행되어야 합니다. 이것이 바로 문화적 연대**라고 할 수 있겠지요.

(시간이 다 되어 샌델의 사념파가 소멸한다.)

모의심 문화적 연대를 강조하는 이유와 내용은 어느 정도 이해가 되는데요. 하지만 **공동체의 문화 중에서는 '명예살인'처럼 받아들이기 어려운 것도 있지 않나요? 또 공동체를 강조하다 보면 전체주의로 흐를 우려가 있다**고 전에 얘기한 적이 있잖아요. 해외에서는 월드컵 때 한국인들이 '붉은 악마'가 되어 일사불란하게 응원하는 것을 보고 섬뜩했다는 사람도 있던데…….

사회샘 의심이가 중요한 지적을 했어. 공동체를 너무 강조하다 보면 과거처럼 공동체 속의 개인들이 희생당하는 전체주의의 문제가 나타날 수도 있지. 여기에 대해 어떤 사람들은 소규모 공동체를 강화하면 된다고 주장하기도 하고, 다른 사람들은 공동체의 문화라고 하더라도 반드시 자유라는 이상을 포함해야 한다고 주장하기도 하지.

진단순 아, 어렵다. 자유, 전체주의……. 문화적 연대를 이야기하는데 이건 문화 얘기가 아니라 정치 얘기네요.

사회샘 정치와 문화가 완전히 별개의 것은 아니라서 그래. 그럼, 이제 정치적 연대로 넘어가 볼까?

정치적 연대는 어떤 식으로 이뤄질까?

사회샘 **정치적 연대**는 먼저 자신과 타인이 함께 사회를 구성한다는 사실을 자각하는 데서 시작돼. 우리는 선호하는 경제 체제가 다를 수 있고, 또 문화와 전통이 **다르지만 그럼에도 하나의 사회를 구성하고 함께 살아가는 경우**가 많아.

진단순 왜요? 의견이 일치하거나 같은 문화권 사람들끼리만 단결해서 살면 안 되나요?

사회샘 물론 그런 경우도 있지만, 다원화된 사회에서 그게 현실적으로 쉽지 않지. 당장 우리나라만 봐도 다문화 사회가 되면서 문화와 전통이 다른 사람들과 함께 살아가고 있잖아.

장공부 그럼 현실적으로 경제적, 문화적 입장이 다르더라도 무언가 공통점을 찾아 서로를 적대시하지 않고 공존할 수 있는 방법을 찾아보는 게 중요한 과제가 되겠네요.

사회샘 그렇지. 정치적 연대는 바로 이러한 필요에서 비롯되는 거야.

진단순 연대가 같이 잘 지내는 것이라면, 경제적, 문화적 특성이 다르다고 해서 반드시 같이 잘 지내지 못할 이유도 없지 않나? 우리도 성격이 많이 다르지만 내가 넓은 마음으로 너희들의 온갖 핀잔을 다 받아 주고, 개성을 존중해 주니까 다들 잘 지내잖아.

사회샘 그래, 우리반의 정치적 연대에 단순이의 역할이 매우 크네. 경제적, 문화적 특성이 다른 사람들과의 정치적 연대를 위해 하버마스 님과 같은 학자는 '**입헌적 애국주의**'를 주장하고, 스티르노 님과 같은 학자는 '**정치적 이타주의**'를 주장하지.

장공부 입헌적 애국주의요? 처음 들어 보는 말인데.

진단순 나도 처음 들지만 '애국'은 무조건 좋은 말 아닌가? 괜히 가슴이 뛰는데.

모의심 '애국심'은 필요하지만 '애국주의'는 좀 맹목적인 국수주의 같은 느낌이 들어요.

사회샘 입헌적 애국주의가 쇼비니즘(chauvinism, 맹목적 애국주의)의 일종이 아닌가 걱정이 되어 그러는구나. '애국심'과 '애국주의'가 헷갈리는 부분이 있긴 하지만 여기에서 하버마스 님이 주장하는 **입헌적 애국주의는 헌법 정신에 동의하는 한에서는 경제적 이해관계와 문화적 전통이 다른 사람들도 얼마든지 하나의 국가를 형성할 수 있다는 걸 의미**해.

장공부 헌법 정신에만 동의하면 다른 차이는 다 용인한다는 건가요?

사회샘 음. 국가 형성의 기본 요건은 경제적, 문화적 특성이 아니라, 헌법 정신에 동의하느냐 여부가 되어야 한다는 거야.

모의심 어, 그런데 헌법 정신에 동의를 안 하면 어떻게 되나요?

진단순 다른 나라에 가서 살아야 하나?

사회샘 입헌적 애국주의가 낯선 개념이라 잘 와 닿지가 않지? 선생님 생각에는 실제로 우리가 경제, 문화, 정치 영역의 어떤 입장에 모두 동의해야만 통합과 연대가 가능한 것은 아니라고 봐.

학생들 헌법 정신에 동의해야 한다면서요?

사회샘 **헌법이 추구하는 근본적인 가치나 이상에 동의한다는 의미**이지. 예를 들어, 우리 국민들은 대체로 민주주의 체제에 동의하고, 국민의 기본권을 보장하며, 자유와 평등을 소중히 여긴다는 것에는 동의하고 있지 않을까? 거기에 동의하면 나머지 부분에서 불일치가 있어도 통합의 가능성은 열려 있는 셈이지.

장공부 그럼 정치적 이타주의는 뭔가요?

사회샘 이타주의라는 말은 너희들도 알잖아. 다른 사람을 이롭게 하는 것이지. **정치적 이타주의라는 것은 정치에 있어서 다른 사람들을 이롭게 하려는 생각을 강조하는 입장**이야.

진단순 내가 먹고 살기도 힘든데 다른 사람들을 이롭게 한다고요?

모의심 이번에는 저도 단순이 얘기에 동의해요. 물론 다른 사람들을 이롭게 한다는 생각이라면 정치적 연대가 가능하겠죠. 하지만 그냥 이타주의도 힘들텐데 정치적 이타주의라는 게 가능할까요?

사회샘 그래, 너희들 지적은 충분히 일리가 있어. 일단 개념은 알았으니 더 궁금한 부분은 논쟁 시간을 활용하도록 하자꾸나. 특히 오늘 배우는 연대는 서로 배타적인 주장들이 맞서는 주제는 아니야. 그래서 논쟁 시간을 통해 서로 다른 연대 개념에 대해 묻고 대답하면서 이야기를 나누어 보면 좋겠어.

학생들 예.

시장에서의 공정 경쟁과 복지가 공존할 수 있을까?

사회샘 그러면 경제적 연대에 대한 논의부터 시작할까?

장공부 제가 먼저 질문할게요. 앞에서 경제적 연대에 대해 이야기할 때에는 공정 경쟁을 핵심으로 하는 시장 중심적 통합에 초점이 맞추어졌는데, 저는 연대라고 하면 시장보다는 국가의 복지 정책이 먼저 떠오르거든요.

경제적 연대와 복지는 어떤 식으로 연관되어 있나요? 아무 관계도 없는 건가요?

사회샘 좋은 질문이야. 연대라는 말 자체가 박애와 연결되는 것처럼 경제적 연대는 복지에 대한 관심을 포함하고 있어. 그러나 경제적 연대를 강조하는 입장에서 복지는 중요하기는 하지만 최우선적인 것은 아니라고 할 수 있지. 복지 제도의 역사를 살펴보면 이해가 쉬울 것 같구나.

모의심 복지 제도의 역사요? 복지는 현대적인 제도라고 들었는데, 옛날에도 그런 제도가 있었나요?

사회샘 복지 제도가 본격적으로 도입되기 시작한 곳은 사회주의 혁명 이후 구소련과 동구권 국가들이었지. 당시는 제2차 세계 대전 이후에 사회주의 국가들과 자유 민주주의 국가들이 체제 경쟁을 벌이는 중이었어. 사회주의 국가들이 복지 제도를 실행함으로써 사회·경제적 성장을 이루고, 사람들의 평균 수명이 증대되는 발전을 보이자, 자유 민주주의 국가들도 서둘러 복지 제도를 도입했지. 이때의 복지는 사회주의 국가의 복지체제를 본뜬 것이 되었고, 사회주의 국가들이 그랬던 것처럼 당시 복지는 '요람에서 무덤까지', 즉 국민의 생활 보장과 평등 분배에 초점이 맞추어져 있었어.

장공부 평등 분배? 복지 정책의 목표가 똑같이 분배하는 건가요? 전 국민의 인간다운 생활을 보장하는 거라고 알고 있는데요.

사회샘 사회주의 국가의 복지 정책은 평등 분배를 목적으로 했어. 그래서 원래 복지란 단어는 평등 분배의 의미로 사용되었지. 하지만 1980년대 말 구소련 및 동구권 사회주의 국가들이 자유주의 국가와의 체제 경쟁에서 패배하고 몰락하면서 복지의 의미도 변화하게 되었어. 그 결과 오늘날에는 공부가 말한 것처럼 복지란 최소한의 인간다운 삶을 보장하는 것을 뜻하게 되었지.

진단순 사회주의 국가가 몰락하고 경쟁자가 없으니까 태도가 바뀐 건가요?

사회샘 그런 면이 있기도 하고, 당시 경제적으로 여러 가지 문제가 있었는데, 그 원인을 복지에서 찾게 된 것도 이유라고 할 수 있지. 특히 과도한 복지 제도는 이른바 '**복지병**'을 낳고, 결국 장기적인 국가 발전에 도움이 되지 않는다는 주장이 나타나게 된 거지.

진단순 복지병이 경제 문제의 원인이라고 생각했으니 이제 복지를 줄이겠네요?

사회샘 그렇지. 특히 미국과 영국을 중심으로 국민들에 대한 복지 혜택을 축소했어. 기업이 노동자들을 자유롭게 해고할 수 있게 하는 등 레이건, 대처식 '신자유주의' 경제 개혁이 복지 제도 변화에 결정적 영향을 미치게 되었지.

장공부 그렇지만 지금도 복지 제도가 존재하고 있고, 국민의 복지를 완전히 무시하는 정부는 거의 없잖아요?

사회샘 물론 현대 국가는 대부분 복지 국가야. 하지만 경제적 위기를 경험한 여러 국가들을 중심으로 복지 제도를 최소한의 생활만을 보장하는 것으로 축소하는 경향이 있단다.

모의심 가끔 신문이나 방송에서 보면 북유럽 국가들은 복지 제도가 아주 잘되어 있다고 하던데…….

사회샘 북유럽을 중심으로 사회 민주주의적 전통이 우세한 국가들에서는 여전히 복지가 사회 전반에 걸쳐 연대의 큰 축을 형성하고 있어. 스웨덴, 독일, 프랑스 등이 대표적인 나라지.

진단순 대신 그런 나라들은 세금을 많이 내야 하는 것 아닌가요?

독일의 대학교. 독일의 대학은 경제적 사정으로 교육의 기회를 막아서는 안 된다는 사회적 합의에 따라 학비를 받지 않거나 아주 적은 학비만을 받고 있습니다.

사회샘 그렇긴 해. 하지만 세금이 많아도 웬만한 일은 복지 혜택을 통해 다 해결할 수 있는 구조가 갖춰져 있어. 대표적으로 의료, 교육, 기본적인 문화생활 등은 거의 국가의 지원으로 해결할 수 있도록 되어 있지.

장공부 대학 등록금도 거의 무료라는 것 같던데 정말 부러워요.

아까 수업 시작할 때 우리나라의 사회 통합 지수가 의외로 낮다고 하셨는데, 복지, 즉 사회적 차원의 상호 부조를 통한 연대가 부족한 것이 원인일 수도 있겠다는 생각이 들어요.

모의심 선생님 말씀을 듣고 나니까 복지와 연대의 관계는 잘 알겠는데요. 공정 경쟁에 의한 연대와 복지에 의한 연대가 함께 가능할 수 있나요?

진단순

맞아요. 경쟁은 승패가 나뉘는 건데…….
어떻게 연대랑 연결이 되죠?

사회샘 아, 그 부분을 자세히 설명하지 않았네. 단순이가 지적한 대로 아무리 공정하다고 해도 경쟁을 하면 승자와 패자가 갈리기 마련이야. 그리고 승자

326

는 승리의 과실을 맘껏 누리겠지만 패자는 얻은 것이 없거나 심지어 큰 손해를 보게 되는 경우도 적지 않지. 그런데 **복지 제도가 잘 갖추어져 있다면 패자에게 최소한의 안전망이 있는 셈**이니까 아무래도 패자의 상실감이 덜할 거야.

장공부 아……, **경제적 연대의 맥락에서 복지 제도는 시장 경제의 구조적 단점을 보완**해 주는 역할을 하는 것이군요.

진단순 패자는 자신이 잘못하거나 능력이 부족해서 패배한 것이니까 복지 혜택과 관계없이 결과를 그냥 수용해야 하는 것 아닌가요? 복지 혜택을 주기 위해서는 국민들이 세금을 더 많이 내야 하니까 불공정한 것 같아요. 저희 아버지도 세금이 너무 많다고 늘 투덜거리시던데…….

모의심 내가 저런 몰인정한 녀석하고 친구라니.

장공부 우리집도 세금 걱정해 봤으면 좋겠다.

사회샘 너무 단순이만 몰아붙이지마. 선생님도 세금을 낼 때에는 이따금 아깝다는 생각이 들 때가 있어. 사람들이 자기 것을 아까워하는 것은 어떤 면에서 자연스러운 거야.

 다만 우리가 더 생각해 봐야 할 것은 시장에서 승자와 패자가 갈리는 것은 반드시 패자의 능력이 모자라거나 성실성이 부족해서 그런 것만은 아니라는 사실이지.

진단순 그게 무슨 말씀이신가요?

사회샘 예를 들어 볼게. 우리나라에서는 다른 직업군에 비해 농민들의 소득이 상대적으로 적은데, 그 이유가 우리의 농업 기술이 떨어지거나 농민들의 불성실 때문일까?

학생들 아닌 것 같아요.

사회샘 그럼 무엇 때문이라고 생각하나요?

장공부 농산물 가격이 너무 낮아서 그런 것 같아요.

사회샘 그렇죠. 그럼 왜 농산물 가격이 낮지?

모의심 값싼 외국 농산물을 수입하니까요. 최근에는 자유무역협정(FTA) 때문에 농산물 가격이 더 떨어졌다는 이야기도 들었어요.

사회샘 그러면 만약에 외국 농산물을 수입하지 않으면 어떻게 될까?

장공부 농산물 가격이 오를 테니 국민들의 생활이 굉장히 곤란해질 거예요.

진단순 선생님. 지금 무슨 이야기를 하려고 하시는 건가요?

사회샘 그러니까 우리나라 농민들이 소득을 많이 올리지 못하는 것은 농업기술의 부족이나 불성실의 문제가 아니라 우리나라에서 값싼 외국 농산물을 수입하는 정책을 펴고 있기 때문이야. 그리고 그 혜택을 농민을 제외한 다른 국민들이 보고 있는 상황이지. 그렇다면 이러한 정책으로 인해 이득을 본 다른 국민들이 농민을 위해 세금을 조금 더 내는 것이 꼭 억울하다고 할 수 있을까?

모의심 진단순, 이해했니?

진단순 아니 우리 아버지도 뭐 꼭 세금을 내지 않아야 한다고 하신 것은 아니고, 좀 많다 그거지 뭐. 우리집이 세금에는 인색해도 인심은 후하다고. 이따 수업 끝나고 내가 간식 쏠게.

FTA에 반대하는 농민들이 시위를 벌이고 있는 모습입니다.

소수 집단을 보호하기 위해 문화적 연대가 필요하다.

사회샘 자자, 이번에는 세계화에 따
른 문화적 통합에 반대하고
소공동체 중심의 문화적 연
대를 이야기하는 다른 공동
체주의자를 소환해 볼게. 킴
리카 님, 나와 주시죠. (킴리카
의 사념파가 형상화된다.)

월 킴리카(Will Kymlicka)

킴리카 안녕하세요. 반갑습니다.

진단순 혹시 한국계이신가. 성이 킴이네.

모의심 그럼 오바마 미국 대통령은 오씨니까 한국사람이겠네?

사회샘 그만들 하고. 킴리카 님, 어떤 얘기를 해 주실 건가요?

킴리카 저는 캐나다 퀘백 주에 사는 프랑스계 사람이에요. 캐나다는 전체적으로
영어 문화권인데 우리 퀘백 주는 프랑스계 사람이 대부분이라 프랑스어를
사용하고 싶어합니다. 즉, 전체 캐나다에서 우리 퀘백 주에 사는 사람들은
소수이지요. 저는 우리 퀘백 주에 사는 사람들이 프랑스어를 사용할 수
있어야 한다고 생각합니다.

모의심 퀘백 얘기는 좀 어렵네요. 그래서 문화적 연대에 관해 주장하시는 바가 뭔
가요?

킴리카 제가 주장한 것은 크게 두 가지입니다. 첫째는 **소수 민족이 자신의 문화를
고집하는 현상을 반드시 반국가적인 것으로 보지 말아 달라**는 것이고, 두
번째 주장은 **집단 정체성에 근거한 권리를 인정해야 한다**는 것입니다.

장공부

좀 더 구체적으로 설명해 주실
수 없나요?

킴리카 그러지요. 우선 여러분 같은 경우는 비교적 단일한 문화권에서 살아 왔기 때문에 경험이 적을 것으로 생각되네요. 예를 들어서 설명해 보겠습니다.

만일 아랍 출신으로 한국 국적을 얻게 된 사람이 한국 경찰이 되려고 하면서 동시에 경찰도 터번을 쓸 수 있게 해달라고 요구한다면, 여러분들은 이 요구를 받아들일 수 있을까요?

진단순 뭐가 문제예요? 터번을 쓰면 안 되나요?

장공부 단순아, 경찰은 복장을 통일해서 입잖아.

모의심 경찰이 그런 복장을 하고 있으면, 사람들이 그 경찰의 지시를 잘 따르지 않을 것 같아요.

킴리카 반응이 다양하네요. 아무튼 매우 개방적인 태도를 지닌 사람들을 제외하면 조금 '불편한' 반응을 보이는 경우가 많겠지요.

장공부 음. 경찰 제복이 종교나 문화를 상징하는 것도 아닌데, 특별히 자신들의 종교나 문화를 지키려는 이유에서 제복을 변경해 줄 것을 요구하는 것은 좀 지나친 것 아닌가 싶기도 해요.

킴리카 그렇죠. 그런 이유에서 불쾌감을 나타낼 수도 있을 거고, 그럴 거면 너희 나라로 돌아가라는 식의 극단적 반응도 있을 수 있어요.

진단순 그럼 그냥 정해진 제복을 입으면 되잖아요. 어차피 한국에 살려고 왔으니까 우리나라의 문화에 맞춰 가는 게 적응하고 사는 데 좋을 것 같은데…….

킴리카 진단순 학생의 이야기가 제가 지적하고 싶은 것과 연관이 되네요. 터번을 허용해 달라고 요구한 사람은 우리나라에서 함께 살아가기 위해 자신의 주장을 한 것이라고 볼 수 있어요.

장공부 그건 단순이 이야기와 반대되는 거 아닌가요? 우리나라 주류 문화에 통합되고 싶다면 터번을 요구하지 말아야죠. 그걸 요구함으로써 갈등이 생기잖아요.

킴리카 물론 갈등이 생기기는 하죠. 하지만 극단주의자들이 주장하는 것처럼 언제나 자신의 고향으로 돌아갈 생각만 하고 있다면, 경찰이 될 생각도, 터번을 허용해 달라고 요구할 생각도 하지 않았을 겁니다.

모의심 하긴 언젠가 떠날 사회인데 적당히 있다가 떠나면 되지, 뭐하러 그런 것까지 요구하겠어요?

킴리카 한 사회에서 주류 집단에 대한 소수 민족의 요구는 흔히 분열적인 것으로 이해되는 경우가 많아요. 하지만 실제로 이들의 요구는 자신들도 이 사회의 진정한 구성원이 되고 싶다는 욕구의 표출로 이해해야 합니다.

즉, 이들은 주류 사회에 진정으로 통합되고 싶어 하는 것이지요. 이렇게 보면 주류 집단은 사회적 통합을 위해 소수 집단의 요구를 잘 받아들일 필요가 있지요.

장공부 비슷한 이야기를 이전에 다원주의와 관용을 배울 때도 들었던 것 같아요. 연대와 관련해서 아까 말씀하신 집단 정체성에 근거한 권리라는 것은 무엇인가요?

킴리카 이야, 공부 학생은 대단하군요. 조금 이야기가 어렵기는 한데, 비슷한 내용을 공부했다고 하니까 잘 이해하겠지요?

진단순 모든 학생이 꼭 그런 건 아니에요.

킴리카 흔히 권리는 개인에게 주어지는 것으로 생각하기 쉬워요. 하지만 사람들은 개인으로서만 살아가는 것이 아니라 특정한 집단의 성원으로 살아가기도 해요.

그러니까 개인의 권리만을 강조할 것이 아니라 집단을 단위로 한 권리도 주어질 필요가 있어요.

모의심 그러면 집단의 권리만 인정해 주면 될텐데 연대 이야기는 왜 나오나요?

킴리카 좋은 질문이군요. 이때 권리를 부여받은 집단은 주로 같은 전통이나 언어를 공유하는 경우가 많아요. 이렇게 집단의 권리를 주장하는 것은 곧 문화적 연대를 허용해 달라는 요구랍니다.

사회샘 킴리카 님 말씀에서 보충해야 할 부분이 있습니다. 제가 알기로 킴리카 님께서는 **문화적 특성에 따라 특정한 권리가 더 주어질 수 있어야 한다**고 주장하셨는데요.

진단순

평등하게 모두 똑같이 줘야지, 왜 특정 집단에게 더 많은 권리를 줘요?

모의심 집단마다 권리를 다르게 준다는 것은 저도 좀 이상하게 생각되는데요.

사회샘 예를 들면 이해가 쉬울 것 같아. 아까 킴리카 님이 캐나다 퀘백 주가 프랑스계라는 것을 소개해 주셨지? 캐나다 퀘백 주에서는 공공 문서나 도로명, 간판 등을 프랑스어로 표기하게 되어 있어. 캐나다의 공식 언어가 영어인 점을 고려한다면 이는 프랑스계라는 집단 정체성에 근거한 권리, 혹은 의무라고 할 수 있어. 킴리카 님의 이야기는 이렇듯 집단 정체성에 근거한 권리, 혹은 의무를 더 폭넓게 허용해야 한다는 것이지.

킴리카 그렇습니다. 저보다 훨씬 쉽게 잘 설명해 주셨네요. 사실 우리 퀘백 주의 프랑스계 캐나다인들은 다른 영어 사용권 주민들과 마찬가지로 유럽계이기 때문에 상대적으로 많은 권리를 누리고 있지요. 반면에 저희와 비슷한

캐나다에서 프랑스적인 전통이 강한 퀘벡 주의 모습입니다.

처지에 있으면서도 제대로 된 권리를 보장받지 못하는 집단들도 있습니다. 캐나다나 미국에 거주하는 아메리카 원주민이나 비 백인계 주민들은 저희만큼 많은 권리를 향유하고 있지 못한 것이 현실입니다. 캐나다나 미국의 주류 백인들이 깊이 생각해야 할 부분이죠.

모의심 집단의 특성에 근거해서 권리나 의무를 부여해야 한다면, 같은 논리로 개인의 특성에 따라서도 권리나 의무를 부여해야 하지 않나요?

 그런 식이라면 자칫 권리나 의무가 집단이나 사람에 따라 너무 다르게 분배되는 문제가 생길 수 있을 것 같아요.

킴리카 물론 그런 비판이 있는 게 사실이고, 충분히 일리가 있습니다. 그런데 한 가지 고려해야 할 점이 있어요. **저의 주장은 세계의 많은 소수 민족이 압박받는 상황을 전제한 것**이라는 점입니다.

장공부 그러니까 소수민족의 집단권을 허용하는 건 오히려 과거의 압박을 완화시키고 소수 집단과 주류 집단 간의 형평성을 고려한다는 점에서 의미가 있겠네요.

6장

킴리카 맞아요. 저의 주장이 일반화된다고 해서 그로 인해 소수민족이 더 특권을 누리는 상황이 되는 것은 아닙니다. 오히려 지금의 불공평한 상황을 완화하고, 사회 전반의 연대를 달성하는 데 도움을 줄 수 있지요.

사회샘 문화적 연대에 대해서는 이정도면 부족하나마 어느 정도 의문이 풀렸을 것 같네요. 킴리카 님 감사합니다. (킴리카 사라진다.)

정치적 연대가 현실적으로 가능한 것일까?

사회샘 그러면 정치적 연대에 대한 질문을 들어 볼까?

모의심 저는 아까 선생님께서 말씀하신 '정치적 이타주의'에 대한 부분이 이해가 되지 않아요. 이타주의에 기반을 두고 정치 문제를 이야기하는 것이 도대체 가능할지가 여전히 의문스럽네요.

사회샘 의심이가 앞에서도 그런 문제점을 언급했었지. '이타주의'는 확실히 조금 강한 표현인 듯해. 하지만 **정치가 호혜성(reciprocity)이나 최소한 상호성(mutuality)을 목적으로 하는 것은 분명**하지.

진단순 그게 무슨 말씀이신가요?

장공부 상호성은 상대와 자신이 서로 주고받음이 있다는 것이고, 호혜성은 그럼으로써 서로에게 혜택이 되어야 한다는 뜻이야.

사회샘 좀 더 쉽게 설명하면, 정치는 함께 잘 사는 것을 목적으로 한다고 할 수 있겠지?

진단순 역시 정치도 다 잘 먹고 잘 살자고 하는 거네요.

사회샘 그래. 그럼 함께 잘 살기 위해서는 어떻게 해야 할까? 서로 다른 사람을 위해 행동하는 것이 도움이 되지 않을까?

모의심 음. 말은 맞는 말인데 자기 자신을 위해 행동하는 게 아니라 다른 사람을 위해 행동한다니까 뭔가 이상하네요. 잘 살기 위해서는 우선 각자 자신을 위해 행동해야 하지 않을까요?

사회샘 정치적 차원에서 함께 잘 살기 위해서는 자신을 위한 행동과 더불어 다른 사람을 위하는 행동이 함께 필요하겠지. 물론 사람들이 실제로 그렇게 할 수 있는가라는 문제가 제기될 수 있는데, 실제로 사람들이 이타적이라는 것이 아니라 이타적 측면을 가져야 한다는 거야. 사실과 당위는 다르니까.

장공부 사실 저도 앞에서 더 질문하고 싶은 것이 있었는데요, 입헌적 애국주의는 헌법에 동의하는 한에서의 연대를 이야기한다고 하셨는데, 우리가 국민의 권리를 주장하기 위해서는 헌법에 동의해야 하겠지만, 헌법이 이상하면 어떡하죠? 또 국민 전체가 실제로 현재 헌법에 꼭 동의한다고 볼 수도 없잖아요.

사회샘 아까 설명이 조금 미진했었던 것 같네. 부연 설명을 하자면 하버마스 님이 '입헌적 애국주의'를 이야기할 때의 헌법은 민주적 헌법을 말하는 거란다. 이때 **민주적 헌법은 제정 절차와 내용 모두가 민주적이어야** 하지. 만약 이런 헌법이라면 국민들이 충분히 동의하지 않을까?

모의심 그래도 동의하지 않는 사람이 있다면요?

사회샘 헌법에 동의하지 않는 사람이 다수 있다고 하더라도 민주적 헌법은 원칙적으로 헌법에 대한 이의 제기가 가능하고, 적절한 개정 절차를 포함하고 있으며, 국민들의 뜻에 따라 개정할 수 있기 때문에 크게 문제가 되지 않겠지. 물론 그런 민주적인 절차나 장치가 없다면 안 되겠지만.

진단순

> 헌법에 동의하지 않으면 민주적 절차를 통해 고치면 된다는 거죠?

사회샘 그래. 우리가 사회를 이루고 살아가는 한에서 최소한의 공통된 규율이 필요하고, 이러한 이러한 규율은 통치자의 자의에 의해서가 아니라 대다수 국민의 합의에 근거한 헌법에 의해 이뤄지지. 아마 현재로서는 이것이 최

선의 방법이 아닐까 싶어. 물론 그것이 사회적 삶의 모든 문제를 해결해
주는 것은 아니겠지만, 그러한 문제들은 헌법 체제 자체를 부정하는 것이
아니라 다른 방식으로 풀어 가야겠지.

진단순 아무튼 정치적 연대는 헌법을 중심으로 이루어져야 한다는 말씀이죠?

사회샘 그래. 오늘따라 단순이의 단순한 정리가 빛을 발하는구나. 모두들 수고 많
았어.

연대로 나아가기

장공부

같은 집단 내에서, 그리고 서로 다른 집단 사이에도
공동의 이익과 가치관을 실현하기 위해서 연대가 굉
장히 중요한 역할을 하는 것 같아.

진단순 그러니까 말이야. 우리 수학선생님께서 연대의 의미와 효과를 직접 경험
해 보라고 모둠별 학습을 시키셨나 봐.

모의심 아무리 그래도 수학 시간 모둠별 쪽지 시험 제도는 지나치게 인위적인 연
대 아니야? 단순이 수학 성적에 대한 관심과 책임감 모두 억지로 생기게
만들고…….

장공부 그래도 모둠원 사이의 연대를 통해 서로에게 도움 되는 면이 있지 않았어?
의심이가 손해 보거나 부담만을 느끼게 한 건 아닌 것 같은데? 수학선생님
께서 수업 구조를 잘 짜주셔서 협동으로 도움을 얻으면서 서로에게 관심
과 이익을 주도록 하신 거 같은데…….

사회샘 그런 점에서 우리 오늘 배웠던 내용을 바탕으로 모둠별 학습이 의심이에
게 준 이로움이 무엇인지 정리해 볼까?

장공부 일단 제가 보기에 의심이가 단순이를 도우면서 수학 실력이 꽤 좋아진 것
같아요.

진단순 맞아요. 의심이가 저를 처음 가르쳐 줄 때는 무슨 말인지 하나도 못 알아
들을 정도였거든요. 의심이 스스로도 비슷한 개념끼리 헷갈려 하는 것 같

았다고요. 그런데 이번 학기 끝날 쯤이 되니까 수학 개념이나 문제 풀이 과정이 머리에 쏙쏙 들어오게 얼마나 잘 가르쳐 주는지 몰라요. 수학선생님 뺨치는 수준이라니까요!

모의심 뭐, 그 정도까지야……. 진단순 속으로 내 칭찬 좀 했나 보다?

진단순 당연하지! 덕분에 나도 수학 실력이 좋아졌잖아.

장공부 게다가 의심이가 모둠별 학습을 하기 전에 비해서 친구들에게 관심을 가지고 도우려는 성향이 더 늘어난 것 같아요. 예전에는 수학 시간에 자신만만해서 잘난 척하기 바빴는데, 요즘엔 주변에 어려워하는 친구들에게 도움을 주더라고요. 확실히 배려심이나 친절한 태도가 전보다 많이 보여요.

모의심 나 원래 친구들 배려 잘했는데? 뭐 좀 더 성숙해진 것 같긴 하지만.

사회샘 마지막으로 선생님이 보기에는 말이야. 의심이가 본인은 물론 모둠원들의 학습 과정에 적극적으로 참여하면서 자기 행동의 의미를 보다 깊이 있게 이해할 수 있게 된 것 같아.

모의심 네, 사실 모둠별 학습 방법이 불만스럽고 힘들기도 했지만 학습한 내용을 보다 확실하게 정리할 수 있었어요. 그리고 모둠원들 사이에서 제 존재감을 분명하게 인식하고 성취감도 느낄 수 있고요. 무엇보다 단순이와 공부가 이렇게 칭찬해 주니까 정말 기분 좋은데요?

6장

김종엽, 『연대와 열광 : 뒤르켐의 현대성 비판 연구』, 창비

　우리 안에는 우리 자신과는 다른 어떤 것, 즉 사회가 우리 안에서 우리를 통하여 표현하고 있는 많은 상태가 있다. 그런 상태가 사회 자체를 구성하며, 그것은 우리 안에서 살고 행동한다. 확실히 사회는 우리보다 크고, 우리를 넘어선다. 왜냐하면 사회는 우리 개인 존재보다 무한히 방대하기 때문이다. 그러나 동시에 사회는 우리의 모든 부분에 들어와 있다. 그것은 우리 외부에 있으며, 우리를 감싸고 있다. 그러나 그것은 또한 우리 안에 있으며, 도처에서 우리의 본성의 한 측면이다. 우리는 사회와 혼용되어 있다. …… 사실

에밀 뒤르켐(Émile Durkheim)

우리는 우리 자신으로부터 우리 자신을 베어 내지 않고는 사회로부터 분리될 수 없다. (1903a, 71면)

　뒤르켐의 영향을 받은 레옹 부르주아는 뒤르켐의 의무의 담론을 개인의 사회적 채무(social debts)로 개념화했는데, 이 개념은 인간의 사회적 성취가 항상 전체 사회 체계의 작용을 전제하기 때문에 개인은 그 빛을 사회에 갚아 나가야 한다는 것이다. 그리고 이에 대응하여 사회는 전체 성원의 복지 향상에 관심을 기울여야 하는 것이다.

라이너 촐, 「오늘날 연대란 무엇인가」, 한울

　그러나 우리는 무엇이 연대의 고유한 기초인지 여전히 모르고 있다. 그것은 서로 연대적인 개인들의 상태의 동등함인가, 단체 또는 공동체에 소속된 것의 동등함인

가, 아니면 사회와 국가에의 소속인가? 단체의 경계는 매우 좁게 설정되어야 하는 가 아니면 매우 넓게 설정되어야 하는가? 그것은 피어칸트가 말한 것처럼 '내적인 결합'의 감정인가 아니면 콩트가 말한 것처럼 모든 면에서 나타나는 인간의 상호의 존에 대한 의식인가?

더 당혹스럽게 보이는 것은 근본적인 인간관계에 대해 제기된 물음에 대한 대답 이다. 어떤 이들은 동등함이나 유사성을 고집하지만 혼드리히와 코흐아르츠베르거 (Hondrich/ Koch-Arzberger, 1992) 같은 이들은 거의 반대되는 주장을 펼친다. 그 들은 "동등하지 않음에도" 이루어지는 결합에 대해 말한다. 이런 의미에서 의무를 말하는 빌트는 "우리 스스로가 향유하거나 가치 있는 것으로 간주하는 똑같은 기 회, 권리, 목표가 실현되도록 우리와는 일치하지 않는 다른 상태를 가진 사람을 지 지하는 것"(Wildt, 1996 :372)이라고 말한다. "연대 이념의 핵심은 타자에 대한 책임 을 발전시키고 그것을 수용하는 것"이라는 스피커(Spicker, 1992 :68)의 흥미로운 발언이 지향하는 것도 마찬가지다.

강수택, 「연대주의」, 한길사

하버마스(J. Habermas)는 기본적으로 근대적인 시각을 계승했으면서도 이를 비 판할 수 있는 새로운 이론적 자원을 많이 제공한 인물이다. 무엇보다도 그는 연대 논의를 셸러, 헥터 등과는 달리 처음부터 개인 사이의 상호작용에서 끌어내는 접근 법을 취했다. 처음에는 『후기 자본주의의 정당성 문제』, 『소통적 행위 이론』 등의 저 서를 통해 연대를 보다 사회학적인 논의 맥락에서 뒤르켐, 파슨스 등과 흡사하게 기본적으로 사회통합의 관점에서 다루었다.

하버마스에 따르면 근대의 출현과 더불어 생활세계의 물질적인 토대가 체계로 분화되어나감으로써 남게 된 생활세계는 상징적인 구조를 특징으로 하며, 이의 재 생산은 문화적 재생산, 사회적 통합, 사회화를 통해서 이루어진다. 여기서 특별히 사회적 통합은 구성원들의 행위가 정당한 규제를 통해 조정되어 사회적 연대가 형 성되는 상태로서, 이런 상태에서는 어떤 상황이 발생하더라도 기존의 정당한 질 서에 의해 새로운 상황이 조정된다. 하지만 사회적 통합에 실패하면 아노미와 사 회적 갈등이 발생하고 사회적 연대가 결핍된다. 하버마스는 이러한 사회적 통합

6장

과 연대가 형성되는데 생활세계 구성원들의 의사소통이 특별히 중요함을 강조했다 (Habermas, 1981 :180, 208).

그는 의사소통에 참여하는 자들은 중요한 판단기준들을 상호주관적으로 인정함으로써 자신의 행위를 조정할 수 있게 되며, 이를 통해 사회적인 유대와 통합이 강화된다고 설명했다. …(중략)… 그는 현대 다원주의 시대에 제기되는 도덕적 규범에 대해 논의하면서, 정의와 연대라는 상호보완적이며 상호의존적인 두 과제를 양대 축으로 하는 담론윤리를 제시했다. 여기서 "정의는 자신을 스스로 규정하는 대체 불가능한 개인들의 평등한 자유와 연관되어 있으며, 연대는 상호주관적으로 공유된 생활형식을 통해 밀접한 관계를 맺고 있는 동료들의 복지와 이 생활형식 자체의 불가침성을 보호하는 것과 연관되어 있다."(Habermas, 1997 :88).

랑베르가 생각하는 연대란?

랑베르 : 페스트라는 끔찍한 전염병이 퍼진 도시에서 벗어날 수 없도록 나를 붙잡았던 것은 무엇이었을까요?

모의심 : 페스트라면 중세 시대 유럽 인구 3분의 1의 목숨을 앗아간 흑사병을 말씀하시는 건가요?

랑베르 : 네, 맞아요. 흑사병은 감염 증세를 보인지 48시간 안에 검붉은 멍울이 온몸에 퍼지고 고열과 각혈을 동반하며 사망에 이르게 되는 무서운 병이에요. 전염력이 매우 강하고 우리 마을에 퍼졌을 당시에는 제대로 된 백신도 없던 상태라 상황이 더욱 절망적이었답니다.

진단순 : 으아, 상상만 해도 끔찍해요.

사회샘 : 그런데 **랑베르** 님은 페스트가 퍼졌던 오랑 지역과 아무런 연고도 없다고 들었습니다만…….

랑베르 : 맞습니다. 오랑에는 친척이나 아는 사람도 하나 없었지요. 저는 단지 취재차 잠시 들렀을 뿐이었어요.

장공부 : 그렇다면 **랑베르** 님은 위험한 상황에도 불구하고 굳이 그곳에 남아 있어야 할 이유가 없었던 셈이네요.

랑베르 : 더군다나 당시 나는 오랑과 멀리 떨어진 지역에 약혼녀가 있었답니다.

장공부 : 페스트로부터 목숨을 구하고 사랑하는 사람과 결혼하기 위해서는 어서 오랑에서 도망쳐야 했겠어요.

랑베르 : 물론 그렇지요. 기자들은 지역의 유력한 사람들과 사귈 기회가 많이 있어요. 시·도청이나 법원 같은 행정 기관에도 자주 드나들고요. 그래서 저는 죽음의 도시인 오랑을 벗어나기 위해 백방으로 노력을 했습니다. 저의 억울한 상황을 호소하고 힘 있는 사람들의 도움을 빌어 도시를 벗어나려고 했던 거죠.

진단순 : 그래서 오랑에서 도망치셨어요?

6장

랑베르 : 당시에는 도시가 철저히 폐쇄되어 있었어요. 페스트가 전염성이 강한 병이라 다른 지역으로 전파되는 것을 막기 위해서였죠. 장벽을 두르고 곳곳에 보초병이 배치되어 외부와의 출입을 통제한 상황에서 제 얘기를 들어주는 사람은 없었지요.

장공부 : 너무 절망적인 상황이었겠어요. 억울하기도 하고요.

랑베르 : 하지만 저는 집념의 끈을 놓지 않았어요. 공식적 방법으로 힘들다는 것을 알게 된 뒤로는 어둠의 경로를 찾아보기 시작했죠. 그만큼 당시 저에겐 오랑으로부터의 탈출이 절실한 문제였으니까요.

모의심 : 어둠의 경로라면……. 결국 보초병을 매수해서 몰래 빠져나갔나 보죠?

랑베르 : 네. 알맞은 보초병을 구해 그들을 매수하고 날짜를 정해 탈출하려고 했죠. 물론 많이 실패하기도 했지만 결정적인 순간이 찾아왔답니다.

모의심 : 절호의 기회가 생겼나 보네요.

랑베르 : 모든 여건과 상황이 갖춰졌고 그 날 자정이면 저는 자유의 몸이 될 수 있었어요. 그런데 저는 탈출을 할 수 있는 최적의 순간에 결국 도시에 남기로 결정했답니다.

진단순 : 예? 말도 안 돼요. 얼마나 고생해서 만든 기회인데 그냥 죽음의 도시에 남기로 하신 거예요?

랑베르 : 당시 오랑은 엄청나게 많은 사람들이 죽어 나가는 혼돈의 상태였어요. 기존의 행정 기관만으로는 보건과 위생 상태를 유지하기에 역부족이었죠. 강력하게 지속되고 있는 페스트에 맞설 수 있는 방법은 끝까지 포기하지 않고 침착하게 대응하는 성실함밖에 없었지요. 그래서 뜻있는 사람들이 의용대를 조직해 페스트 환자를 격리 조치하고 시체를 관리하는 업무에 헌신하고 있었어요.

장공부 : 랑베르 님께서도 의용대 활동을 하셨나 봐요?

랑베르 : 탈출이 어렵다고 생각했던 시기에는 저도 의용대에 참여해 뜻이 맞는 사람들과 함께 페스트에 대항해 싸웠지요. 함께 의용대에서 일하던 사람들은 나중에 저의 탈출 계획을 듣고 응원해 주었답니다. 정말 좋은 사람들이었어요. 그런데 떠나려던 그 순간에 저는 깨닫게 되었어요.

진단순 : 뭘요? 빨리 떠나야 할 판국에 깨닫고 말고 할 것이 뭐가 있어요?

랑베르 : 그 전까지 저는 페스트와 그 지역 사람들, 그리고 의용대를 포함하는 오랑 이라는 도시와 아무런 관련이 없다고 생각했죠. 저는 단지 취재 때문에 오 랑에 잠시 들른 기자일 뿐이었으니까요. 그러나 이 도시에서 벗어날 수 있 었던 결정적인 순간에 내가 원하든 원하지 않는 간에 나 또한 오랑의 한 구성원이고, 페스트를 이겨내는 것은 나를 포함한 이곳 사람들 모두의 공 동 책임이라는 것을 알게 되었죠.

사회샘 : 그래서 사람들을 버리고 떠나서 혼자만 행복하게 사는 것이 부끄럽다고 생각하셨군요.

랑베르 : 네. 오랑을 떠나 비극에 빠진 사람들과의 연결을 억지로 끊어 버리고 부끄 러운 마음으로 살다 보면 결국은 아내와의 사랑도 불편해질 수 있다는 생 각이 들었어요.

장공부 : 그래서 결국 페스트가 만연한 오랑에 남기로 결정하셨나요?

랑베르 : 네. 그리고 의용대 활동을 통해 공동체의 문제, 즉 페스트의 발병과 확산을 막기 위해 노력하게 되었답니다.

6
장

페스트의 공포를 그린 안젤로 카로셀리의 작품입니다.

1. 주어진 단어를 사용하여 **랑베르**가 처한 상황을 그림으로 나타내 보자.

> 오랑 시, 죽음, 바깥 세계, 페스트, 약혼자, 오랑 시민들, 장벽

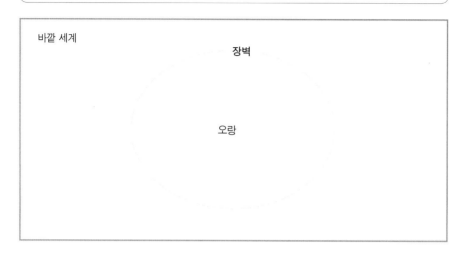

2. 자신이 **랑베르**였다면 어떻게 했을지 적어 보자.

3. **랑베르**는 탈출이 가능했음에도 오랑 시를 떠나지 않았다. 그 이유를 적어 보자.

4. **랑베르**의 탈출 계획을 알았던 오랑 시의 친구들은 왜 그를 잡지 않았을지 적어 보자.

5. **랑베르**는 연대를 무엇이라고 정의할지 생각해 보자.